Jacza

Dr. Wolfram Vogel

Jacza

WIDMUNG

Dank gilt meiner Frau Birgit. Mit ihren kritischen
Kommentaren hat sie zum Entstehen dieses Romans
beigetragen.

INHALT

1. 1120 n. Chr.: Geburt von Jacza

Der Fürst von Köpenick schaut vom Pferderücken herab auf den vor ihm stehenden Mann mit einem Wanderstab. Er trägt eine Kutte mit einer Kordel um die Hüfte und einem Bündel auf dem Rücken.

„Ich bin Mirek, Fürst von Köpenick. Du gehst über meine Brücke. Wer bist du?"

„Ich bin Wanderprediger und verkünde das Wort Gottes." Dabei zeigt er auf das Kreuz auf seiner Brust. „Mein Name ist Jakob." Selbstsicher und furchtlos steht der Prediger vor dem mit Helm, Kettenhemd und Schwert gerüsteten Fürsten. In seiner einfachen Kleidung und mit seinem entschlossenen Blick macht er den Eindruck eines überzeugten Missionars.

„Du kommst wie gerufen. Wir haben keinen Burgkaplan in Köpenick. Die Geburt meines Kindes steht bevor. Ich möchte, dass du es taufst."

„Das mache ich gerne, mein Herr, auch wenn es ein Mädchen wird." Fürst Mirek überlegt, ob er den Burschen wegen seiner frechen Antwort zum Teufel jagen oder gleich den Kopf abschlagen soll. Aber wer tauft dann sein Kind? Außerdem hat der Kerl recht. Jeder weiß, was sich Fürsten wünschen: Söhne, männliche Erben zum Machterhalt über ihr Land und zur Fortführung der Dynastie.

Der Wanderprediger setzt nach. „Zwischen Spandau und Köpenick, auf der linken Seite der Spree, in Eurem Machtbereich, lauerten mich Wegelagerer auf. Sie nahmen mir mein Liebstes, meine Olivia. Sie begleitete mich in den Jahren und wärmte mich in der Nacht. Sicher zogen sie meiner Allerliebsten das Fell über die Ohren und verspeisten sie. Mein Herz blutet bei dieser Vorstellung". Dabei bekreuzigt sich der Prediger und fügt geschäftstüchtig hinzu: „Ich mache Euch einen Vorschlag. Ich taufe Euer Kind und Ihr beschafft mir einen neuen Esel."

Fürst Mirek weiß von den Überfällen in diesem unbesiedelten Gebiet, das die Leute Niemandsland nennen. Der vorgeschlagene Handel des listigen Predigers enthält unausgesprochen den Vorwurf, dass er nicht für Sicherheit in seinem Machtbereich sorgt.

„Einverstanden, du bekommst für die Taufe einen Esel und freie Unterkunft und Verpflegung auf meiner Burg."

Fürst Mirek wendet sich der Baustelle an der Holzbrücke zu. Die Brücke führt über die Spree auf die Insel, auf der sich die Burgstadt Köpenick befindet. Im Winter drückte das Eis des Flusses die Brücke in eine Schieflage. Das ehemals gerade Bauwerk verläuft in einem Bogen und droht einzustürzen. Ein Bautrupp auf einem Floß setzt mit einer Ramme neue Pfähle in den Flussgrund. Dafür verwendet er unten zugespitzte Baumstämme. Der Fürst mahnt den Vorarbeiter, die Reparatur vor Beginn des nächsten Markttages in Köpenick abzuschließen. Das Brückengeld für Fuhrwerke, Reiter und Fußgänger ist eine wichtige Einnahmequelle des Fürsten.

Die Brücke liegt am Zusammenfluss von Spree und Dahme an einer Furt. Von Köpenick gelangt man über die Spreebrücke auf die Via Vetus nach Wriezen und den Handelsweg nach Lebus an der Oder.

Reisende, die in die entgegengesetzte Richtung über den Teltow nach Spandau oder Brandenburg wollen, nutzen eine Furt über die Dahme. Hier ist eine zweite Pfahlbrücke im Bau, die Dahmebrücke.

In wenigen Minuten haben der Fürst und der Prediger die

Stadt Köpenick durchquert. Sie passieren die Zugbrücke über den Burggraben und stehen vor der Burg am Südende der Insel.

Zornesröte steigt dem Fürsten ins Gesicht, als er feststellt, dass der Wächter am Burgtor schläft. Jemand öffnet von innen das Tor. Das Knarren macht Johanna, die Fürstin von Köpenick, neugierig. Sie tritt vor die Haustür, um zu sehen, ob ihr Gatte heimkommt. Ihr Leibesumfang zeigt, dass sie in anderen Umständen ist und in Kürze ein Kind erwartet. Sie trägt ein knöchellanges blaues Kleid und darüber eine ärmellose gelbe Tunika aus feinstem Stoff. Ihr Kopfschmuck ist ein goldener Reif, ein Schapel, der letzte Schrei edler Damen. Mirek ist stolz auf seine Frau. Mit dem Reif auf dem Haupt sieht sie wie eine Königin aus.

„Wen bringt mein werter Gatte mit? Doch nicht einen Bettler?", fragt Johanna.

„Nein, meine Liebe, einen Wanderprediger, Jakob heißt er. Er hat zugesagt, unser Kind zu taufen." Der Wanderprediger meldet sich zu Wort: „Deutsche erzählten mir, dass Ihr, Slawen vom Stamm der Sprewanen, bekennende Christen seid. Ich sehe keine Kapelle auf Eurer Burg. Was soll ein Kaplan ohne Kapelle?"

„Die Kapelle wird gebaut", antwortet Mirek genervt. Er zeigt dem Prediger die Unterkunft und kehrt zu Johanna ins Fürstenhaus zurück. Die Kammerfrau ist bei ihr, eine dralle, lebensfrohe Mutter von neun Kindern. Nur sie und keine andere will Johanna als Geburtshelferin haben.

„Sie hat Erfahrung", ist ihre lakonische Begründung.

Alle neun Kinder der Kammerfrau stammen vom Burgwächter. Die Dienerschaft spöttelt, dass er nur deswegen am Burgtor vom Schlaf übermannt wird, weil ihn die lebensfrohe Frau des Nachts anspornt, das Dutzend vollzumachen. Wetten werden abgeschlossen. Der Burgwächter beteuert: „Ich gebe mein Bestes!"

Mirek lernte Johanna vor einem Jahr kennen. Er war einer Einladung seines Freundes Meinfried gefolgt. Meinfried ist Slawe und Fürst der Heveller, die an der Havel siedeln. Sein Sitz ist Brandenburg, eine Burgstadt auf einer Insel der Havel, zwei Tagesreisen von Köpenick entfernt.

Der Grund für die Einladung war für Mirek nicht ohne Reiz. Meinfried verfolgt die Idee, dass die fürstlichen Geschlechter der Slawen sich durch Heiratsbeziehungen gegenseitig absichern. Wird die Erbfolge eines Fürsten wegen des Fehlens eines männlichen Nachkommens unterbrochen, könnte ein Sohn des verschwägerten Fürsten einspringen. Neben einer solchen territorialen Sicherung wären sie Verbündete. Mirek war bekannt, dass solche Heiratsbeziehungen zwischen Adelsgeschlechtern üblich sind. Die Staatsraison siegt über die Romantik. Bisher konnte er sich dafür nicht begeistern. Das änderte sich schneller als gedacht.

„Unsere Fürstentümer grenzen aneinander. Wir sind Nachbarn. Das Heilige Römische Reich an unserer Südgrenze stellt eine Bedrohung für uns dar. Heiratsbeziehungen zwischen uns sind ein Muss", konstatierte Meinfried. Dabei verschwieg er aus Höflichkeit, an welche Heiratskandidaten er dachte, aber alle wussten es. Schließlich gab es nur zwei Ledige in den beiden Familien: Johanna, Meinfrieds jüngere Schwester, und Mirek selbst.

Nach zwei Tagen im Sattel erreichte Mirek, begleitet von seinem Knappen und zwei Bewaffneten, die Brandenburg. Am Nachmittag servierte Meinfried seinen Gästen ein opulentes Essen. Nach einer Suppe folgte Hirschbraten mit Kohl, Erbsen, Zwiebeln, Knoblauch und Weißbrot und zum Schluss Honigkuchen. Zu trinken gab es Wein und selbstgebrautes Bier.

Sechs Personen saßen am Tisch. Auf der rechten Seite hatten Meinfried mit Ehefrau Cythava und seiner Schwester Johanna Platz genommen. Auf der linken Seite des Tisches saßen Meinfrieds jüngerer Bruder Pribislaw mit seiner Frau Petrissa und, vis-à-vis von Johanna, Mirek.

Als Mirek seine Frau in spe vor sich sah, war er Feuer und Flamme. Sie trat selbstbewusst auf und gab das Bild einer stolzen Slawin ab. Mit ihren blonden Haaren, blauen Augen und dem Stirnband mit Schläfenringen sah sie hinreißend aus.

Sie und keine andere will er haben.“

Meinfried eröffnete das Tischgespräch. „Das Filet, das ich Euch serviere, stammt von einem Rothirsch. Erlegt habe ich den einjährigen Spießer in einem abgelegenen Waldstück der Zauche. Dort im Grenzbereich zur Mark Lausitz des Heiligen Römischen Reiches trafen wir Wilderer. Einen konnten wir gefangen nehmen, einen Sachsen aus Jüterbog. Die Deutschen, insbesondere die Sachsen vom Stamm der Askanier, sind eine Plage. Nur die Tatsache, dass wir Christen sind, hält sie davon ab, wie Heuschrecken über unser Land herzufallen. Sie verachten uns.“

„Bevor sie über uns herfallen, sollten wir uns mit ihnen verbünden“, schlug Petrissa vor. Sie hatte ihre roten Haare in der Mitte gescheitelt. Sie hingen in langen Zöpfen über beide Schultern herab. Beim Essen gab sie acht, dass die Zöpfe nicht in die Suppe tunkten. Sie soll eine norwegische Prinzessin sein.

„Wie kommt Ihr dazu, werter Bruder, zu glauben, dass die Deutschen uns verachten?“, fragte Pribislaw. Er ist kleiner als sein älterer Bruder und trägt einen Vollbart.

„Sie gehen keine Heiratsbeziehung mit unserem slawischen Adel ein. Sie halten uns nicht für überzeugte Christen. Sie glauben, dass wir insgeheim noch unseren slawischen Göttern huldigen. So erzählen sie, dass wir unserem Stammesgott, dem dreiköpfigen Triglaw, auf dem Harlunger Berg Opfer darbringen. Auch würden wir Orakel einholen, indem wir ein Pferd über gekreuzte Lanzen führen. Ein Verbot unseres alten Glaubens meinerseits könnte eine Revolte der Heveller auslösen. Die möchte ich unter allen Umständen vermeiden.“

Meinfrieds Antwort machte Mirek neugierig. „Gibt es auf dem Berg noch einen Triglaw-Tempel?“

„Geht hin und überzeugt Euch selbst!“, antwortete Meinfried. „Wahr ist, dass nicht alle unserer Landsleute getauft sind. Ihr, mein lieber Bruder Pribislaw, gehört auch dazu. Ihr solltet das schleunigst nachholen und einen christlichen Namen annehmen, so wie ich es getan habe.“

„Wie sieht es bei Euch aus, Fürst Mirek, sind alle Sprewanen christianisiert?“, fragte Petrissa.

„Die Burgherren in meinem Machtbereich, also die von Teupitz, Zossen, Beeskow, Storkow, Wriezen und Freienwalde, haben sich taufen lassen. Einige Bauern sind noch Heiden und hängen am alten Glauben. Ich werde mit gutem Beispiel vorangehen und eine Kapelle auf meiner Burg errichten. Ich könnte dann meine Kinder zu Hause taufen lassen." Mirek beobachtete dabei Johanna. Die nickte eifrig mit dem Kopf und lächelte ihn ermunternd an. Mirek selbst war über sein forsches Herangehen an das Thema des Tages erschrocken. In seiner direkten Art nahm Meinfried den Faden auf. „Zum Kinderkriegen bräuchtet Ihr noch eine Frau, am besten eine Slawin aus einem benachbarten Gau. Denkt Ihr an eine bestimmte Person?"

„Wenn ich mich hier am Tisch umsehe, ist die Auswahl nicht gerade groß." Johanna errötete. Die anderen lachten herzlich, mit Ausnahme von Petrissa. Sie war schlecht gelaunt. Mirek hatte den Eindruck, dass sie mit Meinfrieds Heiratsplänen nicht einverstanden war und andere Ziele verfolgte.

Johanna beendete das für sie unangenehme Thema. „Darf ich Euch, Fürst von Köpenick, nach dem Essen zu einem Ausritt einladen? Ich würde Euch die Burgstadt Brandenburg zeigen und vom Harlunger Berg hätten wir einen wunderschönen Blick auf die Havel."

„Die Einladung nehme ich gerne an. Ich werde meinen Knappen bitten, mein Pferd zu satteln."

Fürst Mirek war erleichtert, als Johanna im Herrensattel erschien. Reiten im Damensitz findet er grotesk. Sie trug braune Reitstiefel, ein weites Kleid und einen Umhang. Mirek ging auf Nummer sicher. Er legte das Kettenhemd an und gurtete sein Schwert.

Die Brandenburg ist deutlich größer als die Burg Köpenick. Mirek schätzte, dass sie tausend Personen Schutz geben kann. Ein wassergefüllter Burggraben umgibt sie. Basis des Burgwalls ist eine Kastenkonstruktion aus Baumstämmen, die mit dem Aushub aus dem Burggraben verfüllt ist. Neben dem Fürstenhaus, den Ställen und Vorratslagern gibt es noch ein

Gebäude, auf das Johanna stolz ist. Es ist die Burgkapelle, errichtet auf einem Fundament aus gemauerten Feldsteinen. Meinfried habe, so erzählt sie, die Kapelle für seine Grablegung bestimmt. Die Burg hat zwei Tore mit Brücken über dem Burggraben.

Es herrschte rege Betriebsamkeit. Knechte und Mägde kümmerten sich um das Vieh, und Bewaffnete gingen auf dem Wehrgang Wache. Außerhalb der Burg, nur durch die Insellage geschützt, stehen die Hütten der Handwerker und Händler. Pfahlbrücken im Westen und Norden führen von der Insel über Arme der Havel ans Festland.

Johanna wählte die westliche Brücke zur Siedlung Parduin. Nach wenigen Minuten standen sie auf dem Harlunger Berg. Statt eines Tempels steht hier eine mächtige Götterfigur, geschnitzt aus einem knorrigen Eichenstamm. Sie hat drei Köpfe und ist der slawische Gott Triglaw. Die Figur wies Brandspuren und Kerben von Axthieben auf. Um ihren Hals hing die Schlinge eines abgerissenen Seiles. Versuche, das slawische Idol zu zerstören oder umzureißen, waren erfolglos. Unbesiegbar steht die Götterfigur da.

Mirek bemerkte, dass Männer aus dem Wald auf die Lichtung drängten. Sie waren mit Mistgabeln oder Dreschflegeln bewaffnet. Sie schauten grimmig drein, so als wollten sie weitere Attentate auf die Götterfigur verhindern. Mirek war froh, dass er sich bewaffnet hatte. Er nahm an, dass unter den Bauern auch Christen sind. Die Zerstörung ihrer slawischen Idole betrachten sie wohl als einen Angriff auf ihre Identität.

In aller Eile traten Johanna und Mirek den Rückzug an. In der Sicherheit der Burg fasste sich Mirek ein Herz. Er stieg ab, griff in das Zaumzeug von Johannas Pferd und schaute zu ihr auf. „Wollt Ihr mich heiraten? Ich weiß, dass Euer älterer Bruder zustimmen wird. Mein Vater lebt nicht mehr. Wir können frei entscheiden. Wir sind Nachbarn." Mirek schlug das Herz bis zum Hals. Wird sie zustimmen oder ablehnen? Sekunden vergingen, die Mirek wie Minuten erschienen. Dann antwortete Johanna mit klarer Stimme: „Ja, ich will."

Meinfried war über die spontane Verlobung der beiden hocherfreut. Er bestand darauf, dass die Hochzeit in Brandenburg stattf, and und zwar schon am nächsten Sonntag. Er befürchtete, dass die beiden sich ihre Entscheidung noch einmal überlegten. Meinfried lud den Adel, die Burgherren und Ritter samt Ehefrauen der Havel-Festungen Spandau, Rathenow, Potsdam und Brandenburg ein. Cythava ließ mehrere Ochsen für die Bewirtung der Gäste am Spieß braten. Johanna erschien mit offenem Haar und in einem bunt bestickten roten Kleid. Meinfried leitete das Ritual. Den Bund der Ehe ging das Brautpaar ein, indem es die Hände zusammenlegte und Mirek seiner Braut einen Ring aufsetzte. Zum Abschluss überreichte er ihr das Hochzeitsgeschenk, einen Stirnreif aus Gold, der auch Schapel genannt wird.

Ein Jahr nach ihrer Hochzeit liegt Johanna in den Wehen. Die Kammerfrau dunkelt das Fenster im Schlafgemach ab. Sie bringt eine Bütt mit warmem Wasser herein, um das Neugeborene zu waschen. Tücher für das Wickeln des Kindes liegen bereit. Die Kammerfrau, selbst vielfache Mutter, und die Hebamme helfen Johanna bei der Geburt und geben Ratschläge.

Eine wichtige Aufgabe bei der Geburt übernimmt der Fürst. Er erfleht in der neuen Kapelle Schutz und Hilfe für Frau und Kind: „Allmächtiger Gott, halte Deine schützende Hand über uns. Wir wünschen uns ein gesundes und glückliches Kind. Segne unsere Ehe und meine Familie."

Kurz vor Sonnenuntergang verkündet ein Schreien die Geburt des Kindes. Die Kammerfrau bittet Mirek herein und Johanna, verschwitzt, strahlt ihn überglücklich an. In den Armen hält sie das frisch gewickelte Kind. „Du hast einen Sohn, einen kleinen Prinzen. Er ist gesund und schreien kann er auch schon. Deine Gebete wurden erhört, mein lieber Fürst." Mirek ist überglücklich. Er hat einen männlichen Erben. Die Zukunft des Fürstentums Köpenick ist gesichert.

Die Taufe des Kindes findet eine Woche später in der Burgkapelle statt. Ein hölzerner Waschzuber dient als

Taufbecken. Paten sind das aus Brandenburg angereiste Fürstenpaar Cythava und Meinfried.

„Welchen Namen habt Ihr Eurem Kind gegeben?", fragt der Wanderprediger die Eltern.

„Jacza."

Mirek taucht seinen Sohn in den mit Spreewasser gefüllten Zuber. Der Wanderprediger segnet Jacza und spricht die Taufformel: „Ich taufe dich im Namen des Vaters und des Sohnes und des Heiligen Geistes."

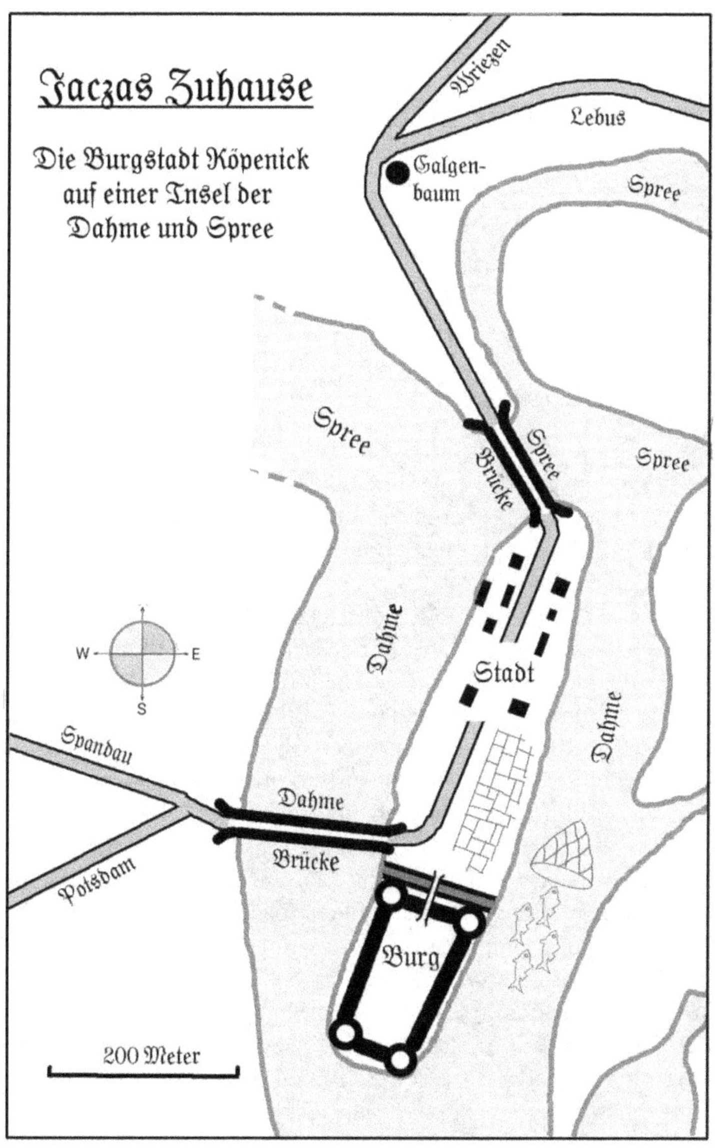
Jaczas Zuhause

Die Burgstadt Köpenick
auf einer Insel der
Dahme und Spree

Wriezen
Lebus
Spree
Galgen-
baum
Spree
Spree
Spree
Brücke
Dahme
Stadt
Dahme
W
E
S
Spandau
Dahme
Potsdam
Brücke
Burg
200 Meter

2. 1124 n. Chr.: Kampf um den Tempel Rethra

Borislaw mustert das gegenüberliegende Ufer des Tollensesees. An der Spitze der Halbinsel, direkt vor ihm, lichtet sich der braune Schilfsaum des letzten Sommers. Sein Blick fällt auf ein Stück hellen Sandstrand.

Vor zwei Tagen standen auf diesem Strand drei Ritter auf Schlachtrössern. Der mittlere Reiter trug ein Kettenhemd und am Gürtel ein Schwert. Die beiden anderen trugen Spangenhelme und Schuppenpanzer und waren mit Schild, Schwert und Lanze bewaffnet. Sie machten sich ein Bild von der örtlichen Lage und diskutierten miteinander. Ihr Augenmerk konzentrierte sich auf die Brücke. Diese führt vom Westtor der Burg an Land und endet direkt vor den Hufen ihrer Pferde. Borislaw brauchte nicht viel Fantasie, um das Thema ihrer Diskussion zu erraten. Die militärische Taktik für die Eroberung der Tempelburg.

Borislaw ist Tempelwächter. Eine Woche zuvor erschienen auf der Burg Boten des Bundes der Slawenstämme der Region, der Liutizen. Sie meldeten, dass Lothar von Supplinburg, Herzog von Sachsen, einen Kreuzzug gegen die heidnischen Slawen führt. Die Fürsten der Stämme hofften, dass das Heiligtum unentdeckt bleibt und dass das deutsche Heer vorüberzieht. Das Heiligtum ist das politische Zentrum der

Liutizen und der Priester ihr religiöser Ratgeber. Die Boten nahmen den Tempelschatz mit, um ein Heer gegen Lothars Männer aufzustellen.

Die Aussicht, dass der Tempel unentdeckt bleibt, war nicht schlecht, denn das Heiligtum galt als zerstört. Der Bischof von Halberstadt führte im Winter 1068, also vor über fünfzig Jahren, einen Feldzug gegen die heidnischen Liutizen und brannte deren Zentralheiligtum, den Tempel Rethra, nieder. Er ritt auf dem erbeuteten Heiligen Pferd der Slawen heim und demütigte damit die Besiegten.

Damals hatten die Stämme des Liutizenbundes beschlossen, den Tempel auf der Fischerinsel des Tollensesees wieder aufzubauen. Ein neues Pferd wurde vom Priester heiliggesprochen. Mit dem Erscheinen der Ritter verflog die Hoffnung, dass das wieder aufgebaute Rethra unentdeckt blieb.

Der erste Angriff der Christen kam am Abend. Vier Kämpfer, mit Schilden und Lanzen bewaffnet, versuchten, mit Gebrüll über die Brücke das Westtor der Burg zu erreichen. Andere folgten mit einer Leiter, um die meterhohe Palisade von Rethra zu erklimmen. Weitere Soldaten standen am Ufer zum Sturm auf das Heiligtum bereit. Eine Schar von Bogenschützen ließ einen Pfeilhagel auf die Burg niedergehen.

Die Tempelwächter, zwei Schwertkämpfer und ein Dutzend Bogenschützen, sind für den Schutz der Burg abgestellt. Sie üben täglich auf ihrem Schießstand. Mit den Jahren wurden sie zu den Besten ihres Kriegshandwerks. Der Meister unter den Bogenschützen ist Jaro.

Das Burgtor vor der Brücke hat senkrechte Bogenscharten. Für die Verteidiger war es ein Leichtes, die über die Brücke anrennenden Angreifer durch die Scharten ins Visier zu nehmen.

Es war Jaro, der den ersten Angreifer tötete. Aus wenigen Schritten Entfernung hatte sein Pfeil eine solche Wucht, dass er das Kettenhemd des Mannes durchschlug. Ins Herz getroffen, fiel er, ohne einen Laut von sich zu geben, auf den Rücken und rührte sich nicht mehr. Eben noch beseelt von der

Mission, möglichst viele Ungläubige zu erschlagen, hat ihn der Tod selbst ereilt. Er trägt ein bis über die Knie reichendes Kettenhemd. Seinen wollenen Überhang mit einem Christuskreuz auf der Brust hält ein breiter Ledergürtel zusammen. Seine Lanze und sein Schild liegen rechts und links neben ihm. Das Schwert am Gürtel hat einen goldenen Knauf. Borislaw schätzt den Wert seiner Ausrüstung auf den eines kleinen Hofes. Wahrscheinlich ist er ein Junker oder der Sohn eines Fürsten. Sein Knappe muss ihm sorgfältig den Bart gestutzt haben. Er bietet, abgesehen von dem Pfeil in seiner Brust, ein makelloses Bild.

Der zweite Angreifer kam nicht in den Genuss eines so gnädigen Todes. Er hob für einen Augenblick den Kopf und schaute auf die Bogenschützen hoch oben hinter der Palisade. In diesem Moment durchbohrte der zweite Pfeil von Jaro seinen Kehlkopf. Verzweifelt versuchte er, mit beiden Händen den Pfeil herauszuziehen, was an dem Widerhaken des Projektils scheiterte. Mit weit geöffnetem Mund schnappte er wie ein Fisch auf dem Trockenen nach Luft und sank auf die Knie. Mit einem letzten Röcheln kippte er auf die Seite, sodass sein Kopf über den Rand der Brücke unter Wasser tauchte.

Die anstürmenden Soldaten mit der Leiter brachen auf halbem Weg durch die Pfahlbrücke. Trotz ihrer schweren Rüstung gelang es ihnen, sich aus dem Wasser zu stemmen und den Rückzug anzutreten. Nach und nach zogen sich die Angreifer vom Strand zurück und verschwanden im Wald. Der Versuch der Christen, das Heiligtum im Handstreich zu nehmen, war gescheitert.

Den Verteidigern war klar, dass das Wetter sie gerettet hatte. Die Deutschen unternehmen ihre Kriegszüge gegen die Elbslawen im Winter. Nur wenn Sümpfe, Seen und Flüsse gefroren sind, kann das Tiefland zwischen Elbe und Oder mit einem Reiterheer passiert werden. Vor wenigen Tagen schlug das Wetter um. Ein warmer Südwind und Regenfälle ließen den zugefrorenen See auftauen. Rethra wurde wieder zur Wasserburg.

„Der Priester erwartet uns im Tempel!", ruft jemand.

Borislaw steigt von dem Wehrgang hinter der Palisade hinab zum zentralen Platz des Heiligtums. Zahlreiche Pfeile des Angriffs stecken im Boden. In seiner Mitte steht die vierköpfige Figur des Riedegost, Kriegsgott der Liutizen. Das holzschnittartig geformte Antlitz mit dem in die Ferne gerichteten Blick wirkt gebieterisch. Die Stele steht in einem Kreis aus Feldsteinen mit einem kapitalen Elchgeweih, dessen Schaufeln der Götterfigur scheinbar Flügel verleihen.

An der Südseite der Palisade stehen die Häuser der Handwerker und Feinschmiede. Ein gut laufendes Geschäft auf dem Heiligtum ist der Handel mit Andenken, wie Schläfen- und Fingerringe aus Edelmetallen und Kämme aus Knochen und Horn. Eine große Nachfrage besteht für Glücksbringer und Taschengötter aus Holz oder Bronze. Auch Borislaw hat einen hölzernen Taschen-Gott. Händler bieten ihre Ware in mit rotem Tuch ausgeschlagenen Schmucktruhen an, die des Nachts mit Schlössern gegen Diebstahl gesichert werden. Jeder Händler hat für seine Truhe einen eigenen Schlüssel.

An der Nordseite der Palisade befinden sich die Unterkünfte für die Priesterschaft, der Stall für das Heilige Pferd und der Tempel.

Im Tempel stehen weitere Götterfiguren, die mit Opfergaben behangen sind. Eine opulente weibliche Figur ist die Göttin der Fruchtbarkeit. Frauen mit unerfülltem Kinderwunsch opfern ihr. Einem doppelköpfigen, bärtigen Gott huldigen besonders die Fischer in der Hoffnung auf einen reichen Fang.

Vor den Göttern stehen der Opfertisch und zwei Sitzbänke. Der Raum ist fensterlos. Ein Kamin aus Lehmziegeln und Laternen mit Kerzen aus Bienenwachs schaffen eine mystische Stimmung und im Winter Wärme. An der linken Wand des Tempels stehen auf Holzgestellen drei eisenbeschlagene und mit Schlössern gesicherte Schatztruhen. Sie beinhalten die Tribute der Stämme, Opfergaben und Kriegsbeute. Die Eingangstür zum Tempel ist mit mehreren Schlössern gesichert. Der Priester hat die Verfügungsgewalt über die Schlüssel für den Tempel und die Schatztruhen.

„Sei willkommen, Borislaw", begrüßt ihn der Priester. „Ich habe euch gerufen, um Maßnahmen zur Abwehr des nächsten Angriffs zu besprechen."

Die Haare des Priesters sind im Nacken und am Hinterkopf glatt geschoren. Vorn sind sie gescheitelt und hängen an den Wangen bis zum Kinn herab. Er trägt einen braun gefärbten Überhang aus Wolle mit einer Kordel um die Hüfte und zweifarbige Beinwickel. Die Priesterinnen, Jungfrauen, tragen bis an die Knöchel reichende graue Kleider aus Wolle und Leinen sowie Kopftücher mit Stirnriemen. Ihr Schmuck sind Schläfenringe aus Bronze, die beidseitig von den Stirnriemen herabhängen.

Die Tempelwächter tragen mehrfach geflickte Rüstungen, wie löchrige Kettenhemden und zerbeulte Helme. Neue Rüstungen sind teuer. Kämpfer reparieren ihre Rüstungen selbst und geben sie an die nächste Generation weiter.

Der Priester fürchtet den Missionierungseifer und die Landgier der Deutschen. Heiden zum Christentum zu bekehren, auch mit dem Schwert, ist ein Auftrag des höchsten Stellvertreters ihres Gottes. Papst Urban gab vor dreißig Jahren in seinem Aufruf zur Befreiung Jerusalems von den Ungläubigen den Anstoß für bewaffnete Pilgerfahrten, die Kreuzzüge. Als göttlichen Lohn versprach er den Kreuzzüglern den Erlass ihrer Sünden und ein ewiges Leben im Paradies. Für die Deutschen zählen nicht nur die Muslime, sondern auch die heidnischen Slawen zwischen Elbe und Oder zu den Ungläubigen. Für die Christen ist Heidenland freies Land, das man sich nehmen kann.

„Ihr habt die Axtschläge im Wald gehört. Herzog Lothars Männer fällen Bäume. Sie werden Flöße und Leitern bauen und uns vom Wasser her angreifen. Borislaw, dich bitte ich, sicherzustellen, dass genügend Lanzen und Stangen zur Abwehr der Leitern bereitstehen. Feuer ist die größte Gefahr für das aus Holz gebaute Rethra. Die Angreifer werden Brandpfeile einsetzen. Füllt alle Eimer mit Wasser. Fangt sofort an, die Dächer, Palisaden und das Eingangstor zu wässern. Bestückt alle Köcher mit Pfeilen. Dem Heiligen Pferd gebührt der höchste Schutz. Ich fordere alle auf, im Brandfall das Pferd durch das hintere Versorgungstor der Burg ins Freie zu lassen", erklärt der Priester.

Das hintere Versorgungstor führt zum Fischer, Namensgeber der Insel. Er versorgt die Burgmannschaft mit Barschen, Zandern und Maränen. In den Diensten der Priesterschaft ist der Fischer auch Fährmann, der mit seinen Booten alle Transporte zur Insel durchführt. Aus Sicherheitsgründen verbleibt eins der Boote auf der Insel.

„Wo ist Tajan?", fragt Borislaw.

„Vor drei Tagen verließ er die Burg, um seine kranke Mutter zu besuchen. Ich gab ihm dafür meine Erlaubnis", antwortet der Priester. Die Antwort trifft Borislaw und Jaro wie ein Schlag. Beide und Tajan sind vom Stamm der Redarier und kommen aus demselben Dorf nordöstlich des Tollensesees. Die Leute nennen es das „Dorf der Tempelwächter". Daher wissen sie, dass Tajans Mutter vor Jahren starb und er den Priester belog. Wieso erschien einen Tag nach seiner Abreise der Sachsen-Herzog mit Panzerreitern am Strand? Für Borislaw und Jaro wird der Verdacht schnell zur Gewissheit. Tajan verriet das wieder aufgebaute Rethra an die Deutschen.

Tajan ist ein Falschspieler, was ihm eine hässliche Narbe senkrecht über die rechte Wange einbrachte. Mitspieler fanden heraus, dass seine Würfel präpariert sind. Tajan sucht die Nähe der jungen Bogenschützen. Borislaw vermutet, dass er sich mehr zu Männern als zu Frauen hingezogen fühlt. Er hegt eine tiefe Abneigung gegen ihn, weil er aufdringlich um seine Gunst buhlt.

Der Priester steht auf. „Borislaw, komm bitte mit. Ich habe etwas für dich."

Auf seinem Tisch liegt die Rüstung des durch Jaros Pfeil getöteten Junkers samt Schwert und Schild. Die Kettenhaube und das Kettenhemd passen Borislaw wie angegossen. Der große Normannenschild oder Ritterschild hat die typische Mandelform der Schilde deutscher Reiter und Fußsoldaten. Ein Meisterstück der Schmiedekunst ist das Ritterschwert mit seiner spiegelnden Klinge. Der Priester macht einen Satz rückwärts, als Borislaw das Schwert prüfend durch die Luft sausen lässt. Es ist leichter als sein eigenes.

Für Ritter und für Schwertkämpfer wie Borislaw sind Schwerter das Kostbarste, was sie haben. Sie geben ihren Waffen Namen oder nehmen sie mit ins Grab. Manche glauben, dass sie mythische Kräfte besitzen. Abergläubige machen das Schwert ihres getöteten Gegners unbrauchbar, indem sie es über Feuer verbiegen. Damit wollen sie verhindern, dass der Tote als Wiedergänger Rache übt. Im Ernstfall entscheidet die Qualität eines Schwertes über Leben und Tod. Auf keinen Fall darf es im Kampf brechen oder zerspringen, der Tod des Eigners wäre die Folge. Die besten Langwaffen stammen von Waffenschmieden der Franken.

„Du siehst wie ein deutscher Ritter aus", sagt der Priester zu dem in voller Rüstung vor ihm stehenden Borislaw. Er ahnt nicht, welche Bedeutung diese einfache Feststellung für Borislaw hat. Es ist sein Kindheitstraum, Ritter zu werden. Bevor er Tempelwächter wurde, arbeitete er auf dem elterlichen Hof als Holzfäller. Zur Abwechslung nutzte er das Beil seines Vaters als Wurfaxt. Mit dem richtigen Dreh erhält die Axt eine solche Wucht, dass sie Rüstungen durchschlagen kann. Borislaw führt die Abstandswaffe fortan mit sich, griffbereit unter seinem Gürtel.

Drei lange Töne reißen Borislaw aus dem Schlaf. Das ist das Signal für die höchste Alarmstufe, und er weiß, dass die Deutschen einen neuen Angriff starten. Die Tempelwächter legen in aller Eile ihre Rüstungen an und steigen über Leitern auf den Wehrgang hinter der Palisade. Oben angekommen erkennt Borislaw, dass der Priester mit seiner Vermutung richtig lag. Im Schutze der Nacht ließen die Deutschen oberhalb von Rethra drei Flöße zu Wasser. In der Morgendämmerung schieben sie die Flöße mit langen Staken in Ufernähe an Rethra heran. Jeweils ein Dutzend Kämpfer bemannt ein Floß. Sie führen Sturmleitern und einen mit glühender Kohle gefüllten Feuertopf für das Anzünden der Brandpfeile mit.

Ihre Besatzungen werfen Wurfanker über die Palisade und

beginnen, Sturmleitern aufzustellen. Sie zahlen in kurzer Zeit einen hohen Blutzoll, da sie hinter ihren Schilden auf den Flößen nur bedingt Deckung finden. Mehrere von ihnen werden verwundet oder getötet. Die Burgwächter hinter der Brustwehr der Palisade sind besser geschützt.

Unzählige Brandpfeile gehen auf die Tempelburg nieder. Einige verglühen, andere werfen die Verteidiger zurück ins Wasser. Die Angreifer schießen gezielt auf das Eingangstor der Festung und haben damit Erfolg. Die Außenseite des Tores gerät in Brand. Borislaw durchtrennt mit seiner Axt die Taue der Wurfanker. Die Flöße treiben ab und die Sturmleiter stürzen samt Männern ins Wasser. Auf ein Signal hin treten die Soldaten von Herzog Lothar den Rückzug an. Die Burgwächter können in aller Ruhe den Brand am Eingangstor löschen.

Borislaw sitzt wieder auf seinem Beobachtungsposten und sieht, wie die Deutschen zwei weitere Flöße zu Wasser lassen. Er gibt Alarm, als in der Abenddämmerung die fünf Flöße vom Ufer ablegen und Kurs auf Rethra nehmen. Die Deutschen rüsteten die Flöße mit Schutzschirmen aus Zweigen aus. Jaro tötet einen der beiden Männer, die die Staken des ersten Floßes bedienen. Der andere stakt unverdrossen weiter, wodurch sich das Floß im Kreis dreht. Seine Mannschaft sitzt auf einmal nicht hinter, sondern ungeschützt vor dem Schutzschirm. Die Männer geraten in Panik. Einige springen aus Verzweiflung ins Wasser und ertrinken jämmerlich in ihren schweren Rüstungen.

Wieder zielen die Christen mit ihren Brandpfeilen bevorzugt auf das Eingangstor, das nach kurzer Zeit Feuer fängt. Die vielfache Überlegenheit der Angreifer hat unausweichlich zur Folge, dass ein Verteidiger nach dem anderen fällt. Schließlich gelingt es den Christen, zwei Sturmleitern mit Wurfanker fest mit der Palisade zu vertäuen. Auf dem Wehrgang entbrennt ein Kampf Mann gegen Mann. Es ist ein blutiges Hauen und Stechen. An einer der Leiter kämpft Borislaw mit Jaro Seite an Seite. Nach kurzer Zeit triefen ihre Waffen und Rüstungen vom Blut der Christen. Plötzlich sinkt Jaro, von einem Pfeil getroffen, zu Boden. Als Borislaw sich über seinen sterbenden Freund beugt, bittet der ihn: „Töte den Verräter Tajan!"

„Ich verspreche es dir." Jaro lächelt erleichtert.

Es ist mittlerweile stockdunkel. Das brennende Eingangstor wirft ein flackerndes Licht auf den Innenhof des Tempels. Mehr und mehr Christen dringen über die Sturmleitern in die Burg. Der Priester lehnt mit dem Rücken an der Stele im Zentrum des Heiligtums. Mit erhobenen Händen bittet er Riedegost um ein Wunder. In diesem Moment durchschlägt ein Armbrustbolzen die Stirn des Priesters und nagelt ihn an die Götterfigur. Ein letztes Zittern geht durch seinen Körper. Alle starren auf die grauenerregende Szene. Für einen Moment ist es still auf Rethra.

Dann setzt wieder das Siegesgeheul der Eroberer ein. Sie öffnen von innen das Tor. Dutzende Soldaten stürmen über die Brücke auf Borislaw zu. Ohne ihn zu beachten, laufen sie rechts und links an ihm vorbei in Richtung Tempelgebäude. Borislaw fällt der Satz des Priesters ein. „Du siehst wie ein deutscher Ritter aus." Kein Zweifel: Mit seiner deutschen Rüstung und dem Normannenschild halten sie ihn für einen der ihren. Für Borislaw ist es ein Zeichen seines Kriegsgottes Riedegost, dass er unter seinem Schutz steht und seine Zeit zum Sterben noch nicht gekommen ist.

Das schrille Wiehern des Heiligen Pferdes übertönt die erstickenden Todesschreie der Priesterinnen aus dem Tempel. Borislaw erinnert sich an die Forderung des Priesters, das Tier im Brandfall ins Freie zu lassen. Er entriegelt die Tür zum Stall und das Pferd prescht wie von Sinnen, wild ausschlagend, auf den Hof. Im Halbdunkeln rennt es mehrere Angreifer über den Haufen. Das Pferd galoppiert laut wiehernd um die Stele mit dem toten Priester, als wollte es sich von seinem Herrn verabschieden. Dann nimmt es Kurs auf das offene Tor, durchbricht das Geländer der Brücke und verschwindet mit einem Klatscher im See.

Borislaw erkennt, dass der Kampf um Rethra verloren ist. Es gelingt ihm im Durcheinander unbemerkt, die Burg durch das hintere Versorgungstor zu verlassen. Mit Erleichterung stellt er fest, dass das Boot des Fischers an seinem Platz liegt.

Er wirft die Leinen los und rudert hinaus auf den See. In der Mitte des Sees hält er inne und blickt zurück. Das lichterloh brennende Rethra mit der schwarzen Rauchsäule bietet einen spektakulären Anblick. Im Geiste sieht Borislaw Herzog Lothar, wie er, begleitet von seinen Panzerreitern, auf dem Strand vor dem brennenden Tempel seinen Triumph genießt.

Borislaw rudert zum Ostufer des Sees. Dort liegt, versteckt im Wald, der Rethra-Hof. Der versorgt die Tempelmannschaft mit Lebensmitteln. Ein Verwalter und zwei Dutzend Knechte, Mägde und Handwerker bewirtschaften den Hof.

Die Tochter des Verwalters ist Mira, Borislaws große Liebe.

Er ist erleichtert, als das Ufer als dunkle Front vor ihm auftaucht. Wenig später schabt das Schilf am Bug des Bootes. Als sich die Halme hinter dem Heck wieder schließen, ist das Boot im Schilfgürtel des Sees gut getarnt. Borislaw beschließt, die Nacht im Boot zu verbringen.

Borislaw erinnert sich an das erste Treffen mit Mira. Er war an diesem Tag an der Reihe, die Versorgungsfahrt mit dem Boot des Fischers durchzuführen. Als sie auf dem Hof vor ihm stand, war er überwältigt von ihrer Schönheit.

„Ich kenne dich nicht. Bist du neu auf Rethra?", fragte Mira.

„Ja, seit einer Woche. Mein Name ist Borislaw."

„Ich bin Mira, die Tochter des Verwalters. Wir haben die heutige Lieferung auf einem Wagen zusammengestellt. Komm bitte mit." Mira legte die Hand auf jede Position. „Mehl, Haferbrei, Sauerkraut, Milch, Käse, Eier, Bier, geräuchertes Schweinefleisch und Salzheringe." Zwei Fässer Haferbrei, das Grundnahrungsmittel der einfachen Leute, waren der größte Posten. Sie essen den mit Wasser oder mit Buttermilch angerichteten Brei zu allen Tageszeiten.

„Spannt das Pferd vor den Wagen!", rief Mira zwei Knechten zu und zu Borislaw: „Ich komme mit."

Während sie gemeinsam das Gespann zum See führten, beobachtete Mira aus den Augenwinkeln Borislaw. Er ist einen Kopf größer als sie, hat breite Schultern und schmale Hüften, ein Athlet. Seine mittelblonden Haare, die hellblauen Augen und die hohen Wangenknochen sind typisch für ihr Volk. Er entspricht dem Mann ihrer Träume – nur hat der keine Wurfaxt im Gürtel stecken.

Gemeinsam luden sie die Lebensmittel auf das Boot. Beim Abschied rutschte Mira die Worte heraus. „Komm‘ bald wieder." Hastig drehte sie sich um, damit Borislaw nicht die aufsteigende Röte in ihrem Gesicht sehen konnte. Borislaw schätzte ihr Alter auf sechzehn. Miras letzter Satz hatte in ihm ein wahres Glücksgefühl entfacht. Er beschloss, die Versorgungsfahrten in die eigene Hand zu nehmen. Dies erwies sich als schwieriger als gedacht. Auch andere wollten Mira sehen, mit einer Ausnahme: Tajan.

Mira und Borislaw trafen sich so oft wie möglich. Es war Liebe auf den ersten Blick. Miras Vater, ein friedfertiger Mann, der aus Überzeugung keine Waffen trägt, hegt eine tiefe Abneigung gegen den Tempelwächter. Einmal rief er ihr hinterher: „Was willst du mit diesem Totschläger?" Eine Kritik verkniff sich Borislaw. Schließlich ist der Verwalter der Bruder des Fürsten der Redarier. Er gehört zum Adel, ebenso wie seine Tochter Mira, eine Prinzessin und Nichte des kinderlosen Fürsten.

An einem heißen Sommertag war Borislaw erneut an der Reihe, die Versorgungsfahrt durchzuführen. Beim Verladen der Lebensmittel stand er mit Mira am Seeufer bis zu den Knien im Wasser. Als sie sich nach vorn beugte, sah Borislaw, dass sie an ihrer Halskette ein Christuskreuz trägt. Seine große Liebe, eine Christin? Borislaw war sprachlos. Er weiß, dass der christliche Glaube für slawische Frauen eine hohe Anziehungskraft hat. Der Grund ist das Himmelreich als Ort nach dem Tod für jedermann, also auch für Frauen, Kinder und Kranke. Vergleichbares gibt es in der Welt der slawischen Götter nicht. Vor wenigen Jahren hätte ein heimliches Bekenntnis zum Christentum bei den Stämmen der Liutizen den Tod bedeuten können. In diesen Tagen dulden sie es stillschweigend bei den einfachen Leuten, aber nicht bei Adligen und Würdenträgern.

Der Fürst sieht den Versorgungshof als einen wichtigen Teil

von Rethra. Ähnlich wie Landwirtschaft in Klöstern für die Versorgung der Nonnen und Mönche betrieben wird, ernährt der Hof die Priesterinnen, Priester und Tempelwächter von Rethra. Das Heiligtum soll autark sein. Der Verwalter des Hofes modernisierte die örtliche Landwirtschaft und warb für die Dreifelderwirtschaft, also den jährlichen Wechsel von Wintergetreide, Sommergetreide und Brache, und führte den Wendepflug ein. Seine Maßnahmen hatten Erfolg. Die Erträge der Bauern in der Region stiegen. Bauern fragen ihn um seinen Rat.

Angehörige der Stämme des Liutizenbundes, der Redarier, Tollenser, Zirzipanen und Kessiner erhalten auf dem Hof Unterkunft und Verpflegung. Wer einen Orakelspruch einholen oder Riedegost ein Opfer darbringen will, lässt sich vom Fischer übersetzen.

Bei der Wahl des Standortes des Rethra-Hofes kam es zu einem Streit zwischen den Redariern östlich des Sees und den Tollensern westlich des Sees. Jeder wollte den Hof in seinem Gau haben. Die Tollenser schlugen als Standort das Dorf Wustrow gegenüber der Fischerinsel vor. Der Bund der Liutizen entschied sich aus Sicherheitsgründen für den jetzigen Standort. Er liegt auf der dünn besiedelten Ostseite des Sees im Gau der Redarier. Ein bestehendes Gehöft des Fürsten der Redarier wurde für diesen Zweck erweitert. Es folgte eine Welle von Neugründungen von Siedlungen im Land der Redarier nordöstlich des Sees. Borislaw machte dort durch Rodungsarbeiten Flächen für den Hof seiner Eltern urbar.

Die Redarier beanspruchen den Tollensesee mit seinem Fischreichtum und die Fischerinsel für sich. Ihr Name leitet sich von Reet ab, dem Schilf, das den See säumt. Sie sind die Reetleute.

Der Stammsitz des Fürsten der Redarier ist die Insel Hanfwerder im See Lieps. Er liegt südlich des Tollensesees. Wie von der Fischerinsel führt auch von dieser Insel eine Brücke an Land.

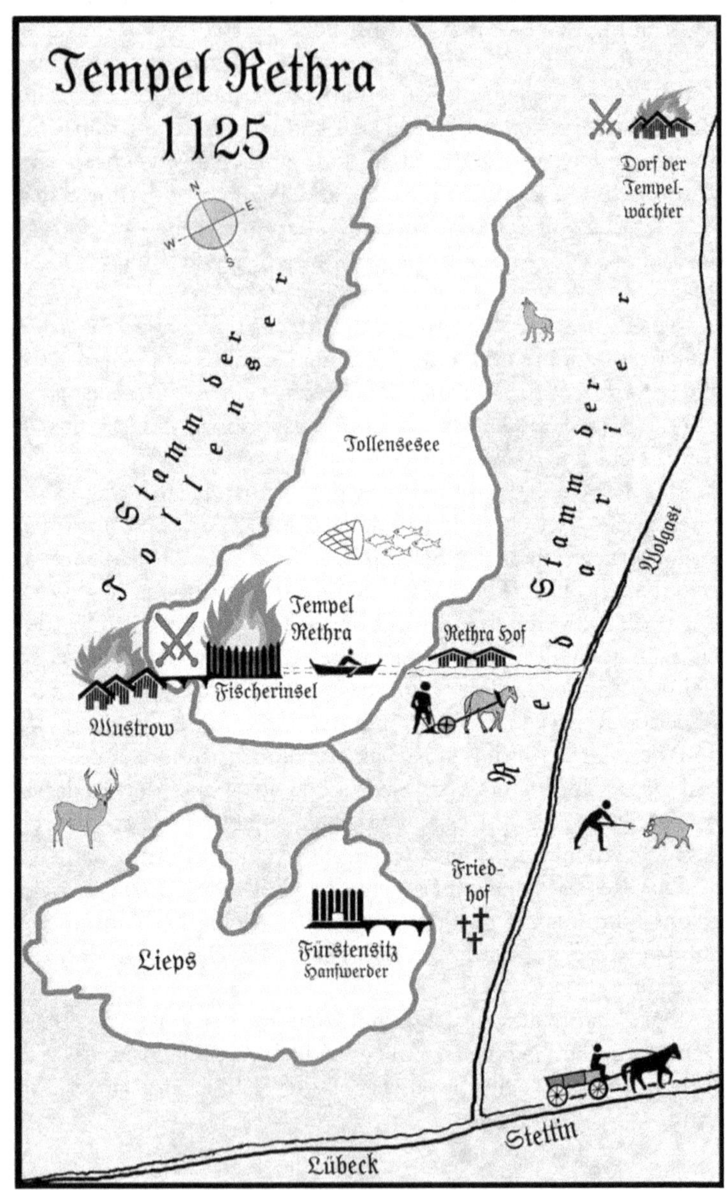
Tempel Rethra
1125
N
O
W
S
Dorf der
Tempel-
wächter
Stamm der Tollenser
Stamm der Zarier
Tollensesee
Wolgast
Tempel
Rethra
Rethra Hof
Wustrow
Fischerinsel
Friedhof
Lieps
Fürstensitz
Hanfwerder
Stettin
Lübeck

Von seiner Burg aus inspiziert der Fürst regelmäßig den Tempel und den Rethra-Hof. Mit ganzem Herzen widmet er sich seiner Nichte Mira, die er liebevoll seine kleine Prinzessin nennt. Er schätzt sie über alles und umgekehrt schätzt Mira ihren Onkel. Mit Freude erwartet sie seine Besuche. Sie unternehmen ausgedehnte Ausritte in die Eichen- und Buchenwälder. Der Fürst verehrt seine Heimat und als passionierter Jäger kennt er die Orte, die das Wild bevorzugt aufsucht. Zum ersten Mal sieht Mira Auerochsen, Elche und Rothirsche. Beeindruckt ist sie von dem Nest eines Schwarzstorch-Paares auf einer Eiche tief im Wald. Die Küken sind nicht schwarz, sondern weiß. Der Fürst erklärt ihr, dass die Störche den Winter in einem Land verbringen, in dem die Bewohner schwarz sind. Das Storchenpaar findet bei der Rückkehr im Frühjahr ihr Nest wieder.

Mit dem Boot des Fischers unternehmen sie Erkundungsfahrten auf dem Tollensesee. Die Liebe des Fürsten zur Natur ist ansteckend und erweckte in Mira Interesse für die Vogelwelt des Sees. Das Nest einer Rohrweihe beeindruckte sie besonders. Es war aus Schilf dicht über dem Wasser gebaut.

„Wustrow brennt, die Sachsen brandschatzen unsere Dörfer!", erschallt es auf dem Rethra-Hof. Tatsächlich leuchten die Wolken über Wustrow auf der gegenüberliegenden Seite des Sees rot. Der Überbringer der Hiobsbotschaft ist ein Bote des Fürsten. Japsend nach Luft fügt er hinzu: „Lothars Tross befindet sich schon auf dem Handelsweg nach Wolgast. Es bleibt wenig Zeit für die Flucht." In Panik raffen die Knechte und Mägde ihre Habseligkeiten zusammen und treten die Flucht an. Nach wenigen Minuten stehen Mira und ihr Vater allein auf dem Hof.

„Wir müssen so schnell wie möglich fort! Ich sattle Pferde", sagt Mira zu ihrem Vater. Eine Vorahnung lässt ihr einen kalten Schauer über den Rücken laufen: Was ist, wenn er nicht gehen will? Der Hof ist sein ganzer Stolz. Mira ist sich sicher, dass er als heidnischer Wissensträger und Adliger einer der Ersten wäre, denen die Sachsen den Kopf abschlagen würden.

Mira will eine Zukunft an Borislaws Seite. Sie sattelt zwei Pferde, besteigt eins und führt das andere an den Zügeln zu ihrem Vater. Der stößt ein heiseres „Nein" hervor und schlägt mit der flachen Hand auf Miras Pferd. Der Gaul prescht davon, direkt in die Fänge berittener Sachsen. Sie drängen Mira zurück auf den Hof. Einer der Gruppe hat eine Narbe im Gesicht. Im Licht der Fackeln erkennt Mira den Tempelwächter Tajan wieder. Er verriet also den Hof an die Deutschen.

Tajan richtet das Wort an den Anführer der Gruppe. „Der Mann ist der Verwalter des Hofes, der Bruder des Fürsten der Redarier. Das Mädchen ist Mira, die Tochter des Verwalters." Der Anführer der Gruppe mit einem Feuermal auf der rechten Wange befiehlt: „Bindet ihnen die Hände auf den Rücken und bringt sie in das Vorratslager!"

Im Vorratslager steht ein Hackklotz mit einer Axt, auf den die Knechte das tägliche Brennholz schlagen. Der Anführer befiehlt, den Klotz vor Mira und ihren Vater zu stellen. Was eben noch ein Werkzeug war, ist nun ein Richtblock. Zwei Männer zwingen Miras Vater mit roher Gewalt auf die Knie und drücken seinen Kopf auf den Block. Seine drohende Enthauptung schnürt Mira die Kehle zu.

Einer der Sachsen, bleich, mit glasigem Blick und langen weißen Haaren, reißt Mira den Überhang herunter und entblößt ihre Brüste.

„Lass das, Karl!", ruft ihm der Anführer zu.

„Vater, wir erschlagen sie sowieso, sie ist nur eine Heidin", und fährt fort, Mira lüstern zu bedrängen. Der Anführer greift zu einer Peitsche und schlägt sie über das Gesicht seines Sohnes. Der brüllt vor Schmerzen auf, zieht sein Schwert und stürmt auf seinen Vater los. „Ich schlage dich tot!"

Zwei Reiter an der Seite des Vaters senken ihre Lanzen. Karl muss innehalten, um sich nicht selbst aufzuspießen. In diesem Moment ruft einer der Sachsen: „Sie ist Christin!" Da Miras Hände auf dem Rücken gebunden sind, kann sie ihre Blöße nicht verdecken. Tatsächlich ist im flackernden Licht der Fackeln das Christenkreuz an einem Kettchen um ihren Hals zu sehen.

Erleichterung ist in den Gesichtern der umstehenden Krieger zu sehen. Das kindliche, tränenüberströmte Gesicht von Mira berührt auch die Hartgesottenen unter ihnen. Mehrere rufen: „Wir dürfen sie nicht töten." Der Anführer steigt vom Pferd und tritt vor Mira. Auge in Auge fragt er sie: „Bist du Christin?" Miras Kehle ist so ausgetrocknet, dass sie kein Wort hervorbringt. Sie kann nur mit dem Kopf nicken.

„Zieht ihr was über." Einem Lanzenträger an seiner Seite befiehlt er: „Setz sie auf einen Wagen. Wir nehmen sie als Geisel mit. Du haftest für ihr Wohlbefinden und dass mein missratener Sohn sie nicht schändet!" Dabei schaut er voller Verachtung auf seinen Sohn herab.

Gedemütigt von seinem Vater ergreift Karl die Axt und holt zum tödlichen Hieb aus. Schnell wendet Mira den Kopf ab und hört den dumpfen Schlag, der das Leben ihres Vaters jäh beendet. Als zwei Männer sie auf einen Wagen werfen, ruft sie: „Mörder!" Ihre Stimme versagt und heraus kommt ein klägliches Krächzen. Eine grenzenlose Wut ergreift sie. Wie Herrscher führen sich die Sachsen in einem fremden Land auf und töten Andersgläubige. Nicht einmal ihre eigenen christlichen Gebote respektieren sie. Barbaren sind sie.

Hungrig und frierend verlässt Borislaw das im Schilf steckende Boot. In der Dunkelheit der letzten Nacht ist er vom Kurs abgekommen und weit entfernt vom Rethra-Hof im Schilf gelandet. Er begibt sich zum Rethra-Hof. Als er einen Blick durch das offene Tor des Vorratslagers wirft, erfasst ihn das blanke Entsetzen. Der Verwalter kniet, Arme auf den Rücken gebunden, vor einem Hackklotz. Sein Kopf liegt abgetrennt vor ihm auf dem Boden.

Das Vorratslager und die Ställe sind leer. Die Sachsen haben den Hof für die Versorgung ihrer Truppen geplündert. Von Mira ist nichts zu sehen. Im Gesindehaus steht noch das letzte Essen auf dem Tisch. Borislaw stillt seinen Heißhunger mit einer Portion Haferbrei. Nach der Mahlzeit nickte er ein.

Männerstimmen und Pferdegetrappel schrecken Borislaw

aus dem Schlaf. Durch den Spalt der Tür sieht er zwei bewaffnete Reiter. Der eine mit einem Ritterschild ist ein Deutscher. Er hat einen grauen Bart und ein Muttermal auf der rechten Wange. Der andere Reiter mit einem Rundschild ist ein Slawe. Er hält eine brennende Fackel in der Hand. Borislaw steigt die Zornesröte ins Gesicht, als er in ihm den Verräter Tajan erkennt.

„Tajan, du hast uns gesagt, dass Borislaw nicht unter den toten Tempelwächtern ist und wir ihn hier ergreifen könnten", sagt der Deutsche anklagend.

„Ja, wenn Ihr seine Geliebte Mira als Köder hiergelassen hättet. Ihr aber habt sie als Geisel verschleppt."

Borislaw fällt ein Stein vom Herzen, Mira lebt!

„Der Fürst schätzt seine Nichte über alles und wird ein hohes Lösegeld zahlen. Was wollt Ihr mehr?", fragt Tajan und fährt fort: „Borislaw ist ein Bauernsohn, kein Adliger. Er ist wertlos."

„Das sieht der Herzog anders", widerspricht der Deutsche zornig. „Ein paar solcher Bauernkrieger haben unter seinen besten Kämpfern ein Blutbad angerichtet. Dafür will Lothar den Kopf des einzigen Überlebenden rollen sehen. Es darf keinen slawischen Helden geben."

„Euer Sohn ist scharf auf die schöne Mira. Borislaw wird sie finden und Euren Sohn töten", stichelt Tajan.

„Ein Bauer soll meinen Sohn töten?", fragt der Ritter ironisch. „Pass auf, dass ich dir nicht dein freches Maul stopfe, Slawe! Das Vorratslager zünden wir nicht an. Der tote Verwalter soll als abschreckendes Beispiel dienen", erklärt der Ritter.

Borislaw weiß, dass er in einer Falle säße, sobald das Gesindehaus in Flammen aufgeht. An der Wand hängen Dreschflegel. Mit einem Flegel in den Händen wartet er hinter der Tür.

Der Deutsche befiehlt: „Steck das Gesindehaus an!" Es ist sein letzter Befehl, der allerletzte. Borislaw stößt die Tür auf, stürmt auf den Ritter zu und holt mit dem Dreschflegel zum entscheidenden Schlag aus. Erschrocken gibt der Ritter die

Sporen. Sein Pferd macht einen Sprung vorwärts und im selben Moment trifft ihn von vorn der Schlegel mit Wucht. Mit zerschmettertem Schädel fällt er wie ein lebloser Sack vom Schlachtross. Borislaw wendet sich Tajan zu. Der wirft ihm zur Ablenkung die brennende Fackel entgegen und tritt im Galopp die Flucht an. Borislaw kann nur hinterherrufen: „Du entkommst mir nicht!"

Der Tote trägt am Gürtel eine prall gefüllte Geldkatze. Sie enthält ein kleines Vermögen aus Goldmünzen und Silberstücken. Vielleicht reicht das Geld, Mira freizukaufen. Am Sattel hängt eine kunstvoll geflochtene Lederpeitsche. Eine solche Peitsche sah Borislaw noch nie. Er nimmt sie an sich.

Er erinnert sich an das nächtliche Geheul der Wölfe während seiner Nachtwachen und beschließt, die Toten nicht den Raubtieren zu überlassen. Schließlich ist der Verwalter Vater seiner Geliebten. Borislaw hebt ein flaches Doppelgrab aus. Dann zieht er die beiden Adligen an den Beinen in die Grube und setzt dem Verwalter den Kopf wieder auf. Friedlich liegen ein Christ und ein Heide nebeneinander in einem Grab. Am Horizont reißt der Himmel auf und das Abendrot wirft ein warmes Licht auf die Toten. Zufrieden mit seinem Werk schließt Borislaw das Grab und bedeckt es zum Schutz gegen Wildtiere mit Feldsteinen.

Seit zwei Tagen liegt Mira in dem Planwagen, in den die Sachsen sie nach der Enthauptung ihres Vaters warfen. Das Gefährt hat Hafer-Säcke geladen und ächzt unter der Last. Ab und zu vernimmt sie das Schnauben der Pferde und das „Hü" des Kutschers. Alle paar Stunden macht der Tross Halt und Haferbrei, Brot und Bier werden ausgegeben. Die Fuhrleute nennen den für ihren Schutz abgestellten Soldaten Konrad.

Stimmengewirr weckt Mira auf. Es ist taghell. Sie verschlief die Nacht und den Vormittag. Sie schlägt die Plane zurück und ist überwältigt vom Anblick. Zum ersten Mal sieht sie das Meer. Das Heerlager ist riesig. Zelte und Planwagen stehen in Reih und Glied am Ufer. An Feuerstellen werden Ochsen und Schweine an Spießen gebraten und Essen ausgegeben. Konrad erklärt ihr, dass der Meeresarm vor ihnen der Strelasund und das Land dahinter die Insel Rügen ist. Am frühen Morgen setzte das Heer über den zugefrorenen Sund auf Rügen über, um die Ranen zu unterwerfen. Das Heer besteht nicht nur aus Sachsen, sondern auch aus Slawen unter Führung von Heinrich von Alt-Lübeck.

Am Nachmittag breitet sich Unruhe im Lager aus. Alle blicken mit besorgten Gesichtern zum Himmel. Von Südwesten zieht eine dunkle Wolkenwand auf. Ein warmer Wind weht über das Lager. Die Sonne verschwindet hinter Wolken. Dann setzt Dauerregen ein.

Im Morgengrauen werden die Pferde vor Miras Wagen gespannt. Konrad teilt ihr mit, dass das Heer die Rückreise nach Magdeburg antritt. Der Kreuzzug gegen die Rahen ist wegen des Wetterumbruchs abgebrochen. Sie wird Zeugin eines großartigen Schauspiels. Mit Eile, geradezu fluchtartig, strebt das Heer über das auftauende Eis des Strelasund zum Festland. Sie wollen nicht Gefangene auf der Insel werden. Noch nie sah sie eine so große Menschenmenge. Es müssen viele Hundert Reiter und Fußsoldaten sein.

Die Plane ihres Wagens wird zurückgeschlagen und vor ihr stehen Konrad und zwei Bewaffnete. Der Linke ist schätzungsweise fünfzig und hat einen grauen Vollbart. Über seinem Kettenhemd trägt er einen feinen Ledermantel. Der Rechte ist älter, rasiert und trägt über seiner Rüstung einen wollenen Umhang.

„Ist das die Geisel, von der du mir erzähltest?“, fragt der bärtige Mann Konrad.

„Ja, Herzog, das ist sie. Sie heißt Mira. Sie ist Christin und die Nichte des Fürsten der Redarier. Wir könnten ein hohes Lösegeld fordern.“

„Was meint Ihr, Heinrich, was sollen wir mit ihr machen?“ Mira wird klar, dass ihr die beiden Heerführer, Herzog Lothar von Sachsen und Heinrich von Alt-Lübeck, gegenüberstehen.

„Nehmt sie mit zur Süpplingenburg und fordert Lösegeld.“

„Einverstanden“, und zu Konrad gewandt: „Du haftest für sie.“

Nach einer Woche erreicht der Tross die Elbe. Auf der gegenüberliegenden Seite des Flusses sehen die Ankömmlinge die Reichsburg Wolmirstedt. Sie ist eine Grenzfestung. Am Ufer steht ein Zollhaus. Die Elbe macht hier eine kilometerweite Schleife nach Westen und teilt sich in mehrere flache Arme auf. Deshalb gibt es hier nahe Magdeburg eine Furt, über die die Elbe bei Niedrigwasser überquert werden kann. Es ist Niedrigwasser.

Am nächsten Tag werden Pferde vor Miras Fuhrwerk gespannt und Salzheringe von Rügen geladen. Sie sind eine beliebte Fastennahrung, besonders vor Ostern, dem Fest der Auferstehung Christi. Konrad erklärt ihr, dass das heutige Tagesziel die Süpplingenburg ist, der Stammsitz von Herzog Lothar.

Zu Miras Entsetzen begleitet Karl, der Sohn des Vogts, den Planwagen. Sein bleiches Gesicht mit den glasigen Augen jagt ihr eine Gänsehaut über den Rücken. Karl fällt auf seinem Pferd hinter ihren Wagen zurück und schaut sie mit einem höhnischen Grinsen an. „Du entkommst mir nicht."

Kurz vor dem Dunkelwerden erreichen sie die Süpplingenburg. Es ist eine Wasserburg, in Stein gebaut. Vier Gebäude lehnen sich an die äußere Festungsmauer. Eins der Gebäude ist das Gefängnis. Mira wird in einem Verlies mit einer Liege gesperrt.

„Morgen früh will Euch die Herzogin Richenza sehen", teilt ihr Konrad mit.

Mitten in der Nacht wacht Mira auf. Das fahle Mondlicht wirft durch das vergitterte Fenster ein helles Viereck auf den Boden. Sie hat das Gefühl, nicht mehr allein im Raum zu sein. Angst beschleicht sie. Ihr Mund fühlt sich trocken an. Langsam dreht sie sich um. Eine dunkle Gestalt beugt sich über sie.

Panik ergreift Mira. Ihr Schrei nach Hilfe wird von einem eisernen Griff um ihre Kehle unterdrückt. Eine andere Hand hält ihr den Mund zu. Erst als sie zu ersticken droht, öffnet sich die Hand um ihre Kehle. Der Angreifer zieht die Bettdecke weg und schiebt ihr Hemd hoch. Er legt sich auf sie. Mira spürt seinen Atem in ihrem Gesicht. Angeekelt dreht sie den Kopf zur Seite. Der Mann versucht, sie zu vergewaltigen. Mira wehrt sich. Sie tritt nach ihm, dreht und windet sich.

Nach einer Weile wird ihr klar, dass der Mann es nicht eilig hat. Er genießt ihren Widerstand in der Gewissheit, dass sie am Ende ihm zu Willen sein wird. Dann flüstert er ihr mit rauer Stimme ins Ohr: „Habe ich dir nicht gesagt, dass du mir nicht entkommst?" Es ist also Karl, der missratene Sohn des Vogts von Süpplingenburg, ein Sadist und Mörder ihres Vaters. Sie weiß, dass sie keine Gnade erwarten kann.

Dann bekommt Mira eine Chance. Karl versucht, sie zu küssen, aber sie wendet immer wieder den Kopf ab. Er nimmt seine Hand von ihrem Mund, um ihren Kopf festzuhalten. In dieser Sekunde schreit Mira aus Leibeskräften um Hilfe. Sie ist sich sicher, dass der Schrei in der Stille der Nacht auf der Burg weithin hörbar ist. Außer sich vor Wut schlägt Karl blindlings auf sie ein. Nutzen tut ihm das nicht mehr.

Schritte kommen näher. Stimmen werden lauter. Ein Mann trägt eine Laterne herein und beleuchtet die Szene. Ein kräftiger Schlag von Konrad sorgt dafür, dass Karl mit heruntergelassener Hose auf dem Boden landet. Sein hasserfüllter Blick sagt Mira, dass Konrad just einen Todfeind hat. In diesem Moment ist die Gefahr vorüber, und Mira kann ihre Tränen nicht zurückhalten. Sie zieht die Decke über den Kopf und schluchzt hemmungslos. Sie vernimmt noch, wie die Tür ihres Verlieses ins Schloss fällt. Dann wird es still. Mira ist wieder allein in ihrer Zelle.

Am nächsten Morgen führt Konrad Mira in den Fürstenraum. Der Saal liegt im Obergeschoss des Palas. Die Herzogin sitzt in einem rot gepolsterten Sessel am Kopfende eines langen Tisches. Ins Auge fallen ihre hüftlangen Zöpfe.

„Konrad, was ist mit ihr geschehen? Sie ist ja grün und blau geschlagen. Foltern wir unsere Geiseln?" Konrad macht einen Diener. „Nein, meine Fürstin, Karl versuchte, der Geisel Gewalt anzutun. Ich bedaure den Vorfall."

„Schaff mir Karl herbei, sofort!", befiehlt Richenza. Während Konrad davoneilt, mustert die Herzogin Mira. „Mein Mann berichtete mir, dass Ihr eine Christin seid. Beweist es!"

„Prüft mich", antwortet Mira und zeigt auf das Kreuz, das an ihrem Hals hängt.

„Betet ein Vaterunser!"

Mira kniet nieder, faltet die Hände und tut, wie ihr geheißen war. Mit Inbrunst spricht sie die letzten Worte des Gebetes: „Erlöse uns von dem Übel, Amen." Richenza ist von der Vorstellung des adligen, außerordentlich hübschen Mädchens beeindruckt.

„Christen können wir nicht als Sklaven nehmen, nur als Geiseln. Das Lösegeld für Prinzessinnen beträgt mehrere Pfunde Silber. Wir warten auf ein Angebot Eures Fürsten. Sobald er zahlt, seid Ihr frei", führt Richenza aus.

„Meine Kammerfrau ist im Kindbett gestorben. Bis ich eine neue finde, könntet Ihr diese Aufgabe übernehmen. Ihr kämt aus dem Gefängnis und hättet ein Zimmer hier im Haus. Niemand würde Euch behelligen." Mira überlegt nicht lange. „Das Angebot nehme ich an."

Konrad kommt mit Karl zurück. Karl vermeidet den Blickkontakt mit Mira. Mit seinen langen, weißen Haaren sieht er wie ein Gespenst aus.

„Was suchst du nachts im Gefängnis?", will Richenza wissen.

„Mira hat mir auf der Fahrt hierher Avancen gemacht. Ich habe Sie besucht!"

„Das Verlies war bewacht und verschlossen. Wie bist du hineingekommen?"

„Der Nachtwächter hat auf meine Bitte hin das Verlies geöffnet." Konrad meldet sich zu Wort. „Der Nachtwächter gestand mir, dass er von Karl ein Bestechungsgeld in Höhe von zehn Pfennig erhielt."

„Du wagst es, mich zu belügen. Was ist dann geschehen?"

„Wir haben uns geliebt", antwortet Karl.

„Und dabei hast du sie grün und blau geschlagen?"

Karl antwortet nicht und steht mit gesenktem Kopf vor seiner Herrin.

Zu Konrad gewandt: „Wirf ihn ins Gefängnis und jage den korrupten Wächter vom Hof!"

Mira gewöhnte sich schnell an ihre neue Aufgabe. Eine fast unsichtbare Tür in den Paneelen des Fürstenzimmers führt in ihre Kammer. Durch die Tür hört sie Gespräche im Fürstenzimmer, gewollt oder ungewollt, mit.

Zu Ostern erscheint ein berittener Trupp Bewaffneter auf der Süpplingenburg. Mira erkennt den Anführer wieder; es ist Herzog Lothar, den sie im Heerlager vor Rügen getroffen hat. Spät in der Nacht unterhalten sich Richenza und Lothar im Fürstenzimmer.

„Von meinem Leibarzt erfuhr ich, dass Kaiser Heinrich Krebs hat. Wirf deinen Hut in den Ring und mach deutlich, dass nur du nach dem Tod des Kaisers Anspruch auf den Thron hast!"

„Hier im Osten des Reiches bin ich zur falschen Zeit am falschen Ort. Ich sollte so schnell wie möglich Gespräche mit Vertretern der Stämme und mit meinen Konkurrenten führen. Ich werde nach Ostern nach Mainz aufbrechen", antwortet Lothar.

„Karl, der Sohn des Vogts, hat möglicherweise die Geisel Mira, Nichte des Fürsten der Redarier, vergewaltigt. Er sitzt im Gefängnis. Was soll mit ihm geschehen?", fragt Richenza.

„Ein Gerichtsverfahren sollten wir vermeiden. Es entstünde der Eindruck, wir sorgen auf unserem eigenen Hof nicht für Recht und Ordnung. Unser Ruf könnte Schaden nehmen. Der Verwalter der Reichsburg Wolmirstedt sucht Ritter für die Grenzsicherung. Ich werde Karl dorthin versetzen."

Borislaw besteigt das Pferd des Ritters, den er mit einem Dreschflegel erschlug. Er verlässt den Rethra-Hof und macht sich auf den Heimweg. Sein Dorf liegt im Siedlungsgebiet der Redarier nördlich des Tollensesees nahe dem Handelsweg nach Wolgast.

Die verkehrsgünstige Lage des Dorfes erwies sich als Nachteil. Die Sachsen fanden und brandschatzten es. Die Einwohner sind aus den Wäldern zurückgekehrt und stochern in den Resten ihrer Häuser nach Habseligkeiten.

Mit Tränen in den Augen begrüßt Borislaws Mutter ihren

verloren geglaubten Sohn. Vor mehr als einem Jahr verließ er als Fußsoldat das Dorf. Nun steht vor ihr ein bestens ausgerüsteter Ritter auf einem Streitross. Auch sein Vater, seine Brüder und seine Schwester betrachten ihn bewundernd. Sie betasten voller Neugier den Ringelpanzer, den Schild und den goldenen Knauf seines Schwertes.

„Du kommst wie gerufen, wir benötigen jede Hand für den Wiederaufbau unseres Hauses. Es soll ein Blockhaus mit Schilfdach werden, länger als das alte, für mehr Vieh", muntert ihn sein Vater unternehmungslustig auf. „Dein Bruder soll mit der Reeternte am See beginnen, damit das Schilf Zeit zum Trocknen hat. Und du könntest mit dem Baumfällen beginnen. Keiner von uns kann das besser als du. Außerdem haben wir jetzt zwei Pferde für das Rücken der Stämme zur Baustelle."

Borislaw fällt auf, dass von den sechs Häusern des Dorfes nur das von Tajan nicht abgebrannt ist – für ihn kein Zufall. Er schaut vom Pferderücken herab auf die vor ihm stehenden Bauern.

„Kurz bevor Jaro in meinen Armen starb, musste ich ihm versprechen, seinen letzten Wunsch zu erfüllen." Borislaw macht eine Pause und sieht die Umherstehenden der Reihe nach an. Die Spannung unter den Zuhörern steigt, bis mehrere gleichzeitig herausplatzen: „Welcher Wunsch?" Alle Augen hängen an Borislaws Lippen: „Töte den Verräter Tajan!" Ein ungläubiges Raunen geht durch die Gruppe, die sich dem Haus von Tajan zuwendet.

„Wo ist er?", fragt Borislaw.

„Seit die Deutschen in unser Land einfielen, haben wir Tajan und seinen Vater nicht mehr gesehen. Sie haben Verwandte in Lebus an der Oder. Wir nehmen an, dass sein Vater dorthin gezogen ist", verkündet Jaros Vater und fragt: „Aber warum ist Tajan ein Verräter?"

„Er verriet Rethra an die Deutschen. Er hat uns unsägliches Leid angetan. Er muss bestraft werden. Wir sollten den Verrat durch Tajan mit dem Fürsten besprechen. Jetzt haben wir andere Sorgen, es ist Winter und der Wiederaufbau unserer Häuser ist wichtiger." Damit beendet Borislaw die Diskussion.

Die neuesten Gerüchte über den Fortgang des Heerzuges der Sachsen sind Tagesgespräch im Dorf. Ein Trupp verwundeter Rückkehrer erzählt eine abenteuerliche Geschichte. Vor einem Jahr hatten die Ranen den Sohn des Fürsten Heinrich von Alt-Lübeck, einen Christen und Verbündeten der Sachsen, erschlagen. Die Antwort von Heinrich war ein Rachefeldzug gegen die „gottlosen Heiden mit ihrem Teufelsglauben". Beim Anblick seines gewaltigen Heeres vor Rügen ergaben sich die Ranen. Sie stellten Geiseln und versprachen, einen Tribut von über 4000 Mark zu zahlen. Sie zahlten nur die Hälfte.

Der jetzige Winterfeldzug von Fürst Heinrich und Herzog Lothar ist daher eine Strafexpedition. Sie wollen die Ranen endgültig unterwerfen, zinspflichtig machen und zum Christentum bekehren. Überdies lockt reiche Beute: Am Kap Arkona am Rand der Kreidefelsen von Rügen liegt der Tempel der Ranen. Sie nennen ihn Jaromarsburg. Dort verehren sie ihren höchsten Gott, den vierköpfigen Svantovit. Unermesslich soll der Tempelschatz sein, den die Ranen über Jahrzehnte durch Opfergaben und Seeräuberei dort anhäuften.

Der Fürst der Redarier sendet Borislaw eine Botschaft. Er bittet ihn, ihm über den Kampf um Rethra zu berichten. Die Burg des Fürsten liegt auf der Insel Hanfwerder im See Lieps. Eine Brücke verbindet die Insel mit dem Festland und eine Vorburg sichert den Zugang. Borislaw begrüßt den Wachmann. „Ich bin Borislaw."

„Der Fürst erwartet dich", antwortet der Wächter. Im Innenhof der Burg errichten Arbeiter ein neues Haus. Im Stall nebenan bürsten Knechte Pferde. Borislaw erkennt in einem der Tiere das Heilige Pferd wieder. Ein Bewaffneter führt Borislaw in den Empfangsraum des Fürstenhauses. Läden verdunkeln die Fenster. Ein Feuer im Kamin aus gebrannten Ziegeln bringt Licht und Wärme in den Raum. Jagdtrophäen, Geweihe von Rothirschen, hängen an der Wand. Der Fürst sitzt am Tisch in der Mitte des Raumes.

„Sei willkommen, Borislaw", begrüßt ihn der Fürst freundlich. „Du bist der einzige Überlebende von Rethra.

Erzähl mir, was passiert ist."

Borislaw beschreibt den Kampf um Rethra: den Tod des Priesters, die Rettung des Heiligen Pferdes und seine eigene Flucht zum Rethra-Hof. Ausführlicher geht er auf die Enthauptung des Verwalters, die Geiselnahme von Mira und den Verrat durch Tajan ein.

„Warum töten die Sachsen meinen Bruder und nicht Mira?", fragt der Fürst. Borislaw weiß, dass bei der Beantwortung der Frage Vorsicht geboten ist. Der Fürst könnte sich von Mira hintergangen fühlen. Das wäre der Fall, wenn er von einem Tempelwächter, einem Dritten, erfährt, dass seine Nichte heimlich zum Christentum konvertiert ist. Aber vielleicht weiß er es und will Borislaws Verschwiegenheit auf die Probe stellen.

„Wahrscheinlich war den Sachsen das zu erwartende Lösegeld wichtiger", antwortet Borislaw ausweichend. Der Fürst lächelt, und Borislaw weiß, dass der Fürst die Wahrheit kennt.

„Was weißt du über den Entführer von Mira?", fragt der Fürst.

„Er befehligte den Tross von Lothars Heer. Ich vermute, dass er ein wohlhabender Edelmann war."

„Wir bauen Rethra nicht wieder auf. Die Rolle des Zentralheiligtums für den Stammesverband der Liutizen übernimmt der Svantovit-Tempel der Ranen auf Rügen am Kap Arkona. Wir errichten auf meiner Burg einen kleinen Tempel für den Adel. Tajan erklären wir für geächtet, sodass jedermann ihn gefangen nehmen oder töten kann. Was Mira betrifft, ist es ungewiss, wann Herzog Lothar eine Lösegeldforderung stellt. Warten will ich nicht."

Der Fürst schaut Borislaw, der noch immer vor ihm steht, in die Augen. Schließlich stellt er einen Geldbeutel auf den Tisch, ohne seinen Blick abzuwenden. Die Spannung steigt. Borislaw hat das Gefühl, dass gleich etwas passiert, was sein Leben verändert.

„Bring mir meine Prinzessin wieder", bricht es aus dem Fürsten heraus, „geh über die Elbe ins Christenland. Besuche die Städte und Höfe, finde heraus, wer sie gefangen hält, kauf sie frei oder befreie sie gewaltsam. Du überlebtest als Einziger den Kampf um Rethra und stehst unter dem Schutz von Riedegost. Dir kann es gelingen." Borislaw fühlt sich geehrt, aber kann er einen solchen Auftrag überhaupt erfüllen? Dann macht ihm der Fürst ein Angebot, das er nicht ablehnen kann.

„Wenn du Mira zurückbringst, erfülle ich dir jeden Wunsch." Einen hat Borislaw schon: Mira zu heiraten. Sagen kann er es noch nicht.

„Ja. Ich werde Mira heimholen." Erleichtert atmet der Fürst auf und legt einen versiegelten Brief auf den Tisch.

„Beginne deine Nachforschungen in Köpenick. Es liegt drei Tagesreisen entfernt an der Spree. Der Fürst von Köpenick, Mirek, ist ein Freund von mir. Er ist Slawe und weder dem Heiligen Römischen Reich im Westen noch dem Königreich Polen im Osten tributpflichtig. Er ist Christ, aber vielleicht verehrt er unsere Götter auch. Gib ihm den Brief und er wird dir nützliche Ratschläge für deine Mission geben."

Borislaw verlässt die Burg und bemerkt auf dem Hang hinter der Vorburg mehrere Häuschen. Dort angekommen erkennt er, dass es sich um Totenhäuser eines Friedhofs handelt. Das ist der Platz, an dem der Adel und die Helden der Redarier bestattet werden. Es ist der Stammesfriedhof. Von hier oben hat Borislaw einen Blick über die Seenlandschaft seiner Heimat. Wenn er den Ort für sein Begräbnis wählen könnte, so wäre es dieser.

Borislaw plante die Suche nach Mira mithilfe des Dorfältesten. Der betreibt Fernhandel über den Hafen Wolgast und macht Geschäfte mit den Sachsen über Handelsplätze an der Elbe. Er kennt die im Umlauf befindlichen Münzen und ihren Wert. Gemeinsam führten sie eine Bestandsaufnahme seines Geldes durch.

Der Geldbeutel des Fürsten enthält 675 Denare, die auch Agrippiner oder einfach Pfennige genannt werden. Der Name ‚Agrippiner' leitet sich von dem lateinischen Namen der Münzstätte Köln ab: Colonia Agrippina. Agrippiner sind die meistgebrauchten Münzen in Sachsen und im Slawenland. Sie sind aus Silber.

Karl der Große führte mit seiner Münzreform die Silberwährung ein. Nördlich der Alpen gibt es in natürlichen Lagerstätten wenig Gold, aber viel Silber. Aus einem Pfund Silber sind 240 Pfennige zu schlagen. Sie haben den rechnerischen Wert von einer Mark.

„Eine Sklavin kostet 225 Agrippiner. Meiner Meinung nach hat der Fürst mit seinen 675 Agrippinern den Wert von drei Sklavinnen als Lösegeld für Mira kalkuliert. Das ist nicht viel. Schließlich ist sie nur eine Nichte. Ganz anders sähe es bei einem Erbfolger aus, wie bei dem erstgeborenen Sohn eines Fürsten", erklärt der Dorfälteste.

Borislaw ist empört: „Meine Mira wird mit Sklavinnen aufgewogen!"

„So ist es. Alles ist käuflich und hat seinen Preis. Für Geld kannst du alles haben."

„Mit meinem Schwert kann ich das auch, ohne einen Pfennig auszugeben."

„Ja, du bist Kämpfer, aber ich bin Händler. Wir Händler machen unsere Geschäfte ohne Blutvergießen."

Die Geldkatze des Adligen, den Borislaw auf dem Rethra-Hof mit einem Dreschflegel erschlug, enthält 260 Agrippiner und 126 byzantinische Solidi. Die Goldmünze Solidus, so führt der Dorfälteste aus, ist seit Kaiser Konstantin die Standardmünze des Oströmischen Reiches. Sie ist noch im Heiligen Römischen Reich im Umlauf.

„Mit den Goldstücken kannst du die Suche nach Mira finanzieren. Du solltest dich als Bernsteinhändler ausgeben. Händler sind unverdächtig und überall willkommen. Sie zahlen Zölle und andere Abgaben und erhöhen das Einkommen der Fürsten. Als Schmuckhändler hättest du Zugang zu den obersten Schichten und den Damen der Gesellschaft."

Borislaw folgte dem Ratschlag des Dorfältesten und legte sich für seine Goldmünzen die Grundausstattung eines Bernsteinhändlers zu. Dazu gehören ein Reitpferd, ein Packtier und ein Warensortiment aus baltischem Bernsteinschmuck. Es beinhaltet Halsketten, Armreife, Anhänger und Gebetsketten. Die Ketten, nach dem Vaterunser-Gebet auch Paternoster-Schnüre genannt, sind ein Verkaufsschlager im Heiligen Römischen Reich.

Die erste Nacht auf seinem Weg nach Köpenick verbringt Borislaw in Fürstenberg an der Havel. Für ein Dach über dem Kopf für sich, sein Pferd und das Maultier verlangte ein Bauer einen halben Pfennig. Da nur ganze Pfennige geschlagen werden, hackt der Bauer eine Münze in zwei gleich große Teile. Eine Hälfte gibt er Borislaw mit den Worten zurück: „Dein Hacksilber. Wenn du mehr Kleingeld benötigst, kannst du den Pfennig auch vierteln."

Von Fürstenberg folgte er dem linken Havelufer, nutzt den Spreeübergang bei Spandau und übernachtet in der Burgstadt. Sie liegt auf einer Insel der Havel und hat einen Burgwall. In einer einfachen Herberge zahlt er für ein Strohlager und eine Mahlzeit aus Haferbrei und Bier zwei Pfennig.

In aller Frühe des nächsten Tages setzt Borislaw seine Reise fort. Zwei Händler schließen sich ihm an. Sie folgen dem Handelsweg nach Köpenick auf der Südseite der Spree. Die beiden Händler machen einen ängstlichen Eindruck und beobachten nervös die Umgebung. Von Borislaw angesprochen erklären sie, dass vor zwei Tagen Wegelagerer eine Händlergruppe auf diesem Weg ausgeraubt haben. Das geschah im Grenzbereich zwischen Spandau und Köpenick. Sie hätten sich ihm angeschlossen, weil er bewaffnet sei.

Der von Norden kommende Fernhandelsweg, die Via Imperii, die Reichsstraße, kreuzt ihren Weg. Reisende und Händler auf Fuhrwerken kommen ihnen aus Köpenick entgegen. Sie berichten, dass der Weg frei von Gesindel sei und sie gefahrlos weiterziehen könnten.

Die Via Imperii und der Weg nach Köpenick sind keine angelegten Straßen, sondern Naturwege, die durch die häufige Benutzung festgefahren, festgetreten und vegetationsfrei sind.

Gegen Abend erreicht Borislaw Köpenick. Die Burg und die Vorburgsiedlung liegen auf einer Insel der Dahme, direkt vor ihrer Einmündung in die Spree. Auf der Brücke über die

Dahme herrscht reger Verkehr. Einige reiten über sie, andere passieren sie auf Pferdewagen. Aufgrund der jahrelangen Trockenheit ist das Wasser auf der Furt unter der Brücke nur knietief. Um das Brückengeld zu sparen, krempeln sich Fußgänger die Beinkleider hoch, beißen die Zähne zusammen und waten durch das eiskalte Wasser.

Ein Zwei-Mann-Empfangskomitee erwartet Borislaw auf der Insel. Der eine ist mit einer Armbrust, der andere mit einem Schwert bewaffnet. Der mit dem Schwert baut sich breitbeinig vor Borislaws Pferd auf.

„Ich bin Jacza, was führt dich in meine Stadt, Fremder?", fragt er im gebieterischen Ton. Borislaw weiß, dass Lachen nicht angebracht ist. Die Szene erinnert ihn an seine Kindheit. Auch er spielte in seinem Dorf mit anderen Kindern Ritter. Das beliebteste Spielzeug für Jungs ist das hölzerne Schwert. Auch die beiden Knirpse vor ihm, der eine mag fünf, der andere sieben Jahre alt sein, haben hölzerne Spielzeugwaffen.

„Ich bin Borislaw vom Stamm der Redarier. Ich will zum Fürsten von Köpenick. Ich habe eine Botschaft für ihn."

„Ich führe dich zu ihm", erwidert Jacza, der Kleinere der beiden, und befiehlt: „Nimm mich mit!" Er streckt einen Arm in die Höhe. Borislaw greift den Arm und hebt ihn hinter sich auf sein Pferd. Der andere Junge klettert auf das Maultier. Zu dritt reiten sie durch den Ort.

Die Leute begrüßen Borislaw ehrfurchtsvoll und verbeugen sich. Offensichtlich sind die hier wohnenden Sprewanen, Slawen, die an der Spree wohnen, besonders höflich.

An der von Norden nach Süden verlaufenden Straße in der Mitte der Vorburgsiedlung reihen sich die Häuser der Händler und Handwerker. Das sind Netzmacher, Schmiede, Stellmacher, Schreiner, Sattler, Töpfer und Schumacher. Wegen des üblen Geruchs ihres Gewerbes stehen die Hütten der Gerber abseits am Flussufer. Die Größe der Vorburgsiedlung überrascht Borislaw. Sie bildet zusammen mit der Burg eine Burgstadt. In seiner Heimat am Tollensesee gibt es keine Burgstädte, sondern nur Burgen und Dörfer.

Am Ende der Straße führt eine Zugbrücke über einen

Graben. Dahinter, an der Südspitze der Insel und an drei Seiten vom Wasser der Dahme umspült, liegt die Burg. Auf einem Burgwall steht eine rundum laufende Palisade aus oben spitz zugehauenen Baumstämmen. Borislaw schätzt, dass sie in Nord-Süd-Richtung 180 Meter lang und in Ost-West-Richtung 80 Meter breit ist.

Die Inselburg Köpenick unterscheidet sich nicht wesentlich von der Tempelfestung Rethra. Auch die Baumaterialien sind die gleichen. Es sind die, die in den Wäldern und Seen des Slawenlandes zwischen Elbe und Oder reichlich vorhanden sind: Baumstämme für die Palisaden und Behausungen, Schilf für die Dächer und Lehm für die Verputzung. Das Fundament der Burg ist der Burgwall aus aufgeschütteter Erde. Das slawische Wort für Köpenick ist Copnic. Es steht für eine Siedlung auf einem Erdhügel, wobei der Hügel der aufgeschüttete Burgwall ist.

Das Burgtor steht offen und der Wachmann schläft. Nicht einmal das Hufgetrappel der Ankömmlinge weckt ihn. Was nun geschieht, sieht für Borislaw nach Routine aus. Der Knirps hinter ihm greift in die Tasche und holt einen Kieselstein hervor. Dann zielt er sorgfältig und trifft den Helm des Schläfers. Ein blecherner Gong ertönt. Der Wachmann schnellt in die Höhe und die beiden Knirpse krümmen sich vor Lachen. Der Wächter, unbeeindruckt vom Schabernack der Kinder, verbeugt sich galant und ruft in freundlichem Ton: „Seid gegrüßt, mein Prinz!" Borislaw erkennt, dass der Knirps hinter ihm nicht ein Dorfbengel, sondern der Sohn des Fürsten ist. Dem kleinen Jacza galt also die respektvolle Begrüßung durch die Bewohner. Borislaw ist froh, dass er den Knirps nicht auslachte, als er sich ihm in den Weg stellte.

Im Innenhof der Burg tummeln sich Hühner, Gänse und Ziegen. Knechte misten Ställe aus. Keiner geht auf den Wehrgang Wache. Friedlich ist es hier. Eine Gefahr scheint es nicht zu geben. Die Sprewanen, Slawen wie er, geben sich als Christen aus und die Sachsen lassen sie in Ruhe. Borislaw kann es kaum fassen. Nur drei Tagesreisen von hier entfernt verwüsten die Sachsen wiederholt seine Heimat, weil dort die

Bewohner Heiden sind.

Jacza steigt ab, geht ins Fürstenhaus und ruft: „Vater, Ihr habt Besuch. Es ist Borislaw vom Stamm der Redarier. Er hat eine Botschaft für Euch!" Die Antwort des Fürsten kommt prompt. „Er soll warten."

Borislaw nutzt die Zeit, sich die Burg anzusehen. Das Gebäude des Burgherrn ist ein stattliches Langhaus. Die geschälten Baumstämme sind sorgfältig ausgewählt, von gleichen Dicken und an den Ecken von den Zimmerleuten meisterlich verzahnt. Die Fugen zwischen den Stämmen sind mit Lehm abgedichtet. Wie ein wärmender Mantel schmiegt sich das Reetdach über das Gebäude.

Die Pfosten der zwei Eingänge sind durch Schnitzereien verziert und die vier Fenster zum Burghof sind gleichmäßig über die Front des Hauses verteilt. Bis auf drei sind alle Fensterläden geschlossen. Es ist noch winterlich kalt. Zwei gemauerte Schornsteine ragen aus dem Dach. Aus beiden steigt Rauch auf. Borislaw nimmt an, dass der linke Schornstein zu den Kemenaten der Familie des Fürsten gehört. Der Schornstein rechts gehört, vermutet Borislaw, zum Empfangsraum, dem Rittersaal.

Als Mirek, Fürst von Köpenick, im Schein der Abendsonne vor die Haustür tritt, ist Borislaw von seinem Anblick beeindruckt. Sein Schwert steckt in einer prunkvollen Scheide mit rot-schwarz-goldenen Verzierungen. Unter einem blauen Umhang trägt er einen roten Waffenrock. Blau und Rot sind die Farben des Adels. Kein Bauer würde es wagen, Kleider in diesen Farben zu tragen; Seinen Kopf würde er riskieren.

„Ich grüße dich, Borislaw, du bist willkommen." Er macht einen Schritt zur Seite, um Borislaw ins Haus zu lassen. In diesem Moment versucht der kleine Jacza, ins Freie zu schlüpfen. Eine kräftige Ohrfeige seines Vaters beendet den Versuch und der Knirps landet auf seinem Hosenboden.

„Habe ich dir nicht verboten, Steine nach dem Wachmann zu werfen? Geh und versorgt die Pferde unseres Gastes!"

Offensichtlich hat der Vater den Schabernack beobachtet. Statt zu heulen oder nach Mama zu schreien, verdrückt sich

Jacza ohne einen Mucks aus der Reichweite seines Vaters. Borislaw ist beeindruckt von den Nehmerqualitäten des kleinen Kerls.

Gemeinsam betreten sie den Rittersaal. Ein Feuer im Kamin verbreitet Wärme. Licht fällt durch ein mit Tierhaut bespanntes Fenster auf den Tisch in der Mitte des Saales. Ein Mann erwartet sie. Durch seine Haartracht und die bunt bestickten Wollkleider gibt er sich als Adliger zu erkennen, der seine slawische Herkunft betont. Alle drei nehmen Platz und der Fürst fragt Borislaw: „Was führt dich zu mir?"

„Herzog Lothar hat nach der Zerstörung unseres Tempels Rethra die Nichte meines Fürsten, die Prinzessin Mira, als Geisel verschleppt. Ich habe den Auftrag, sie freizukaufen oder zu befreien. Hier ist ein Schreiben meines Fürsten."

Mirek öffnet den Brief und gibt ihn an den Adligen neben sich mit den Worten weiter: „Der Brief ist in Latein." Dann deutet er auf den Mann neben sich. „Ich möchte dir Meinfried, Fürst der Heveller, vorstellen. Er ist mein Nachbar im Westen. Die Heveller, Slawen wie wir, siedeln an der Havel. Dieser Fluss und sein Nebenfluss, die Nuthe, bilden die Grenze zwischen unseren Fürstentümern. Der Sitz von Meinfried ist die Brandenburg, eine Festung auf einer Insel der Havel. Als Kind war er Geisel der Sachsen in Magdeburg. Dort taufte ihn der dortige Burggraf auf den christlichen Namen Meinfried und unterrichtete ihn in Latein."

Mittlerweile hat Meinfried den Brief gelesen. „Der Fürst der Redarier bittet Euch, den Überbringer dieses Schreibens bei der Suche nach seiner Nichte Mira zu unterstützen. Der Ritter, der die Prinzessin als Geisel genommen hatte, führte Lothars Tross an. Er hatte ein Muttermal auf der rechten Wange. Borislaw, so schreibt er, hätte ihn erschlagen. Er möchte wissen, wer dieser Mann war."

Meinfried kennt die Antwort. „Während meiner Zeit in Magdeburg begegnete ich diesem Mann. Er war der Vogt von Süpplingenburg. Die Burg ist der Stammsitz von Herzog Lothar. Der Vogt war sein Vertrauter und begleitete ihn auf den Kriegszügen gegen die Elbslawen. Er war gegenüber den

Heiden unerbittlich und trug den Beinamen „der Köpfer"."

Meinfried wendet sich an Borislaw. „Beginne deine Suche nach Mira in der Höhle des Löwen, der Süpplingenburg. Brandenburg liegt auf dem Weg. Ich trete morgen meine Rückreise an. Du kannst mich begleiten und hast dann ein gutes Stück deines Weges hinter dir."

„Ich nehme Euer Angebot an."

Mirek wendet sich an Borislaw. „Meinfried und ich haben einen gemeinsamen Feind. Er ist Albrecht der Bär vom sächsischen Geschlecht der Askanier. Er ist Herzog der Mark Lausitz vom Heiligen Römischen Reich, dem Sacrum Imperium Romanum. Unsere Fürstentümer grenzen im Süden an seine Mark. Alle wissen, dass Albrecht der Bär seinen Machtbereich nach Norden ausweiten möchte. Er stellt eine ständige Bedrohung für uns dar. Deshalb treffen wir uns regelmäßig und beraten, wie wir unsere Unabhängigkeit bewahren können."

Meinfried fügt hinzu: „Albrecht unterhält in aller Stille gute Beziehungen zu meinem jüngeren Bruder Pribislaw und seiner durchtriebenen Frau Petrissa. Im Falle meines Todes wäre er Erbe meines Besitzes. Ich fürchte um mein Leben."

„Macht es wie der römische Kaiser Caracalla, der seinen jüngeren Bruder ermorden ließ und damit in die Geschichte einging. Schlagt Eurem Bruder den Kopf ab, bevor Ihr den Euren verliert. Aber für einen Brudermord fehlt Euch der Mut", antwortet Mirek. Dann richtet er das Wort an Borislaw. „Meinfried ist mein Schwager. Ich bin mit seiner Schwester verheiratet."

Fürst Mirek öffnet die Tür und ruft nach Jacza. Dann wendet er sich an Borislaw: „Mein Sohn zeigt dir deine Unterkunft. Dort erhältst du den Proviant für deine Reise. Ihr werdet in aller Frühe aufbrechen. Ich wünsche dir Erfolg für deine Mission."

Am nächsten Morgen sattelt Borislaw zusammen mit Meinfried die Pferde. Zwei gewappnete Reiter begleiten sie. Eifrig hilft der kleine Jacza, das Maultier mit der Reiseausrüstung und Bernsteinware zu beladen. Borislaw ist

Händler. Schild, Rüstung und Schwert lässt er hier. Als er seine Wurfaxt hinter den Gürtel steckt, fragt Jacza: „Ziehst du in den Krieg?"

„Nein, aber vielleicht in den Kampf. Ich habe die Aufgabe, eine slawische Prinzessin zu befreien. Sachsen auf der anderen Seite der Elbe halten sie gefangen."

„Bist du dafür nicht zu jung?" Borislaw ist von der dreisten Frage des kleinen Kerls alles andere als überrascht. Er hatte diese Frage von den beiden Fürsten erwartet.

„Schau her, was ich hier habe." Borislaw geht in die Knie und zeigt Jacza seinen Taschen-Gott. Die Holzfigur passt in eine Hand. Sie zeigt einen Mann mit Kegelmütze und Bart. „Das ist Riedegost, unser Kriegsgott. Er rettete mir schon einmal das Leben. Ich stehe unter seinem Schutz. Solange ich diesen Talisman bei mir habe, kann mir nichts passieren."

Als Borislaw aufschaut, sieht er in das entsetzte Gesicht Jaczas. Sein Mund steht offen und die Augen sind aufgerissen, so als würde er dem Teufel gegenüberstehen. Dann rennt er in Richtung Fürstenhaus davon, laut rufend: „Vater, Borislaw betet Götzen an. Er ist ein Heide!"

Fürst Meinfried lacht über den Vorgang. Borislaw kommt zu dem Schluss, dass bei der Erziehung von Jacza etwas schiefgelaufen sein muss.

„Unser Tagesziel ist die Festung Spandau auf dem Burgwall. Die Inselburg liegt nahe der Einmündung der Spree in die Havel. Sie gehört zu meinem Machtbereich und der Burgherr ist von mir bestellt", erklärt Meinfried.

Er und seine beiden gepanzerten Leibwächter setzen sich in Bewegung und Borislaw folgt ihnen mit seinem Maultier im Schlepp. Sie überqueren die Brücke über die Dahme. Der kleine Trupp folgt dem Handelsweg südlich der Spree, den Borislaw schon von seiner Anreise nach Köpenick kennt. Er verbindet die Handelsplätze an Spree und Havel und ist Teil einer Fernhandelsstraße. Sie führt von Posen in Polen durch die unabhängigen Fürstentümer Köpenick und Brandenburg. Weiter geht sie bis nach Magdeburg im Herzogtum Sachsen des Heiligen Römischen Reiches.

Auf halber Strecke nach Spandau machen sie Rast. Meinfried interessierte sich für Borislaws Schwert mit dem goldenen Knauf. Die makellose Klinge veranlasste ihn zu der Bemerkung: „Höchste Schmiedekunst." Fachkundig legte er die Waffe auf seinen linken Zeigefinger, um den Balancepunkt zu bestimmen. Dann zieht er sein eigenes Schwert und gibt es Borislaw. „Das ist ein Sarazenen-Schwert." Die Klinge weist eine Struktur auf, als bestünde sie aus mehreren Schichten. Sie geben der Klinge eine dekorative Musterung. Eine so schöne Klinge hat Borislaw noch nicht gesehen. Die Parierstange hat Kugeln an den Enden und der Griff ist mit Leder- und Silberdraht umwickelt.

„Die Waffe ist aus Damaszenerstahl. Mein Vater hat sie von einem Fernhändler erworben. Sie ist sehr wertvoll und soll aus dem Orient stammen."

Der Burgherr von Spandau serviert seinen Gästen gebratenen Barsch, frisch aus der Havel. Borislaw erinnert der Spandauer Burgwall an die Festung Köpenick. Beide liegen auf Inseln und an Mündungen von Nebenflüssen. Wie in Köpenick gibt es auch hier eine Festung und eine Siedlung von Fischern, Handwerkern und Händlern.

In Spandau führen zwei Holzbrücken auf das West- und Ostufer der Havel. Damit ist die Burgstadt ein wichtiger Havelübergang für die Handelsstraße von Posen nach Magdeburg. In einem Hafen liegen kastenförmige Prahme mit flachem Boden für den Warenverkehr auf dem Fluss. Geladen haben sie Holz und Getreide.

Am späten Abend des nächsten Tages erreicht der Trupp Brandenburg. Von hier setzt Borislaw seine Reise zur Süpplingenburg allein fort. Am zweiten Tag passiert er die Elbe bei der Grenzburg Wolmirstedt nahe Magdeburg. An der Zollstation zahlt er für seine Bernsteinware vierzehn Agrippiner. Vom Zöllner erfährt er, dass er die Süpplingenburg nicht verfehlen kann, wenn er dem Handelsweg nach Braunschweig folgt. Er gibt Borislaw noch eine gute Nachricht mit auf den Weg. Auf der Burg findet in der ersten Aprilwoche nach Ostern ein Jahrmarkt statt. Dort könnte er seinen

Bernsteinschmuck anbieten.

Gegen Abend erreicht Borislaw, nachdem er den Salzweg von Lüneburg nach Halberstadt überquert hatte, die Süpplingenburg. Händler sind dabei, ihre Verkaufsstände aufzubauen. In einem der Ställe erhält Borislaw gegen Bezahlung eine Schlafstelle und einen Unterstand für Pferd und Maultier. Bevor er in den Schlaf fällt, sieht er im Geiste das Antlitz von Mira vor sich. Seit ihrer Verschleppung bittet er jeden Abend Riedegost um Hilfe für die Befreiung seiner Geliebten.

Es ist Jahrmarkt auf der Süpplingenburg. Angeboten werden Dinge des Alltagsbedarfes, Lebensmittel und Schlachttiere. Sänger und Gaukler sorgen für Unterhaltung.

In diesen Tagen muss sich Borislaw als Händler bewähren. Bernstein kannte er nur von der Halskette seiner Schwester. Er machte sich als Händler kundig und ist von dem Stein fasziniert. Die Römer nannten den Bernstein »Succinit«. Sie wussten, dass er aus Baumharz entstand und die Einschlüsse oft Insekten sind. Durch Reiben an Wolle entwickelt der Stein eine geheimnisvolle Anziehungskraft auf Staubteilchen. Die Griechen nutzten ihn bisweilen als Kleiderbürste und nannten ihn Elektron. Er ist der einzige Stein, der brennt und in Salzwasser schwimmt. Durch Brenn- und Schwimmtests lässt sich die Echtheit von Bernstein prüfen. Auf der Haut getragen, ist er ein beliebter Heilstein für verschiedene Krankheiten.

Borislaws Lieblingsstück ist ein Rosenkranz aus rotbraunen, durchsichtigen Steinen. An dem Kranz hängt ein Kreuz aus Bronze. Es erinnert Borislaw an jenes, das Mira an einer Kette um den Hals trägt. Er beschließt, dieses besondere Stück nicht zu verkaufen. Er will es als sein Hochzeitsgeschenk für Mira behalten.

Fasziniert bleiben Frauen und Mädchen vor seinem Stand stehen. Der Bernsteinschmuck zieht sie an wie Honig die Bienen. Sie lieben es, den sich warm anfühlenden Bernstein in die Hand zu nehmen, anzulegen und aus allen Perspektiven zu betrachten. In kurzer Zeit verkaufte er drei Schmuckstücke für einen guten Preis.

Wie zur Salzsäule erstarrt, steht eine junge Frau vor ihm. Er hat das Gefühl, dass sie ihn anstarrt. Als er aufblickt, sieht er in das Gesicht eines geschundenen Mädchens. Jemand schlug sie grün und blau. Ströme von Tränen laufen über ihre Wangen. Das Strahlen in ihren Augen aber verrät, dass es Tränen des Glücks sind. Borislaw erkennt sie.

„Mira!", entfährt es ihm. Im selben Moment sinkt sie zu Boden. Der Horror im Gefängnis und nun, Auge in Auge mit ihrer großen Liebe, ist zu viel für sie. Eine Magd mit einer weißen Haube auf dem Kopf eilt herbei. „Sie ist die Kammerfrau der Fürstin. Helft mir! Wir tragen sie ins Haus." Borislaw hebt Mira auf und folgt der Magd durch das Burgtor zum Fürstenhaus. Konrad, Miras Beschützer, stoppt ihn. „Fremde haben hier keinen Zutritt. Wir kümmern uns um sie."

Konrad begleitet Borislaw zu seinem Verkaufsstand. „Ich bin Konrad, der neue Burgvogt. Einer unserer Ritter hat der Geisel Mira vor wenigen Tagen Gewalt angetan. Er sitzt im Gefängnis. Mira ist die Kammerfrau der Fürstin Richenza. Und wer bist du?"

„Ich bin Borislaw aus Köpenick. Ich handele mit baltischem Bernsteinschmuck. Vielleicht ist in meinem Sortiment ein Stück, das du deiner Frau schenken könntest?"

„Meine Frau ist sehr fromm. Ihre Paternosterschnur aus Holzperlen kommt bei ihren Freundinnen schlecht an. Sie wünscht sich seit Langem eine Schnur aus Bernsteinen, die ihrem Status entspricht."

Borislaw zeigt Konrad seine Paternosterschnüre und Rosenkränze. Nach sorgfältiger Prüfung entscheidet sich der Vogt für einen teuren Rosenkranz, den Borislaw ihm für einen guten Preis überlässt.

„Seit Tagen leidet unsere Fürstin unter Rheumaschmerzen und Depressionen. Mira sollte erkunden, ob ein Händler Heilsteine anbietet. Leider konnte Mira den Auftrag nicht erfüllen. Sie erlitt, wie du gesehen hast, einen Schwächeanfall."

„Heilsteine habe ich im Angebot. Ich könnte deiner Fürstin eine Kollektion vorlegen."

„Ausgezeichnet, komm bitte am Vormittag zum Fürstenhaus!"

Am nächsten Tag breitet Borislaw seine Bernsteine auf dem Tisch im Rittersaal des Palas aus. Wortlos nimmt die Fürstin jedes Stück prüfend in die Hand und entscheidet sich für einen Bernsteinanhänger mit einem Insekteneinschluss. Der polierte Stein hängt an einer geflochtenen Lederkette.

„Was kostet der?"

„Unter Umständen nichts." Überrascht von der Antwort mustert die Fürstin Borislaw. „Wie darf ich das verstehen?"

„Ich bin fahrender Händler und habe ein Angebot für Euch. Auf seinem Feldzug gegen die Ranen hat Herzog Lothar eine Prinzessin der Liutizen als Geisel genommen. Sie heißt Mira. Ich habe den Auftrag, sie freizukaufen. Ich sah sie auf dem Markt. Sie ist Eure Kammerfrau."

„Für 1200 Silberpfennige kannst du sie haben."

„So viel Geld hat man mir nicht zur Verfügung gestellt. Mira ist Christin und Waise. Eure Leute enthaupteten ihren Vater. Ich bitte Euch aus Gründen der christlichen Barmherzigkeit, ein niedrigeres Lösegeld zu akzeptieren. Ich kann Euch 700 Silberpfennige anbieten." Richenzas abweisender Gesichtsausdruck zeigt klar, dass der Appell an ihre Barmherzigkeit ins Leere geht.

„Geh zurück zu deinem Auftraggeber und bring mir das geforderte Silber!"

„So einfach ist das nicht. Man hat Mira grün und blau geschlagen. Möglicherweise wurde sie missbraucht. Das mindert ihren Wert. Vor diesem Hintergrund halte ich Eure Forderung von 1200 Pfennigen für nicht mehr aktuell."

Richenza wird unsicher. Sie weiß, dass eine geschändete Prinzessin keine Heiratskandidatin für Adlige ist. Hier in Sachsen könnte man sie nur für viel Geld in einem Kloster unterbringen. Sie erinnert sich an die Warnung ihres Gatten. „Unser Ruf könnte Schaden nehmen."

„Was meinst du, Konrad?"

„Wir sollten die Geiselnahme beenden. Miras Fürst wird wegen der möglichen Notzucht keinen höheren Betrag herausrücken. Ja, wir sollten das Angebot annehmen."

„Ich schenke Euch zusätzlich den Bernsteinanhänger, der Euch gefällt", fügt Borislaw, an die Fürstin gewandt, hinzu. Es ist sein letzter Versuch, Richenza umzustimmen.

„Einverstanden, unter einer Bedingung. Ihr verlasst morgen das Herzogtum und passiert die Elbe! Konrad gibt Euch Geleitschutz."

Bei Sonnenaufgang machen sich Konrad, Mira und Borislaw auf den Weg zur Grenzfestung Wolmirstedt an der Elbe. Ihr Beschützer Konrad tritt gerüstet mit Kettenhemd und Schwert an. Mira auf dem Maultier und Borislaw auf seinem Pferd verteilten die Bernsteinware auf beide Reittiere.

Borislaw hatte sich die Befreiung Miras schwieriger vorgestellt. Aus unerklärlichem Grund hat er ein ungutes Gefühl. Zu glatt verlief der Freikauf von Mira. Nur die Wurfaxt unter seinem Mantel verleiht ihm etwas Sicherheit.

Vor Sonnenuntergang erreicht der Trupp die Elbe bei der Grenzfestung Wolmirstedt nahe Magdeburg. Hier befindet sich die Furt, die Mira und Borislaw auf ihren Hinreisen nutzten. Ein Wachsoldat, mit Kettenhemd, Schwert und Armbrust gerüstet, steht abseits oben auf der Flussböschung. Konrad verabschiedet sich und reitet auf den Wachsoldaten zu.

Borislaw lenkt sein Pferd auf die Furt, deren Lage durch Stangen markiert ist. Mira folgt ihm. Das schnell strömende Wasser auf der Furt veranlasst die Reittiere, vorsichtig und Schritt für Schritt voranzugehen. In der Mitte des Flusses erschreckt ein Schrei von Mira die Pferde.

Borislaw blickt zurück und erkennt, dass sich hinter seinem Rücken ein Drama abgespielt hat. Der Wachsoldat tötete den ahnungslosen Konrad aus kurzer Entfernung mit einem Armbrustbolzen. Das Opfer hängt kopfüber, den Pfeil in der Brust, mit einem Fuß im Steigbügel. Der Mörder gibt sich zu erkennen. Er streift seine Kettenhaube in den Nacken und zeigt sein weißes Haar.

„Das ist Karl, der Mörder meines Vaters!", ruft Mira. Sie erinnert sich an seinen hasserfüllten Blick, als Konrad ihn mit einem Faustschlag aus ihrem Bett beförderte. Nun bezahlte Konrad diesen Schlag mit seinem Leben. Karl zieht sein Schwert, gibt die Sporen und stürzt sich wie eine Furie in die Elbe.

„Reite zum anderen Ufer!", ruft Borislaw Mira zu und steigt ab. In der linken Hand hält er die Zügel, in der rechten die Wurfaxt. Das heranstürmende Pferd des Angreifers treibt im Wasser eine Gischtwolke vor sich her. Die Wassertropfen glitzern wie Kristalle in der Abendsonne und behindern die Sicht des Reiters. Karl erkennt nicht die heranfliegende Wurfaxt von Borislaw. Sie trifft ihn unvorbereitet und mit solcher Wucht, dass er mit gespaltenem Schädel rücklings vom Gaul fällt. Sein lebloser Körper, vom Kettenhemd unter Wasser gezogen, versinkt langsam in den Fluten.

Borislaw geht zurück und findet im flachen Wasser der Furt seine Wurfaxt. Mit dem Beutepferd im Schlepp reitet er zum anderen Ufer. Mira und Borislaw sind in Freiheit.

„Jacza, geh zur Brücke über die Dahme. Ich erwarte jeden Tag die Rückkehr von Borislaw. Nimm ihn in Empfang!", befiehlt Mirek, Fürst von Köpenick. Jacza sattelt sein Pony und macht sich auf den Weg. Das Pony ist ein Geschenk seines Vaters zu seinem fünften Geburtstag. Er liebt es über alles. Mit Inbrunst widmet er sich der Pflege und Versorgung seines Pferdes. Er striegelt es, führt es auf die Weide und füttert es im Stall mit Hafer. Zum ersten Mal in seinem Leben trägt er Verantwortung, wenn auch nur für ein Tier.

Auf dem Weg zur Brücke besucht Jacza den Schmied. Die rußige Gestalt mit der Lederkappe und Schürze zieht ihn magisch an. In der Werkstatt ist immer was los. Besonders, wenn der Schmied unter dem Fauchen des Blasebalgs in der Glut der Esse stochert und die Funken stieben. Gespannt schaut er zu, wie er mit Hammer und Amboss rotglühende Werkstücke in Form bringt. Auch das Abkühlen des Werkstücks im Wasserbecken und die unter lautem Zischen aufsteigende Dampfwolke findet Jacza aufregend.

Seit Tagen arbeitet der Schmied an einer Glocke für die

Burgkapelle von Köpenick. Johanna, Jaczas Mutter, wünscht sie sich. Da es keinen Glockengießer im Fürstentum gibt, beauftragte Mirek den Schmied mit der Herstellung einer genieteten Eisenblechglocke. Drei Handbreit hoch soll sie sein. Versuche, eine wohlklingende Glocke zu schmieden, schlugen fehl. Die Glocken gaben nur einen kurzen Ping von sich. Benachbarte Handwerker, die in Rennöfen aus Erz und Holzkohle Eisen gewinnen, machen sich schon lustig über den ‚Klangkünstler'. An diesem Morgen präsentiert der Schmied seine neueste Kreation und schlägt den Klöppel gegen die Blechglocke.

„Wie findest du diesen Klang, Jacza?" Ein heller, anhaltender Gong ertönt.

„Die klingt wie eine echte Glocke. Ich werde meinem Vater sagen, dass sie fertig ist", verspricht Jacza.

An der Brücke über die Dahme angekommen, freut sich der Brückenwärter über die Gesellschaft des kleinen Prinzen. Es beginnt zu regnen. Die beiden sitzen gemütlich im Trockenen des Wärterhäuschens. Wenn kein Verkehr auf der Brücke ist, vertreiben sie sich die Zeit mit Würfelspielen.

Gemeinsam kassieren sie das Brückengeld. Das sind vier Pfennige für ein Fuhrwerk und ein Viertelpfennig für einen Fußgänger hin und zurück. Das Kassieren ist nicht einfach, da die Münzstätten nur ganze Pfennige, sogenannte Agrippiner, prägen. Kleinere Beträge bezahlt man mit Hacksilber. Das sind halbierte und geviertelte Silberpfennige oder Hackstücke von Silberbarren und Silberschmuck. Hacksilber ist das Kleingeld der Leute. Jacza kommt beim Kassieren zugute, dass er rechnen kann. Das hat ihm Jakob, der Burgkaplan von Köpenick, beigebracht.

Jacza erspäht als Erster den Trupp auf der anderen Seite der Dahme. Es sind zwei Reiter und ein Lasttier. Als sie näherkommen, erkennt er Borislaw. Der reitet mit erhobenem Haupt vorneweg. Hinter ihm folgt seine Trophäe, eine wunderschöne. Es ist die slawische Prinzessin, die Borislaw den sächsischen Geiselnehmern entriss. Es ist so gekommen, wie er es bei seiner Abreise verkündete. Was für ein Kerl, denkt Jacza.

So ein Held will er auch sein.

Jacza führt den Trupp zur Burg. Diesmal ist der Burgwächter wach. Fürst Mirek und seine Frau Johanna empfangen die Ankömmlinge. Schnell verschwinden sie mit Mira und Jacza im Fürstenhaus. Als die Tür hinter ihnen ins Schloss fällt, steht Borislaw mit den Reittieren allein auf dem Hof. Eben noch ein Held ist er nun Stallbursche, der die Tiere zu versorgen hat. Schmerzlich wird ihm sein niedriger Rang in der Gesellschaft bewusst.

Es gibt noch etwas anderes, das an seinem Selbstbewusstsein nagt. Als Mira und er die Elbe durchquert hatten und in Freiheit waren, umarmte ihn Mira überschwänglich. Sie drückte sich eng an ihn, sodass er ihre Körperwärme spürte. Sie küsste ihn auf beide Wangen und flüsterte ihm ins Ohr: „Mein Held!" Überrascht von Miras Gefühlsausbruch stand Borislaw mit herabhängenden Armen wie ein Tor vor ihr. Er fragte sich, ob er eine Prinzessin überhaupt küssen darf. Schnell merkte Mira, dass Borislaw ihre Gefühle nicht so spontan erwiderte, wie sie es erwartet hatte. Sie errötete, senkte beschämt den Blick und wendete sich ab. Borislaw erkennt, dass Frauen mutiger als Männer sein können.

Am nächsten Morgen treten Borislaw und Mira die dreitägige Reise in ihre Heimat am Tollensesee an. Von Köpenick geht es über die Spreebrücke nach Freienwalde an der Oder. Bei einem Fischer finden sie für die Nacht ein Dach über dem Kopf. Danach verlassen sie das christliche Fürstentum und nehmen den Weg nach Fürstenberg an der Havel. Sie sind im Land heidnischer Stämme der Liutizen. In Fürstenberg brennt eine rote Laterne an einer Hütte am Hafen. Im Gastraum sitzt ein Dutzend lärmender Männer. Fürstenberg ist eine Hafenstadt, und Borislaw nimmt an, dass es sich bei den Männern um angetrunkene Flussschiffer handelt. Hier will er auf keinen Fall mit Mira übernachten. Er kehrt um und besteigt sein Pferd. Zwei Schiffer folgen ihm, sehen Mira und machen ihr unflätige Angebote.

„Gib die Sporen!", ruft Borislaw Mira zu. Beide Schiffer

klammern sich an Miras Sattel. Einen kann Borislaw mit seinem Pferd abdrängen. Den anderen versetzt er mit der flachen Seite der Klinge seines Schwertes einen Hieb auf den Kopf. Der Getroffene flucht, stolpert und lässt los. Im Galopp lassen sie Fürstenberg hinter sich.

Sobald es dunkel ist, steigen sie ab und führen ihre Pferde an den Zügeln in den Wald. Auf einer Lichtung schlagen sie ihr Nachtlager auf. Im April sind die Nächte kühl. Borislaw entfacht mit seinem Feuerzeug aus Schlageisen und Zunder in wenigen Minuten ein Feuer. Nach dem Abendessen aus Brot und Käse rollen sie sich in Decken ein und legen sich neben das Feuer zur Nachtruhe.

Nach einer Weile dreht sich Mira auf die Seite und legt einen Arm um Borislaw. Als er sie ansieht, bemerkt er, dass sie schläft. Mit ihren dunklen Wimpern in dem im Mondlicht bleichen Gesicht sieht sie wie ein Engel aus. Ein Gefühl höchster Zufriedenheit erfasst ihn. Noch nie in seinem Leben war Borislaw so glücklich.

Am dritten Tag, kurz vor Sonnenuntergang, erreichen sie den Sitz des Fürsten der Redarier auf der Insel Hanfwerder. Die grenzenlose Freude des Fürsten, Mira lebend wiederzusehen, beeindruckt Borislaw. Minutenlang hält der Fürst seine Prinzessin in den Armen, als wäre sie seine Tochter. Schließlich bittet er Borislaw, ihm am nächsten Morgen über die Befreiung Miras zu berichten.

Das Gespräch mit dem Fürsten erinnert Borislaw an jenes, bei dem er den Auftrag erhielt, Mira heimzuholen. Er schildert, wie ihn Mirek, Fürst der Sprewanen, und sein Sohn Jacza in Köpenick aufnahmen. Anwesend bei diesem Treffen war auch Meinfried, Fürst der Heveller. Er riet, die Suche nach Mira am Stammsitz von Herzog Lothar der Süpplingenburg zu beginnen. Getarnt als Bernsteinhändler konnte er mit der sächsischen Herzogin Richenza den Freikauf von Mira aushandeln. Er beschreibt den Kampf mit dem tollwütigen Ritter Karl auf der Furt über der Elbe. Zum Schluss erwähnt er die erzwungene Übernachtung mit Mira im Wald wegen betrunkener Flussschiffer in Fürstenberg an der Havel.

„Unser Gott hält seine schützende Hand über dich. Ich hatte versprochen, dir jeden Wunsch zu erfüllen, wenn du mir Mira zurückbringst. Ein Fürst hält sein Wort. Also, welchen Wunsch hast du?"

„Ich möchte Mira heiraten." Der Fürst verzieht keine Miene und Borislaw schließt daraus, dass er mit diesem Wunsch rechnete.

„Du weißt, dass Mira Angehörige des Adels ist? Sie führt auf meiner Burg ein angenehmes Leben und hat Bedienstete. Sie ist gebildet, kann lesen und schreiben und spricht mehrere Sprachen. Du bist ohne Bildung und kommst aus einer Bauernfamilie. Was kannst du meiner Nichte bieten, außer Kühe zu melken?" Die wenigen Sätze des Fürsten holen Borislaw aus dem siebten Himmel zurück auf die Erde.

„Mein Ja zu einer Ehe mit Mira hast du trotzdem. Aber Mira muss zustimmen. Sie ist Christin und du Heide. Unsere Gesellschaft duldet keine Ehen zwischen Christen und Heiden. Ich schlage vor, du fragst sie selbst." Der Fürst öffnet die Tür zu den Kemenaten und bittet Mira herein. Sie trägt über einem weißen Kleid eine ärmellose blaue Tunika und auf dem Kopf ein Stirnband in gleicher Farbe. Wunderschön sieht sie aus. Borislaw platzt mit seiner Frage heraus, ob sie ihn heiraten möchte. Mira scheint von seinem Antrag nicht überrascht zu sein. Nach einer Weile, für Borislaw eine Ewigkeit, hebt sie den Blick und schaut ihm fest in die Augen. „Ja, ich will, aber heiraten kann ich nur einen Mann, der meinen christlichen Glauben mit mir teilt." Dann verlässt sie mit Tränen in den Augen den Raum.

„So ist das mit dem Glauben. Christentum und Heidentum vertragen sich nicht. Der Glaube trennt Liebende, Familien, Stämme und ganze Völker. Mitunter bekriegen und erschlagen sie sich gegenseitig. In den Augen der Christen sind wir Ungläubige, obwohl wir an unsere Götter glauben. Der Papst fegte mit seinem Aufruf zur Befreiung Jerusalems alle moralischen Schranken der Christen gegenüber Andersgläubigen beiseite. Die Kreuzzügler richteten unter den Muslimen in der Heiligen Stadt ein beispielloses Blutbad an.

Knöcheltief standen sie im Blut der Getöteten. Ich bete zu Riedegost, dass uns Wenden ein solcher Kreuzzug erspart bleibt."

57

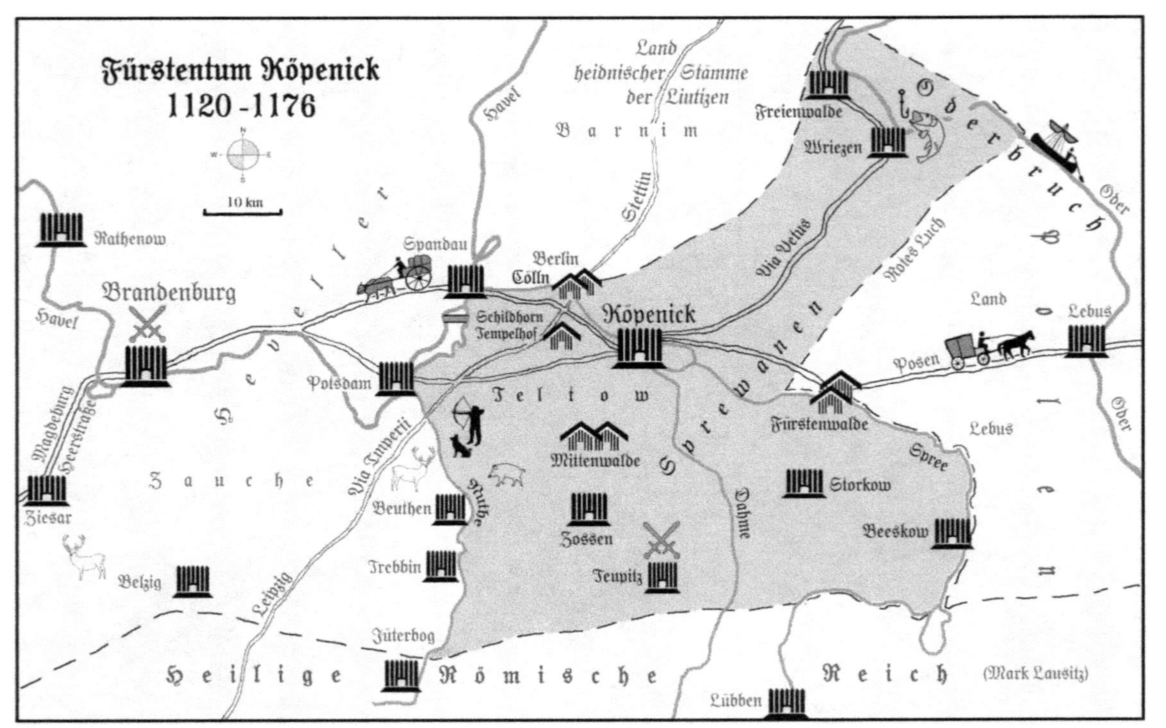

Fürstentum Köpenick
1120 -1176
10 km
N
W - E
S
Land
heidnischer Stämme
der Liutizen
Barnim
Havel
Stettin
Freienwalde
Wriezen
Oderbruch
Oder
Via Vetus
Rotes Luch
Rathenow
Spandau
Berlin
Cölln
Köpenick
Land
Lebus
Brandenburg
Schildhorn
Tempelhof
Havel
Potsdam
Teltow
Posen
Lebus
Oder
Havel
Heerstraße
Magdeburg
Zauche
Via Imperii
Mittenwalde
Spreewanen
Furstenwalde
Spree
Polen
Beuthen
Nuthe
Storkow
Dahme
Ziesar
Zossen
Belzig
Leipzig
Trebbin
Teupitz
Beeskow
Jüterbog
Heilige Römische Reich
(Mark Lausitz)
Lübben

3. 1127 n. Chr.: Jaczas lernt den Schwertkampf

Seit dem Fall von Rethra ist Borislaw als Schwertkämpfer arbeitslos und wieder Holzfäller auf dem elterlichen Hof. Zorn ergreift ihn, wenn er sich an das letzte Gespräch mit Mira vor zwei Jahren erinnert. Seine große Liebe erteilte ihm einen Korb, nur weil er Heide ist. Mit Groll treibt Borislaw seine Axt in eine mächtige Eiche. Die Äste des Baumes sind so ausladend, dass sie bis auf die Erde herabhängen. Solche majestätischen Baumriesen flößen ihm Respekt ein. Slawen verehren alte Eichen. Deshalb hatte er Riedegost um Vergebung gebeten, bevor er die Axt ansetzte. Für sein gewaltsames Ende trägt der Baum, meint Borislaw, eine Mitschuld. „Warum muss er ausgerechnet in der Mitte eines Ackers seines väterlichen Hofes stehen?"

Es wird dunkel, Borislaw beendet die Fällarbeiten und tritt den Heimweg an. Beinahe verfehlte er sein Dorf. Kein einziges Licht ist zu sehen. Als er das Elternhaus betritt, sieht er im Schein des Herdfeuers seine Familie am Tisch sitzen. Die Mutter trägt Haferbrei auf, verfeinert mit Erbsen und Pferdebohnen aus ihrem Gemüsegarten. Zu trinken gibt es Milch und selbstgebrautes Dünnbier.

Die Küche mit dem Herdfeuer ist der Mittelpunkt des Lebens auf dem Hof. Damit der Rauch abzieht, ist eine

Öffnung im Dach, das Eulenloch. Links von der Küche befinden sich die Stube für die häuslichen Arbeiten und die Schlafkammern für Eltern und Kinder. Geschlafen wird auf Holzpritschen und Strohsäcken. Wie alle Bauern lebt auch seine Familie mit dem Vieh unter einem Dach. Rechts von der Küche, in Brusthöhe abgetrennt, befinden sich die Ställe für Kühe, Pferde, Schafe, Schweine und Hühner. Der Stallgeruch und die Laute wie das Gackern und Grunzen gehören zum bäuerlichen Alltag. Borislaw vermisste sie während seiner Zeit als Tempelwächter.

In den Bauernhäusern gibt es außer dem Herdfeuer keine ständige Lichtquelle. Benötigt der Bauer dennoch Licht für eine kurze Zeit, zündet er einen Kienspan an. Dieses Beleuchtungsmittel aus harzreichem Kiefernholz ist immer verfügbar, nur qualmt es fürchterlich. Borislaw sorgt für Nachschub aus dem Wald. Geht sein Vater nachts in den Stall, klemmt er einen brennenden Kienspan zwischen die Zähne, um die Hände freizuhaben.

Bienenwachskerzen sind für die Landbevölkerung zu teuer. Klöster und Kirchen im Heiligen Römischen Reich sind die größten Abnehmer von Bienenwachs. Gläubige spenden der Kirche Kerzen. Ein bedeutender Lieferant sind die Elbslawen. Einer von ihnen ist Borislaw. Für ihn ist die Tätigkeit als Waldimker eine Liebhaberei und ein lukratives Nebengeschäft. Er kennt in seinem Revier alle Bienenstöcke in Baumhöhlen. Auch legt er selbst künstliche Höhlen für die Ansiedlung neuer Bienenvölker an. Das Wachs der Waben gewinnt er bei der Honigernte. In den beiden letzten Jahren erhielt seine Mutter auf Märkten siebzig Silberpfennige für zwanzig Pfund Bienenwachs. Zum ersten Mal hat sie so viel Geld in der Hand.

„Mit dem Silberschatz unter meinem Kopfkissen schlafe ich besser", behauptet sie. Dabei schaut sie Borislaw, ihren jüngsten Sohn, bewundernd an. Schließlich sorgte er nicht nur für den kleinen Silberschatz, sondern brachte auch ein erbeutetes Pferd in den Hof ein. Seine Familie kann statt einer Ackerfläche von der Größe einer Hufe eine von zwei Hufen pflügen. Wenn das Wetter mitspielt, könnten sie im nächsten

Jahr einen Überschuss erwirtschaften.

„Wann gedenkt denn mein kleiner Bruder, die Prinzessin zu ehelichen?", stichelt der ältere Bruder. Empört darüber, dass er seine Liebe zu Mira lächerlich macht, holt Borislaw über dem Tisch zu einer Maulschelle aus. Der Bruder duckt sich weg und tritt unter den Tisch gegen Borislaws Schienbein. In diesem Moment haut der Vater mit der Faust auf den Tisch, sodass das Bier aus den Holzbechern schwappt. „Prügelt euch draußen!"

„Keiner geht raus, solange gegessen wird!", kommandiert die Mutter. Sie hat das letzte Wort. Dann wendet sie sich an ihren älteren Sohn. „Nimm dir ein Beispiel an deinem Bruder. Der hat wenigstens eine Geliebte. Du bist vier Jahre älter und hast noch keine. Das ist kein Wunder. Schau dich an, wie du rumläufst, wie ein Waldschrat. Wasch dich und kämm dir die Haare!"

Der ältere Bruder läuft vor Wut rot an und schweigt. Er weiß, dass seine Mutter recht hat. Eines Tages erbt er den Hof. Spätestens dann braucht er Nachwuchs.

„Ein Bote unseres Fürsten war hier, während du im Wald warst. Er hatte eine Nachricht für dich, Borislaw. Ein gewisser Jacza, Sohn des Fürsten von Köpenick, wurde sieben Jahre alt und will von dir das Waffenhandwerk erlernen. Ich weiß, dass du nicht gerne Bauer bist. Erben wird den Hof dein Bruder. Du solltest dein Glück woanders suchen. Deshalb habe ich dem Boten gesagt, dass du dem Wunsch von Jacza nachkommen wirst. Ich hoffe, das war in deinem Sinne?"

„Ja, Vater, das war es. Ich werde morgen aufbrechen."

Am zweiten Tag seiner Reise erreicht Borislaw die Fischerdörfer Freienwalde und Wriezen an der Oder. Beide Orte liegen im Norden des Fürstentums Köpenick. Er beschließt, die Nacht in Wriezen zu verbringen. Die Burg liegt am Rand der Hochfläche des Barnims zum Oderbruch. Der Burgherr bietet Borislaw Unterkunft und lädt ihn zum Abendessen ein. Es gibt Hecht aus der Oder.

„Was führt dich zu mir, Borislaw?", will der Burgherr wissen.

„Ich bin auf Einladung von Fürst Mirek auf dem Weg nach

Köpenick. Sein Sohn Jacza will von mir das Waffenhandwerk erlernen."

„Vor drei Wochen war Fürst Mirek hier. Regelmäßig besucht er die Burgen im Fürstentum und kassiert den Zehnt. Ferner überprüfte er die Wehrtüchtigkeit der Festungen und die Fähigkeit der Burgmannschaften, Kriegsdienste zu leisten. Diesmal waren seine Frau Johanna und sein Sohn Jacza dabei. Ein halbes Dutzend Bewaffneter sorgte für ihre Sicherheit. Der kleine Jacza ist wissbegierig. Einen ganzen Tag verbrachte er auf einem Fischerkahn. Er wollte sehen, wie die Leute Fische fangen."

„Ist die Fischerei in der Oder ein lohnendes Geschäft?", will Borislaw wissen.

„Aber ja, Wriezen ist für unser Fürstentum eine Goldgrube. Das Dorf gilt als das Tor zum Oderbruch. Die regelmäßigen Überschwemmungen in dieser Tiefebene machen die Gewässer fischreich. Wriezen ist berühmt für das Hechtreißen. Man schneidet die Fische auf und reißt die Gräten mit einem Ruck heraus. Die Fischer machen den Fisch mit Salz haltbar und verkaufen ihn in Fässern. Jedes Jahr stellen wir über tausend Fässer her. Ein Dutzend Böttcher sind hier tätig. Dazu kommen die Bandreißer, die die Reifen für die Fässer aus Weiden- und Haselnussruten liefern. Während der Fastenzeit sind die christlichen Länder, Polen und das Heilige Römische Reich, große Abnehmer. Das Salz, das ‚weiße Gold‘, beziehen wir aus der Saline von Lüneburg", erläutert der Burgherr.

„Wir haben noch weitere Einnahmen. Der Wegezoll auf Waren, die über die Oder und den Handelsweg nach Stettin transportiert werden, und das Fährgeld für das Übersetzen von Reisenden nach Polen. Die nächste Furt liegt bei Lebus, eine Tagesreise entfernt."

Am nächsten Morgen macht sich Borislaw auf nach Köpenick. Vor Sonnenuntergang erreicht er die Brücke über die Spree. Hier wartet Jacza auf die Ankunft seines Helden. Voller Freude besteigt der Siebenjährige sein Pony und führt Borislaw zur Burg. Bewaffnet ist der Fürstensohn mit Schild und Lanze, alles aus Holz. Nur sein Kopfschutz, ein zerbeulter

Spangenhelm, ist echt. Er ist eine Nummer zu groß und rutscht dem „angehenden Ritter" immer wieder über die Augen. Borislaw muss sich zusammenreißen, um nicht lauthals zu lachen.

Fürst Mirek und Johanna treten vor die Haustür und begrüßen die Ankömmlinge. Mirek zeigt Borislaw seine Unterkunft in einem nagelneuen Blockhaus. Es hat drei Räume. Einer ist Borislaws Zuhause. Im Zweiten schläft Jacza. Der Dritte ist ein Übungsraum für den Schwertkampf, eine kleine Arena mit Sandboden. Eine Übungspuppe aus Holz steht für das Training bereit. Borislaw ist beeindruckt. Für die Ausbildung seines Sohnes ist dem Fürsten kein Aufwand zu groß.

Lautes Klopfen reißt Borislaw am nächsten Morgen aus dem Schlaf. Als er die Tür öffnet, steht der Fürstensohn, gerüstet mit Schwert und Schild, vor ihm.

„Ich bin bereit. Du kannst mit dem Unterricht beginnen", ermuntert er Borislaw.

„Mit meiner scharfen Waffe können wir nicht üben. Die Verletzungsgefahr wäre hoch. Wir benötigen besondere Übungsschwerter aus Hartholz und geeignete Schutzkleidung. Wir sollten uns in der Burgstadt diese Dinge von Handwerkern anfertigen lassen", schlägt Borislaw vor. In wenigen Minuten sind sie zu Fuß in der Burgstadt und gehen zur Hütte des Schreiners. Borislaw hofft, dass er gut abgelagertes Buchen- und Eichenholz hat. Und tatsächlich fertigte der Schreiner schon etliche Holzschwerter für Händler an. In jedem Dorf wollen die Buben ein solches Schwert haben. Borislaw gibt dem Handwerker sein Schwert mit dem goldenen Knauf als Muster. Eine Handbreit kürzer sollen beide Übungsschwerter werden. Schließlich soll Waffengleichheit zwischen Lehrer und Schüler herrschen.

Beim Sattler bestellen sie Fechthandschuhe, die auf der Oberseite mit dicken Lederplatten verstärkt sind, und Beinschienen zum Anschnallen. Zum Schluss besucht Jacza seinen Freund, den Schmied. Der erhält den Auftrag, den zerbeulten Spangenhelm zu richten und an Jaczas Kopf anzupassen.

Zwei Tage später haben Borislaw und Jacza mit der neuen Ausrüstung ihre ersten Übungen. Sie beginnen mit der häufigsten Haue des Schwertkampfs, dem Oberhau. Dabei wird das Schwert von rechts oben nach links unten oder umgekehrt von links oben nach rechts unten geführt. Ziel ist es, den Kopf, den Hals oder den Arm des Gegners zu treffen. Wichtig ist die Beinarbeit. Beim rechten Oberhau bewegt man zuerst das Schwert und erst dann den Fuß nach vorn. So vermeidet der Angreifer, dass er dem Gegner die Art seiner Attacke vorzeitig verrät. Jacza ist übereifrig und Borislaw muss ihn wiederholt ermahnen, Ruhe zu bewahren. Zum Glück ist Jacza Rechtshänder und nicht wie Tajan auf Rethra Linkshänder. Das vereinfacht das Training. Nach zwei Stunden beendet Borislaw die ersten Übungen.

„Morgen habe ich Schulunterricht. Mein Vater überredete den Burgkaplan Jakob, diese Aufgabe zu übernehmen. Bevor er zu uns kam, hatte er an der Klosterschule in Magdeburg gelehrt. Neben den Elementarfächern Schreiben, Lesen, Rechnen und Latein steht Geschichte, das Lieblingsfach Jakobs, auf dem Lehrplan. Der Unterricht findet in der Kapelle statt. Unsere zukünftigen Fechtstunden müssen wir auf den Nachmittag verlegen. Was ist mit dir, Borislaw? Bist du zur Schule gegangen?“

„Nein, das bin ich nicht. Wir Slawen haben keine Schulen. Auch ohne Schule lernte ich wichtige Dinge. Ich beherrsche den Ackerbau, die Viehzucht und die Imkerei. Mit meiner Wurfaxt treffe ich jedes Ziel in zehn Schritten Entfernung und im Schwertkampf brauche ich keinen Gegner zu fürchten. Gerne würde ich lesen und schreiben lernen. Können wir nicht gemeinsam die Schulbank drücken?“

Jacza ist von dieser Idee begeistert. „Ich werde meinen Vater fragen.“

Nach wenigen Minuten kommt Jacza mit dem Burgkaplan zurück. „Mein Vater stimmt zu, aber hör dir an, was Jakob dir zu sagen hat!“

„Borislaw, du bist Heide. Davon gibt es hier eine Menge.

Ich bin Missionar und versuche, möglichst viele Heiden vom christlichen Glauben zu überzeugen. Vielleicht gelingt es mir, auch dich zu bekehren. Ich bin hartnäckig. Wenn du das erträgst, bist du herzlich willkommen. Du benötigst für den Unterricht eine Wachstafel zum Schreiben. Du kannst sie bei einem Händler in Köpenick kaufen. Jacza, zeig ihm deine Tafel!"

Die Tafel besteht aus zwei Brettchen mit Rahmen, die mit Bienenwachs ausgegossen sind. Die Brettchen sind durch Löcher mit Lederriemen verbunden und können wie ein Buch zusammengeklappt werden.

„Mit diesem Stift, dem Stylus, kratzt du die Buchstaben in das Wachs. Das andere Ende des Stifts ist wie ein Spachtel geformt. Damit kannst du das Wachs wieder glätten und das Geschriebene löschen", erklärt Jacza.

„Wenn alles gelöscht ist, sprechen wir von einer ‚Tabula Rasa', einem Neubeginn. Wachstafeln gibt es seit der Antike. Generationen von griechischen und römischen Schülern haben vor euch auf diesen Tafeln Schreiben gelernt", ergänzt Jakob.

Am nächsten Tag findet in der Kapelle der erste Unterricht statt. Jacza und Borislaw sitzen auf der vordersten Bank, mit ihren Wachstafeln auf den Knien. Jakob widmet sich dem Alphabet. Er schreibt die Buchstaben auf seiner Wachstafel vor und die beiden Schüler schreiben sie nach.

Zum Schluss des Unterrichts nennt Jakob Materialien, auf denen Schriftkundige mit Tinte dauerhafte Schriftstücke erstellen. „Die Ägypter, Griechen und Römer nutzten den Papyrus. Die gleichnamige Grasart wächst an den Ufern des Nils. Sie stellten den Papyrus aus den Stängeln der Pflanze her. Längere Texte schrieben sie auf Papyrusrollen. So befanden sich in den Bibliotheken des Altertums keine Bücher, sondern Schriftrollen."

„Worauf schreiben wir?", will Jacza wissen. „Wir nutzen das Pergament, das aus Häuten von Kälbern, Ziegen und Schafen hergestellt wird. Die Größe dieser Häute ist begrenzt. Längere Texte schreiben Verfasser deshalb auf mehreren Seiten, die zu Büchern gebunden werden."

„Wo liegt Ägypten, ist der Nil so groß wie die Spree und was genau ist die Antike?", platzt es aus Jacza heraus.

„Das Alte Ägypten wird das erste Thema meines Geschichtsunterrichts sein. Jetzt üben wir das Alphabet", antwortet Jakob.

Haushoch lodern die Flammen. Feuerrot ist ihr Spiegelbild in der Spree. Kinder jubeln vor Begeisterung und die Erwachsenen umkreisen Hand in Hand das Feuer. Vom Bauern bis zum Fürsten feiern sie die Sommersonnenwende in Köpenick.

Das Fest findet im Norden der Insel nahe der Brücke über die Spree statt. Jeder hat freien Zugang und das Brückengeld wird nicht erhoben. Kurz vor Sonnenuntergang trafen hoch zu Ross das Fürstenpaar und Sohn Jacza ein. Johanna trägt ein blaues, ärmelloses Kleid und ihren goldenen Stirnreif und der Fürst Mirek einen roten Umhang. Prachtvoll sahen sie aus und ein bewunderndes Raunen ging durch die Reihen der Menge. Hunderte kamen. Ein Bauer reichte dem Fürsten eine brennende Fackel. Mirek erkannte, dass dies eine besondere Ehre für ihn war. Er stieg ab und setzte den mannshohen Holzstapel in Brand.

An diesem Tag, dem 21. Juni, steht die Sonne am höchsten. Fortan werden die Tage kürzer und die Nächte länger. Die zweite Jahreshälfte beginnt. Für Bauern ist sie eine Zeitenwende. Die Aussaat ist beendet und das Korn reift auf den Feldern heran. Seit jeher feiern die Sprewanen die Sommersonnenwende. Der Tag erinnert sie an ihre heidnische Vergangenheit.

Aus Protest bleibt Jakob, Burgkaplan von Köpenick, der Feier fern. Mit Entsetzen im Gesicht bekreuzigt er sich, wenn von dem Sommersonnenfest der Heiden die Rede ist. Zum Trotz verbringt er die Nacht mit Gebeten in der Burgkapelle. Ein guter Christ, so propagiert er als Vertreter der Kirche, feiert die Sommersonnenwende am Johannistag. Das ist der 24. Juni, Geburtstag von Johannes dem Täufer. Fürst Mirek nimmt auf die Befindlichkeit seines Kaplans keine Rücksicht. Schließlich gibt es die Sommersonnenwende nur einmal und nicht drei Tage später noch mal am Geburtstag eines christlichen Predigers.

Am nächsten Tag brechen Jacza und Borislaw zur Festung Brandenburg auf. Das Fürstenpaar Meinfried und Cythava, Jaczas Onkel und Tante, luden sie zur Johannisfeier auf dem Harlunger Berg ein. Am zweiten Tag, es ist der 23. Juni, erreichen sie die Burg. Das Fürstenpaar empfängt sie mit großer Herzlichkeit. Sie reiten mit Pribislaw, dem Bruder des Fürsten, und seiner Frau Petrissa auf den nahegelegenen Harlunger Berg. Volksnah gehen der mit seinem Sarazenen-Schwert gerüstete Fürst und ein aus Magdeburg angereister Prediger zu Fuß auf den Berg.

Jacza ist gespannt, wie Christen die Sommersonnenwende am Johannistag feiern. Was Besuchern auf dem Harlunger Berg ins Auge fällt, ist die mächtige Statue der dreiköpfigen Götterfigur des Triglaw. Vor ihr ist für das Johannisfeuer ein Holzstapel aufgetürmt. Nur wenige Heveller sind gekommen. Er schätzt ihre Zahl auf unter hundert. Es sind Bauern, erkennbar an ihren grauen und braunen, grob gewebten Woll- und Leinenkleidern. Von einer ausgelassenen Stimmung wie auf der Sonnenwendfeier in Köpenick kann keine Rede sein. Alle blicken missmutig drein.

Der Prediger aus Magdeburg trägt ein knöchellanges schwarzes Gewand und an seinem Hals hängt ein bronzenes Kreuz. Er tritt vor den Holzstapel und hält eine Predigt auf Latein. Keiner der Bauern kann ihn verstehen. Wiederholt fällt der Name Johannis Baptistae. Keiner kennt diesen Mann. Als es dunkel ist, ergreift der Prediger die bereitstehende Fackel und setzt den Holzstapel in Brand. Ein abfälliges Murren geht durch die Reihen. Alle erwarteten, dass ihr Fürst Feuer legt. Schließlich ist es ein Fest der Heveller.

Borislaw entdeckt unter den Besuchern ein bekanntes Gesicht. Es hat eine Narbe senkrecht über der rechten Wange. „Das ist Tajan, der Verräter von Rethra", ist sein erster Gedanke. Er erinnert sich an das Versprechen, das er seinem sterbenden Freund Jaro auf dem brennenden Tempel Rethra gab: Tajan zu töten. Sofort drängt er sich durch die Menge. Aber so sorgfältig er die Reihen abschreitet und die Gesichter mustert, Tajan ist wie vom Erdboden verschwunden.

Die Anwesenden murren immer lauter. Sie erkennen, dass die Christen in selbstherrlicher Art die Sommersonnenwendfeier für ihren Glauben kapern. Schließlich bringt ein Spektakel das Fass zum Überlaufen. Die Götterfigur des Triglaw war in der Dunkelheit nicht zu sehen. Die höherschlagenden Flammen des Johannisfeuers lassen Triglaw plötzlich im Licht erstrahlen. Scheinbar strafend schaut er auf die Versammelten herab, als würde er sagen: „Schämt euch! Was ist mit eurem Glauben und euren Sitten? Warum wehrt ihr euch nicht?"

Zorn ergreift die Bauern. Laut protestierend drängen sie, Heiden und Christen gleichermaßen, in Richtung des Predigers. Borislaw fürchtet eine Revolte. Für ihn hat das Leben des Fürstensohnes höchste Priorität. Er packt Jacza am Arm und eilt zu den Pferden. Sie reiten den Harlunger Berg herab und passieren die Siedlung Parduin. Wenig später sind sie in der Sicherheit der Burg. Petrissa und Pribislaw sind vor ihnen dort. Es fehlen noch Fürst Meinfried und der Prediger aus Magdeburg.

Ein bewaffneter Trupp macht sich auf die Suche. Es dauert keine Stunde und die Männer kehren mit hängenden Köpfen zurück. Sie fanden den Fürsten hinter der Siedlung Parduin tot auf. Auf einer Trage bringen sie ihn herein und legen ihn auf den Tisch im Rittersaal. Die Suchmannschaft berichtet, dass der Prediger aus Magdeburg verschwunden ist. Möglicherweise hat ihn die aufgebrachte Menge auf den Scheiterhaufen geworfen. Sein bronzenes Kreuz fanden sie in der Asche des Johannisfeuers.

Petrissa bittet Meinfrieds Frau Cythava herein. Mit einem Schrei des Entsetzens nimmt sie ihren toten Gatten in die Arme. Alle ziehen sich zurück und lassen die schluchzende Gattin mit ihrer Trauer allein. Später versammelt sich die Familie erneut um den Toten.

Der Hevellerfürst zeigt Spuren eines Kampfes, wie oberflächliche Hieb- und Schnittwunden an Schultern und Armen. Tödlich ist eine tiefe Stichwunde an der rechten Seite unterhalb des Rippenbogens.

„Ich gehe davon aus, dass heidnische Bauern den Fürsten im Zorn erschlugen. Viele Heveller sehen es nicht gerne, dass ihr Fürst getauft ist. Gemäß der Erbfolge bist du, mein lieber Gatte, neuer Herr von Brandenburg", erklärt Petrissa ungefragt. Alle hatten eine Erklärung von Pribislaw, dem Erbfolger des Ermordeten, erwartet.

„Seinen Verletzungen nach könnte er in einem Schwertkampf sein Leben verloren haben. Die Wunde auf der rechten Seite lässt vermuten, dass sein Gegner Linkshänder war. Die Geldbörse ließ der Mörder am Gürtel des Toten zurück. Bauern hätten sie mitgehen lassen. Der Täter nahm hingegen etwas an sich, das nur für Kenner wertvoll ist: das Sarazenen-Schwert des Fürsten", erklärt Borislaw und widerspricht damit Petrissa.

Borislaw erinnert sich an sein erstes Treffen vor zwei Jahren mit den Fürsten Mirek und Meinfried in Köpenick. Der Hevellerfürst fürchtete schon damals um sein Leben. Sein jüngerer Bruder Pribislaw und dessen Frau Petrissa pflegen hinter seinem Rücken gute Beziehungen zu Albrecht dem Bären. Dessen Ambitionen bezüglich der Osterweiterung des Reiches sind bekannt. Die könnte er mit dem ihm wohlgesinnten Paar leichter verwirklichen. Meinfried stand ihnen im Weg. Nun ist er tot. „War es ein politisch motivierter Brudermord?", fragt sich Borislaw.

Noch brisanter ist das, was Borislaw nicht sagt, aber denkt. Die Anwesenheit des ruchlosen Tajans, eines gewieften Schwertkämpfers und Linkshänders, am Mordtag deutet auf einen Auftragsmord hin. Aber wer gab Tajan den Auftrag? War es der Bruder Pribislaw, seine Frau Petrissa oder beide? Auf jeden Fall sind sie die Erben und Nutznießer des Todesfalls.

Cythava meldet sich zu Wort: „Meinfried bestimmte für seine Grablegung die Kapelle in Brandenburg. Morgen wird mein Mann dort aufgebahrt. Jeder hat die Gelegenheit, sich vom Fürsten zu verabschieden."

Nach einer Pause fährt Cythava fort: „Lieber Neffe Jacza, Ihr seid der einzige Nachkomme der Familie. Vielleicht erbt Ihr eines Tages das Fürstentum Brandenburg. Sei auf der Hut, dass dich nicht das gleiche Schicksal ereilt wie deinen Onkel Meinfried."

Petrissa errötet, wirft den Kopf trotzig nach hinten, sodass die Zöpfe fliegen, und verlässt den Saal. Pribislaw folgt ihr.

Draußen, außerhalb der Hörweite der anderen, fragt Pribislaw aufgeregt: „Jacza soll Brandenburg erben? Ist der Falsche ermordet worden?"

„Sag das nie wieder. Du musst genauer hinhören, was ich sage. Heidnische Bauern haben Meinfried erschlagen. Für Jacza wird sich auch eine Lösung finden. Überlass das mir", antwortet Petrissa harsch.

Bevor Jacza und Borislaw ihre Rückreise nach Köpenick antreten, verabschieden sie sich von dem ermordeten Hevellerfürsten. Meinfried liegt aufgebahrt in der Kapelle. Das Leichentuch ist über seinem Gesicht aufgeschlagen. In aller Ruhe betrachtet Jacza das Antlitz seines Onkels. Im Profil ähnelt er seiner Mutter Johanna. Seine Augen sind geschlossen, so als würde er schlafen. Vor einem Tag war er noch voller Leben. „Unerwartet und schnell kann der Tod sein", erkennt Jacza.

Das erste Ziel der Rückreise von Borislaw und Jacza nach Köpenick ist Spandau. Jacza reitet auf seinem Pony vorneweg, gerüstet mit Holzschwert und Schild. Er muss an die Bemerkung von Cythava denken. „Vielleicht erbt Ihr eines Tages das Fürstentum Brandenburg." Noch ahnt er nicht, welche Bedeutung dieser Satz für sein späteres Leben haben wird.

Borislaw ist mit Kettenhemd und Schwert gerüstet. In Gedanken ist er bei Tajan. Der muss die Feier auf dem Harlungerberg in der Dunkelheit verlassen und Meinfried vor der Siedlung Parduin aufgelauert haben. Wenn Tajan auf dem Heimweg nach Lebus ist, könnte er ihn noch einholen. Von

Mirek weiß Borislaw, dass das Land Lebus zu Polen gehört. Herzog Boleslaw III. Schiefmund regiert dort.

Der Burgherr der Festung Spandau auf dem Burgwall bietet den beiden Unterkunft und Verpflegung. Er berichtet, dass die Bürger die Nachricht vom Tod ihres Fürsten mit großer Trauer aufnahmen. Meinfried war beliebt. Offiziell, so erklärt er, erschlugen aufständische Bauern den Fürsten. Auf Borislaws Nachfrage antwortet er: „Nein, wir fahnden nicht nach einem Mörder."

Frühmorgens überqueren Borislaw und Jacza die Havel über die Brücke beim Burgwall und folgen dem Handelsweg südlich der Spree nach Köpenick. An der Wegkreuzung mit der von Norden kommenden Via Imperii machen sie Halt. Die Straße führt von der Ostsee bis nach Rom. Fernhändler nutzen den Handelsweg wegen der Passagen über die Spree zwischen Spandau und Köpenick und über die Elbe bei Wittenberg.

Eine Schenke an der Kreuzung bietet Reisenden Unterkunft und Verpflegung. Vor ihr steht ein gesatteltes Pferd mit Satteltaschen. Borislaw geht zum Eingang und bittet Jacza, draußen zu warten, die Tür nicht aus den Augen zu lassen und ihm Zeichen zu geben, wenn Unerwartetes geschieht.

In der Schenke benötigt Borislaw einen Moment, um seine Augen an die Dunkelheit zu gewöhnen. An einem Tisch sitzen bei Kerzenlicht drei Männer beim Glücksspiel. Einer ist bewaffnet. Er trägt Meinfrieds Schwert, das Sarazenen-Schwert. Er hat eine Narbe auf der rechten Wange. Es ist Tajan. Borislaw stellt sich wortlos neben seinen Todfeind. Als der aufblickt, weicht alle Farbe aus seinem Gesicht. Seine Augen weiten sich vor Schreck.

„Was suchst du hier?", fragt Tajan heiser.

„Dich."

Eisige Stille herrscht für einen Moment.

„Lass uns hinausgehen", sagt Tajan mit schwindender Stimme.

Borislaw dreht Tajan demonstrativ den Rücken und geht zum Ausgang. Er hört, wie ihm Tajan auf den Fersen folgt. Sie treten durch die Tür ins Freie und Borislaw beobachtet Jacza, der vor der Schenke wartet. Als die Tür hinter ihnen zufällt, reißt Jacza die Augen auf und setzt zu einem Warnruf an. Das ist das Signal für Borislaw. Er macht einen Schritt rückwärts und drängt Tajan gegen die Tür. Gleichzeitig dreht er sich, zieht sein Schwert und stößt es Tajan mit solcher Wucht durch den Leib, dass es mit einem Bums im Holz der Tür hinter ihm stecken bleibt. Er vernimmt, wie der Todgeweihte die Luft einzieht, als die Klinge seinen Körper durchbohrt. Tajan hat sein Schwert erst halb gezogen. Borislaw war einen Wimpernschlag schneller.

Mit einem Ruck zieht Borislaw sein Schwert aus Tajan und der Tür. Tajan klammert sich an ihn und fragt mit sterbender Stimme: „Warum liebst du mich nicht?" Dann sinkt er auf die Knie und hält mit beiden Händen die heraustretenden Gedärme zurück. Dabei beugt er sich nach vorn und entblößt seinen Nacken. Tajan weiß, dass ihm ein qualvoller Tod bevorsteht, und bietet Borislaw die Gelegenheit zum Henkerschlag.

Borislaw holt weit aus und schlägt Tajan mit einem Hieb den Kopf ab. Ein Blutstrahl landet vor Jaczas Füßen. Der wendet sich ab und übergibt sich. Im selben Moment öffnet sich die Tür der Schenke und die anderen Männer, der Wirt und seine Frau, treten heraus.

Die Frau kreischt wie verrückt, hält sich die Hände vor die Augen und verschwindet wieder in der Hütte. Die Männer betrachten mit offenen Mündern die Szene. Vor einer Minute war dies ein friedlicher Ort. Nun liegt ein Gast mit abgeschlagenem Kopf im Straßenstaub.

„Ich bin Borislaw und stehe im Dienst eures Fürsten. Das ist Jacza, Sohn des Fürsten. Der Tote ist ein Mörder. Er heißt Tajan. Er hat auf der Johannisfeier bei Brandenburg den Hevellerfürsten Meinfried ermordet", erklärt Borislaw und wendet sich an Jacza: „Bring mir Tajans Pferd, das vor dem Stall steht!"

„Für dich, Wirt, habe ich eine Aufgabe. Begrabe den Toten. Wie viel verlangst du dafür?"

Jacza kommt mit dem Pferd zurück.

„Hol das Schwert von Tajan und befestige es am Sattel", bittet ihn Borislaw.

Der Wirt kehrt aus der Hütte zurück. Offensichtlich hat er den Preis für seinen Dienst mit seiner Frau abgesprochen.

„Ich verlange zwanzig Agrippiner."

„Einverstanden", erwidert Borislaw. Er öffnet seine Geldkatze und zählt dem Wirt die geforderten Münzen in die Hand.

„Du liebst doch deinen Kopf, Wirt?"

„Oh ja, sehr."

„Dann tu, was ich dir gesagt habe. Ich verlasse mich auf dich."

„Selbstverständlich, mein Herr", antwortet der Wirt und macht einen Diener.

Borislaw und Jacza setzen ihre Reise mit Tajans Pferd an den Zügeln nach Köpenick fort. Als sie sich noch einmal umdrehen, sehen sie, wie der Wirt den Torso von Tajan an den Beinen hinter die Schenke zieht.

Jacza bewundert Borislaw. Er hat Nerven gezeigt, als er seinem Todfeind beim Verlassen der Schenke den Rücken zukehrte, um ihn in Sicherheit zu wiegen.

Borislaw geht der letzte Satz von Tajan nicht aus dem Kopf. „Warum liebst du mich nicht?" Es klang wie ein Vorwurf. Aus dem Mund des ruchlosen Verräters erwartete er nicht eine so menschliche Frage. Borislaw kommen Zweifel auf. Haben er und die anderen Burgwächter Tajan Unrecht getan, als sie ihn ausgrenzten, nur weil er anders veranlagt war? Und war Rache für dieses Unrecht das Motiv für seinen Verrat?

Die Tatsache, dass Tajan das Sarazenen-Schwert besaß, belegt, dass er der Mörder von Meinfried ist. Petrissas Erklärung, rebellierende Heveller hätten ihn erschlagen, ist damit widerlegt. Es bleibt noch die Frage unbeantwortet, ob Tajan im Auftrag mordete. War das Sarazenen-Schwert der Lohn? Für einen Schwertkämpfer ist das denkbar. Oder gab es ein Kopfgeld?

Borislaw fallen die Satteltaschen auf Tajans Pferd ein. Sie machen Halt und schauen nach. Tatsächlich enthalten sie

Silbermünzen. Jacza zählt sie und verkündet nach einer Ewigkeit das Ergebnis: Es sind 2400 Agrippiner. Das sind zehn Mark, eine beachtliche Summe. Trotzdem ist es kein Beweis dafür, dass Pribislaw den Brudermord mit diesem Geld bezahlte. Die Herkunft des Geldes ist ungewiss. Tajan nimmt sein Wissen über den Auftraggeber mit ins Grab.

Mirek und seine Frau Johanna empfangen sie in Köpenick im Rittersaal. Borislaw informiert sie über die Ermordung des Fürsten Meinfried und die Tötung seines Mörders. Er legt die Satteltaschen mit den 2400 Agrippinern und das Sarazenen-Schwert auf den Tisch. Fürst Mirek begrüßt die Vergrößerung seines Staatssäckels. Er verfügt, dass das Sarazenen-Schwert in das Arsenal des Hauses kommt, und Borislaw es nutzen kann, solange er im Dienst von Köpenick steht. Das Beutepferd, Tajans edles Ross, bekommt Jacza. Ein Pony findet der Fürst nicht mehr angemessen für seinen Sohn.

„Die Nachricht vom Tod meines Freundes Meinfried hatte uns noch nicht erreicht. Sie trifft besonders meine Frau. Sie schätzte Ihren Bruder", bemerkt Mirek. Jacza und Borislaw sehen die Tränen der Trauer auf Johannas Wangen.

Nach einer Pause meldet sich Johanna zu Wort: „Ich glaube nicht, dass Pribislaw zu einem Brudermord fähig ist. Schon als Kind war er ein Hasenfuß. Während sein Bruder Meinfried mit dem Holzschwert fiktive Kämpfe ausfocht, spielte er mit Puppen. Er fürchtete nichts mehr auf der Welt, als nach seinem Tod als Sünder in der Hölle zu darben. Wenn Meinfrieds Tod ein geplanter Mord war, steckt seine Frau Petrissa dahinter. Sie ist kalt und berechnend. Sie ist eine Zugewanderte. Das Havelland ist nicht ihre Heimat. Für sie sind die Heveller verkappte Heiden, die nachts auf dem Harlungerberg Orakel einholen. Gerne würde sie Brandenburg unter den Schutz des Reiches stellen."

„Meinfrieds Tod bedeutet nichts Gutes für Brandenburg", erklärt Mirek. „Die neuen Herrscher, Pribislaw und seine Frau Petrissa, sind mit Albrecht dem Bären vom Adelsgeschlecht der Askanier befreundet. Aschersleben ist ihre Burg am Nordrand des Harzes. Der Sachse wird jede sich bietende Gelegenheit nutzen, seinen Machtbereich auf das Gebiet der Heveller auszuweiten."

„Was hat Cythava mit der Bemerkung gemeint, dass ich eines Tages das Fürstentum Brandenburg erben werde?", fragt Jacza.

„Die Ehen der Brüder Meinfried und Pribislaw sind kinderlos. Nur ihre Schwester, deine Mutter, hat einen Sohn, dich. Nach der Erbfolge wärst du nach dem Tod von Pribislaw Fürst von Brandenburg", erklärt Mirek und fügt hinzu: „Wir sollten die weitere Entwicklung in Brandenburg beobachten."

„Dabei kann uns die Witwe Cythava helfen. Ich bin mit ihr befreundet. Meinfried hat ihr bei der Eheschließung ein lebenslanges Wohnrecht auf der Festung Brandenburg eingeräumt. Ihr missfällt das dominante Auftreten von Petrissa", erklärt Johanna.

Fürst Mirek runzelt fragend die Stirn: „Woher, in Gottes Namen, hat meine liebe Gattin dieses Wissen?"

„Frauengespräche", ist die vielsagende Antwort Johannas.

Mirek steht auf und legt seine Hand auf Borislaws Schulter. „Ihr habt die Ermordung eines slawischen Fürsten, den Bruder meiner Frau, gerächt. Ich erhebe Euch in den Ritterstand. Fortan seid Ihr der Kastellan von Köpenick und für unsere Sicherheit verantwortlich." Von nun an siezt Mirek Borislaw.

Borislaw nimmt seine neue Aufgabe als Schutzherr Köpenicks in Angriff. Er lässt das Burgtor verstärken und beiderseits des Tores überdachte Wachtürme errichten. Fortan wird rund um die Uhr auf dem Wehrgang Wache gegangen, in sechs Stundenschichten. Aus seiner Erfahrung von Rethra weiß er, dass Feuer die größte Gefahr für die in Holz gebauten Burgen ist. Er ordnet an, dass die Anzahl der Zuber für Löschwasser verdreifacht wird. Ein zusätzlicher Ziehbrunnen wird im Burghof angelegt.

Die Mannschaft der Burg besteht aus zehn Kämpfern, Borislaw und Jacza eingeschlossen. Sie sind mit Kettenhemden, Helm, Lanzen, Bogen und Schwert gewappnet. Borislaw beschließt, die Mannschaft auf Armbrüste umzurüsten. Für die

Verteidigung ist die Armbrust gegenüber dem Bogen von Vorteil. Der Schütze braucht weniger Platz und kann besser aus der Deckung der Brustwehr herausschießen. Was die Treffsicherheit angeht, erfordert die Armbrust weniger Übung als der Bogen. Regelmäßig wird auf dem Schießplatz der Burg trainiert und werden öffentliche Wettkämpfe mit Preisgeld abgehalten.

Borislaw organisiert den Austausch von Kämpfern zwischen den Burgen des Fürstentums im Falle von Angriffen von außen. Binnen zwei Tagen kann die Mannschaftsstärke einer Burg verdoppelt werden. Die Entfernung von Köpenick zu den Burgen Freienwalde, Wriezen, Zossen, Teupitz, Storkow und Beeskow beträgt eine Tagesreise. Im Kriegsfall werden auch die wehrtüchtigen Knechte, Handwerker und Bauern zu den Waffen gerufen. Das Kriegsheer des Fürstentums kann zweihundert Mann stark sein.

Zu Borislaws Aufgaben gehört auch die Sicherung der Außengrenzen. Im Westen bilden die Flüsse Havel und Nuthe die natürliche Grenze zum Fürstentum Brandenburg. Im Osten sind es die Spree und das Flüsschen Stöbber im Roten Luch, die die Grenze zum Land Lebus bilden. Das Land Lebus gehört zu Polen. Mirek pflegt gute Beziehungen zu seinen polnischen Nachbarn. Grenzstreitigkeiten sind hier nicht zu befürchten. Im Norden bei Wriezen und Freienwalde ist der Oderbruch die Grenze zu Polen und westlich davon auf der Hochfläche des Barnim sind es die Stammesgrenzen befreundeter Liutizen. Problematisch ist die Südgrenze zur Lausitz und damit zum expansiven Heiligen Römischen Reich. Immer wieder gibt es hier Streitigkeiten über den Grenzverlauf zwischen der Burg Teupitz und der Burg Lübben im Spreewald. Gelegentlich juckt dem sächsischen Burggrafen von Lübben das Fell. Dann testet er die Wehrbereitschaft Köpenicks. Grenzscharmützel sind die Folge.

Es ist Jagdsaison. Jäger folgen dem Handelsweg nach Potsdam. Ihr Anführer ist Mirek, Fürst von Köpenick. Begleitet wird er von Jacza, Borislaw, den Burgherren von Storkow und Zossen sowie fünf Treibern. Zwei Pferdewagen begleiten die Jäger. Im ersten befinden sich die Zelte für das Nachtlager und im zweiten die Jagdhunde. Ihr anfängliches Bellen verstummt mit der Zeit. Das Ziel der Gruppe ist das Tal der Nuthe, ein Nebenfluss der Havel. Der Weg führt durch die Eichenwälder des Teltows. Es ist ein sonniger Oktobertag. Die Farbenpracht des Herbstlaubes sorgt für fröhliche Stimmung.

Am Nachmittag erreicht der Trupp die Kreuzung, an der die von Norden kommende Via Imperii den Handelsweg quert. Sie biegen nach Süden ab und folgen der Straße bis an die Nuthe. Der Fluss und die ihn begleitenden Sümpfe bilden einen schwer zu durchdringenden Urwald. Das Tal ist für seinen Wildreichtum bekannt. Jenseits des Tales liegt die Hochfläche der Zauche.

Der Trupp errichtet am Fluss ein Zeltlager und versorgt die Tiere. Mirek zeigt Jacza, wie man Nuthekrebse, eine landesweit bekannte Delikatesse, fängt. Bis zu den Knien im Wasser durchstreifen Vater und Sohn den flachen Uferbereich und schauen unter jedem Stein nach. Es dauert nicht lange, bis Jacza ruft: „Ich hab' einen!" Borislaw macht Feuer und die Treiber bereiten das Abendessen vor. Es gibt Krebse für alle. Bis tief in die Nacht wird über die Taktik der morgigen Drückjagd diskutiert.

Bei Sonnenaufgang beginnen die Treiber flussaufwärts mit dem Aufstöbern und Drücken des Wildes aus dem Dickicht. Schussbereit stehen die Jäger mit ihren Armbrüsten und Bögen entlang der Via Imperii. Langsam nähern sich die Treiber der Straße. Das Hundegebell wird lauter. Dann hetzt das erste Wildschwein über den Weg. Ein Dutzend der flinken Schwarzkittel folgt. In kurzer Zeit sind vier von ihnen erlegt. Rothirsche und Rehe sind vorsichtiger. Sie bleiben einen Moment am Waldrand stehen und sichten die Lage. Das ist die Gelegenheit für die Schützen, Blattschüsse zu setzen. Die Burgherren von Storkow und Zossen erweisen sich mit ihren Armbrüsten als besonders treffsicher. Gegen Mittag treten die Treiber aus dem Wald heraus. Die Jagd ist beendet.

Die Strecke besteht aus vier Wildschweinen, zwei Hirschen

und vier Rehen. Einen Elch lassen die Jäger ziehen. Um ein Haar hätte das Tier Jacza überrannt. Angeschossene Elche sind gefährlich. Ein von einem Pfeil getroffener Hirsch verschwindet auf der anderen Seite der Straße im Wald und legt eine Schweißfährte. Zwei Jagdhelfer machen sich mit einem Spürhund auf die Suche nach dem verletzten Tier.

Nach der Jagd herrscht im Lager rege Betriebsamkeit. Jäger und Treiber zerteilen die ausgeweideten Tiere und verladen die Beute auf einen Wagen. Jacza spaziert mit geschwollener Brust auf und ab und lässt alle wissen, dass zwei der vier Wildschweine auf sein Konto gehen. Eine kühne Behauptung des Siebenjährigen angesichts seiner Spielzeugwaffe. Ein Treiber hat Nachsicht und erklärt, dass die Borstentiere schon beim Anblick des kleinen Schützen tot umfielen.

Auch andere sind im Nuthe-Tal auf der Jagd. Hundegebell ertönt auf der gegenüberliegenden Flussseite. Die Nuthe ist hier fünfzehn Meter breit und die Grenze zwischen den Fürstentümern Köpenick und Brandenburg. Drei berittene Jäger erscheinen. Der mittlere Reiter ist Pribislaw, Fürst der Heveller und neuer Herr von Brandenburg.

„Ich grüße Euch, Pribislaw. Mein Beileid für den Verlust Eures Bruders. Meinfried war für mich nicht nur Schwager, sondern auch Freund. Johanna und ich bedauern seinen Tod", ruft Mirek über den Fluss.

„Danke für Eure Beileidsbekundung. Vor einem Jahr war ich in Aschersleben, Stammsitz von Albrecht dem Bären, Taufpate von seinem Sohn Otto. Ich habe Otto die Zauche zur Taufe geschenkt. Das ist Nächstenliebe. Bei dieser Gelegenheit habe ich mich auf den christlichen Namen Heinrich taufen lassen. Ich heiße nun Pribislaw-Heinrich", ruft der Fürst von Brandenburg zurück.

„Mein Sohn ist nach seiner Geburt auf den Namen Jacza getauft. Das ist ein slawischer Name und kein entliehener von den Sachsen. Ihr habt hinter dem Rücken Eures Bruders Land der Heveller an die Sachsen verschenkt und jagt auf fremdem Grund. Wollt Ihr ein König ohne Land sein? Erbe Eures Besitzes ist mein Sohn Jacza und nicht Otto oder Albrecht der

Bär. Was hat Albrecht Euch dafür gegeben?"

„Sicherheit. Das Reich ist mächtig, steht für Fortschritt und den rechten Glauben", antwortet Pribislaw-Heinrich.

„Zu Lebzeiten von Meinfried waren unsere Fürstenhäuser befreundet. Wir betrachteten das Reich und Albrecht den Bären von der Mark Lausitz als Bedrohung. Gemeinsam waren wir bereit, für unser Land und unsere Unabhängigkeit zu kämpfen. Inzwischen höre ich, dass Ihr und Eure Gattin Petrissa zum engsten Freundeskreis Albrechts gehört. Er lädt Euch sogar zur Taufe seines Sohnes ein. Was für eine Ehre für einen kleinen Slawenfürsten. Es gibt Gerüchte, Ihr hättet Euren Bruder Meinfried ermorden lassen."

„Das sind Behauptungen. Wir wissen nicht, wer hinter dem Mord steckt."

„Wir kennen den Mörder. Er heißt Tajan. Der Ritter Borislaw hat ihn getötet. Der Mörder hatte nicht nur Meinfrieds Schwert, sondern auch die Belohnung für seine Untat bei sich: Agrippiner im Wert von zehn Mark. Wollt Ihr das Geld zurück?"

Pribislaw-Heinrich erkennt, dass die Frage eine Falle ist: „Nein, mit diesem Geld habe ich nichts zu tun."

„Ich bete zu Gott, dass Ihr für Eure Sünden in der Hölle landet", ruft Mirek über die Nuthe.

Jacza tritt mit seinem Kinderbogen einen Schritt vor und schießt einen Pfeil steil nach oben. Das Ziel ist sein „böser Onkel" auf der anderen Seite des Flusses. Ein Dutzend Augenpaare verfolgen das Projektil. Als der Pfeil den Zenit seiner Flugbahn erreicht und herabfällt, sieht es aus, als verfehle er sein Ziel. Dann weht eine leichte Brise durch das Tal. Wie von Gottes Hand gelenkt fällt der Pfeil nun in Richtung Pribislaw-Heinrich. Der gibt die Sporen und der Pfeil trifft nicht ihn, sondern den Hintern seines Rosses. Der Piekser erschreckt das Tier. Es bäumt sich wiehernd auf und Pribislaw-Heinrich fällt rückwärts vom Gaul. Das Gelächter auf der Seite der Sprewanen ist groß. Der Hevellerfürst steigt wieder auf, droht dem Schützen mit der Faust und verschwindet mit seinen Jagdgenossen im Wald der Zauche.

Stolz auf den ‚Meisterschuss‘ strahlt Jacza seinen Vater triumphierend mit den Worten an: „Gott hat es gewollt.“ Mirek sieht das anders und befiehlt: „Schieß nicht auf Verwandte!“

Bei Sonnenaufgang treten die Jäger die Rückfahrt an. Es ist kühl und über der Nuthe liegt ein Nebelschleier. Der Pferdewagen mit der Jagdbeute ächzt unter der Last und die Hunde bellen vor Aufregung.

Mirek weiß, dass durch die Schenkung der Zauche an Albrechts Sohn Otto dem Fürstentum Brandenburg wenig Land bleibt. Es ist das Gebiet nördlich der Havel entlang der Wasserburgen Spandau, Potsdam, Brandenburg und Rathenow. Die Zauche grenzt im Süden an die Mark Lausitz. Der Einflussbereich Albrechts reicht nun bis zur Burgstadt Brandenburg an der Havel.

Mirek macht sich Sorgen, weil die Schenkung die Situation von Köpenick verschlechtert. Sein Fürstentum grenzt nicht nur im Süden, sondern auch im Westen an die Mark Lausitz von Albrecht dem Bären. Die Nuthe ist nun Reichsgrenze. Pribislaw-Heinrich und seine Frau Petrissa suchen Schutz unter den Fittichen von Albrecht dem Bären und somit des Reiches. Er hingegen will seine Unabhängigkeit bewahren.

Mirek erkennt, dass er mit Albrecht dem Bären einen mächtigen Gegner hat. Albrecht und Lothar von Süpplingenburg, inzwischen König des Heiligen Römischen Reiches, wollen die Osterweiterung des Reiches.

Dafür gab Lothar Albrecht die Nordmark als Lehen. Die Mark ist ein Gebiet zwischen Elbe und Oder, das von Elbslawen, den Wenden, besiedelt und in den Händen slawischer Fürsten ist. Albrecht war ein Markgraf ohne Land. Das hat sich durch die Schenkung der Zauche an seinen Sohn Otto geändert. Albrecht hat nun einen Fuß in der Nordmark.

Ein Wenden-Kreuzzug des Reiches und seiner Verbündeten ist im Gespräch. Die Sprewanen sind zum Christentum konvertiert. Ob ihr neuer Glaube sie vor den Deutschen schützt, wird die Zukunft zeigen.

4. 1131 n. Chr.: Die Versenkung von Rethra

Ein fahrender Händler bringt Mirek einen Brief vom Fürsten der Redarier. Mirek überfliegt das Schreiben und gibt es an Borislaw weiter. Im Brief bittet der Fürst um Hilfe. Er will die Überreste der Tempelruine Rethra auf der Fischerinsel des Tollensesees schleifen.

Die Begründung für diese radikale Maßnahme liefert der Fürst mit. Redarier und Tollenser glauben, dass auf der Tempelruine ein Fluch liegt. Diejenigen, die es wagen, die Ruine zu betreten, berichten von grauenerregenden Bildern und weigern sich, wieder einen Fuß auf die Insel zu setzen. Fischer vernehmen herzzerreißende Klagelieder der geschändeten und ermordeten Priesterinnen. Sie lehnen es ab, dort Fischfang zu betreiben. Die Bewohner des Dorfes Wustrow empfinden die Ruine vor ihrer Haustür als eine Bedrohung. Sie fordern, die Fischerinsel wieder in ihren ursprünglichen Zustand zu versetzen.

Der Brief endet mit einem Appell des Fürsten. „Hier hat keiner den Mut, diese Aufgabe zu übernehmen. Die Leute sind abergläubisch. Borislaw, du warst Tempelwächter auf Rethra. Du kennst den Ort. Du erfülltest schon einmal für mich eine schwierige Aufgabe. Ich bitte dich erneut um Hilfe."

Borislaw sieht es als seine Stammespflicht an, dem Ruf

seines Fürsten zu folgen. Nebenbei wird er seine Heimat und seine Familie wiedersehen. Das gilt auch für Mira. Nie hat er die Hoffnung aufgegeben, sie zu heiraten. Sein Hochzeitsgeschenk, den Rosenkranz aus roten Bernsteinen, verwahrt er wie ein Kleinod in einem Lederbeutel.

„Borislaw, ich stelle dich für zwei Wochen frei. Keinen Tag länger. Außerdem wünsche ich, dass mein Sohn mitreist", erklärt Mirek und zu Jacza gewandt: „Du bekommst die Gelegenheit, deine heidnischen Brüder und Schwestern kennenzulernen. Neben der christlichen Welt gibt es noch eine andere. Schau sie dir an!"

Es ist Winter. Eine Schneeschicht bedeckt das Land. Drei Tage wird der Ritt zum Tollensesee dauern. Die beiden tragen unter ihren Wollmänteln Steppjacken. Solche Jacken mit Wollfüllung, Gambesons genannt, tragen Ritter unter ihrer Rüstung. Borislaw und Jacza nutzen sie auch als Schutz vor Verletzungen während ihrer Fechtübungen.

Sie beladen ein Maultier mit Schaffellen und Wolldecken, Proviant für sich und Hafer für die Pferde. Die erste Nacht verbringen sie in einem Waldstück nördlich von Oranienburg an der Havel. Jacza sammelt Holz für das Lagerfeuer und Borislaw macht Feuer. Mit einem Schlageisen und einem Feuerstein erzeugt er Funken, die Zunder zum Glimmen bringen. Den bettet er in ein Nest aus trockenem Gras, das er durch die Luft wedelt, bis es entflammt. Damit setzt er den Holzstapel in Brand. Von ihrem Lehrer Jakobs wissen sie, dass schon Römer das Schlagfeuerzeug nutzten. Jeder Reisende hat ein solches Feuerzeug bei sich.

Sie versorgen die Pferde, essen zu Abend und schlagen neben der Feuerstelle ihr Nachtlager auf. Es ist sternenklar. Jacza betrachtet den Himmel über sich. Wie kleine Kristalle glitzern die Sterne der Milchstraße. Gerade als ihm die Augen zufallen, beginnt in der Ferne ein Wolf zu heulen. Schaurig klingen die langanhaltenden Rufe. Jacza erinnert sich an die Geschichte vom menschenfressenden Werwolf, einem Mann, der sich in einen Wolf verwandelt. Das blutrünstige Mischwesen aus Mensch und Tier soll seinen Opfern mit einem

Biss die Kehle herausreißen.

Plötzlich antwortet ein Wolf unmittelbar in ihrer Nähe. Die Pferde schnauben, zerren an den Stricken und trappeln mit den Hufen. In Panik richtet sich Jacza auf. Im Lichtschein des flackernden Lagerfeuers ist das Ungeheuer nicht zu sehen. Stattdessen vernimmt er das Schnarchen von Borislaw. Das nervt ihn. Für seinen Mentor ist das Wolfsgeheul offensichtlich kein Aufreger, sondern ein Gute-Nacht-Gesang.

Zwei Tage später erreichen sie bei Sonnenuntergang das „Dorf der Tempelwächter", Borislaws Zuhause. Für seine Familie kommt der Besuch überraschend. Ein Prinz übernachtet in ihrer Hütte? Bis zu diesem Tag unvorstellbar. Die Mutter übernimmt das Kommando. Der Vater erhält den Auftrag, zwei Hühner zu köpfen. Der ältere Bruder muss die Pferde versorgen, in der Arbeitsstube Nachtlager für die Gäste herrichten und die Küche fegen. Sein jüngerer Bruder reinigt das Plumpsklo, legt Stroh und Moos für die Reinigung des adligen Allerwertesten bereit, deckt den Tisch mit Holzschalen und Holzlöffeln und sorgt mit einem brennenden Kienspan für Licht. Regelmäßig legt er einen nach. Zwei Stunden später steht das Essen auf dem Tisch. Es gibt Hühner-Bohnensuppe, Haferbrei, Milch und Dünnbier.

„Was ist der Grund für Euren Besuch?", fragt der Vater.

„Der Fürst der Redarier will die Reste von Rethra dem Erdboden gleichmachen. Die Leute behaupten, ein Fluch läge auf der Tempelruine. Keiner traue sich, einen Fuß auf die Fischerinsel zu setzen. Der Fürst bat mich als ehemaligen Tempelwächter, diese Aufgabe zu übernehmen. Jacza wird mir helfen."

„Er ist noch ein Kind!", wendet die Mutter ein.

„Ich werde zehn", erwidert Jacza stolz.

„Es gibt Neues aus der Gerüchteküche. Zwischen Redariern und Tollensern herrschen seit jeher Spannungen. Die beiden Fürsten wollen ihre Familien durch Heirat verbinden und Frieden schaffen. Der Prinz der Tollenser will die Nichte unseres Fürsten heiraten", erklärt der Vater.

„Welche Nichte?", fragt Borislaw.

„Mira."

Borislaw rutscht das Herz in die Hose. „Ein anderer will meine Mira heiraten? Nur über meine Leiche!", denkt er und fragt mit einem Kloß im Hals: „Was ist das für ein Prinz?"

„Ein eitler Geck und Frauenheld, der schnell mit dem Schwert ist."

Er wechselt das Thema: „Ich habe den Verräter Tajan getötet. Als Dank erhob mich Jaczas Vater, Fürst der Sprewanen, in den Ritterstand. Ich stehe in seinen Diensten und erhalte eine Ausbildung. Ich lerne Lesen und Schreiben." Ungläubig schauen ihn seine Brüder an.

„Als Ritter gehörst du zum Adel und kannst selbst um Miras Hand anhalten", wirft der Vater ein.

„Ich werde darüber nachdenken." Dass der unterschiedliche Glaube das Problem ist, darf er nicht sagen. Verschweigen muss er auch, dass Mira heimlich Christin ist und ihn nur heiraten würde, wenn er auch zum Christentum übertritt.

„Du willst darüber nachdenken, ob du um ihre Hand anhältst? Das ist nicht dein Ernst. Nichts würdest du lieber tun, als sie zu heiraten. Ich habe gesehen, wie du sie anhimmelst. Du bist in sie bis über beide Ohren verliebt", raunt ihn Jacza nach dem Essen ins Ohr.

Jacza findet das Leben auf einem Bauernhof mit dem Vieh unter einem Dach gewöhnungsbedürftig. Der Stallgeruch ist kräftig. Die ganze Nacht hörte er das Schnauben der Pferde, das Muhen der Kühe, das Grunzen der Schweine und das Gackern der Hühner.

Bei Sonnenaufgang brechen sie zur Fischerinsel auf. Borislaw wählt den direkten Weg über den zugefrorenen Tollensesee. Eine anhaltende Frostperiode hat das Land fest im Griff. Borislaw schätzt, dass das Eis zwei Handbreit dick ist. Sie steigen ab und führen die Tiere an den Zügeln. Eine Schneeschicht auf dem Eis ist verharscht und gibt den Pferden Halt. Sie kreuzen Tierfährten. Füchse, Hirsche, Elche, Wildschweine und Wölfe hinterließen sie. Die Wolfsfährten interessieren Jacza. Sie sind eine Handbreit groß und haben Abdrücke von kurzen Krallen. Das Heulen dieses Raubtiers war nicht nur in der ersten Nacht, sondern auch in den anderen Nächten ihrer Reise zu hören.

„Ist Heidenland Wolfsland?", fragt Jacza.

„So ist es", erklärt Borislaw: „Durch Einfälle der Sachsen, Missernten und Hungersnöte geht die Bevölkerungszahl zurück. Es gibt Geisterdörfer. Die Wölfe kehren zurück."

Der Anblick der riesigen Eisfläche vor ihnen ist grandios. Der Schnee glitzert in der Morgensonne. Es ist menschenleer. Das einzige Geräusch ist das Knirschen des Schnees unter ihren Schuhen. Das Eis bringt Borislaw auf eine Idee. Er könnte es dafür nutzen, Rethra im Tollensesee zu versenken.

In der Ferne, nahe dem rechten Ufer des Sees, zeichnet sich die Fischerinsel ab. Sie betreten die Insel von der Landseite bei Wustrow und scheuchen einen Schwarm Krähen auf. Die Vögel kreisen laut krächzend über der Insel. Die Rabenvögel haben einen schlechten Ruf und gelten als Boten des Todes. Da sie Aas fressen, werden sie auch Galgenvögel genannt. Ihre Anwesenheit trägt dazu bei, dass die Bevölkerung glaubt, ein Fluch liege auf der Insel.

Zu Fuß gehen sie durch das schief in den Angeln hängende Westtor der Tempelruine. Der Anblick, der sich ihnen bietet, ist grauenhaft. Der tote Priester ist noch immer in der Mitte des Tempels an die Stele seines Gottes Riedegost genagelt. Seine Kutte hängt in Fetzen von seinem Gerippe. Oben schaut der bleiche Schädel mit dem Bolzen in der Stirn, unten die weißen Schienbeine heraus. Die Stiefel an den Füßen erscheinen grotesk groß. Jacza hat das Gefühl, der Priester beobachtet ihn aus seinen dunklen Augenhöhlen, und wendet den Blick ab. Ursprünglich trug die Stele einen vergoldeten Kopf mit den vier Gesichtern des alles sehenden Riedegost. Der Kopf fehlt. Borislaw nimmt an, dass ihn die Deutschen als Trophäe mitnahmen.

Nur ein Teil Rethras verbrannte. So, das Tempelgebäude, der Stall für das heilige Pferd und die Schuppen der Andenkenhändler und Handwerker. An der Nordseite des

Tempels erwartet Borislaw und Jacza Entsetzliches. Die Sieger nagelten die gefallenen Tempelwächter an die Palisade. Ihre Skelette mit den bleichen Schädeln stecken in verrosteten Rüstungen. Es sieht aus, als stünden sie Parade. Ein makabrer Einfall der Sachsen findet Borislaw. Im abgebrannten Tempelraum liegen die Gebeine der Priesterinnen. Die Sieger haben niemanden verschont. Wehrlosen Frauen Gewalt anzutun und sie zu töten, ist Borislaw zuwider. Rache für ihre gefallenen Kameraden war möglicherweise das Motiv für diese Untat. Die eigenen Toten nahmen die Deutschen mit. Jacza ist entsetzt über die Ermordung der heidnischen Priesterschaft durch die Christen. In seinen Augen ist sie Ausdruck von religiösem Hochmut.

Die Horrorgestalt des Priesters, die Parade der toten Tempelwächter und der Schwarm der Krähen sind für Borislaw Gründe dafür, dass niemand wagt, die Ruine zu betreten. Seinen Plan, den Tempel im See zu versenken, kann er nur verwirklichen, wenn er vorher die sterblichen Überreste der Toten aus der Ruine entfernt.

Nach kurzer Zeit im Sattel erreichen sie den Sitz des Redarierfürsten auf der Insel Hanfwerder. Sie sind nicht angemeldet und müssen warten. In der Mitte des Hofes steht ein fensterloses Gebäude. Sein Eingang ist verziert. Die Tür steht offen. Die beiden gehen hinein. Es riecht nach Bienenwachs. Eine Laterne beleuchtet eine mannshohe Götterfigur. Sie ist aus Holz geschnitzt und hat vier Gesichter. Über ihren Armen hängen Schmuckstücke aus Bronze, Silber und Gold.

„Das ist Riedegost, der oberste Gott der Liutizen, mit Opfergaben", erklärt Borislaw.

Jacza vergleicht den heidnischen Tempel mit der christlichen Kapelle in Köpenick. Anstelle der Götterfigur des Riedegost hängt dort ein Kruzifix mit dem ans Kreuz genagelten Jesus. Außerdem hat die Kapelle einen Turm mit einer Glocke. Die fehlt hier. Jacza weiß, dass diese Unterschiede nicht die Gründe dafür sind, dass Deutsche den heidnischen Tempel zerstörten und die Priesterschaft töteten. Den wahren

Grund nannte sein Lehrer Jakob. Es ist der Aufruf des Papstes zu einer bewaffneten Pilgerfahrt, einem Kreuzzug gegen Ungläubige. Zu denen zählen die Deutschen auch die heidnischen Elbslawen.

Der Fürst der Redarier empfängt sie im Rittersaal. „Borislaw, ich bin dir überaus dankbar, dass du meiner Bitte nachkommst."

„Das mache ich gerne. Bei dieser Gelegenheit sehe ich meine Familie und Heimat wieder. Der junge Mann an meiner Seite ist Jacza, Sohn des Fürsten von Köpenick."

Borislaw erläutert seinen Plan für den Rückbau von Rethra. Voraussetzung für dessen Gelingen ist die Fortdauer des frostigen Wetters. Er selbst und Jacza werden am nächsten Morgen die Gebeine der Toten einsammeln und in einem Pferdewagen zum Stammesfriedhof der Redarier bringen. Dort sollten Vorbereitungen für eine Feuerbestattung getroffen werden. Eine Grube müsste ausgehoben und ein Scheiterhaufen angelegt werden.

Am Folgetag beginnen wir mit dem Rückbau von Rethra. Mit Ochsengespannen reißen wir die Reste der Palisaden und Gebäude nieder, schleppen das Holz auf das Eis des Sees und setzen es dort in Brand. Taut das Eis, versinken die Reste von Rethras im Tollensesee. Wir benötigen für diese Arbeiten genügend Helfer, Ochsengespanne, Äxte, Seile und Leitern.

„Ich werde Boten nach Wustrow und zum Rethra-Hof senden und die Bereitstellung von Arbeitern, Gespannen und Hilfsmitteln anfordern. Im Winter haben die Bauern Zeit und einen Mangel an Helfern wird es nicht geben. Die Vorbereitungen für die Feuerbestattung trifft der neue Priester. Ich habe den Rethra-Hof informiert, dass ihr während der Abrissarbeiten dort unterkommt." Der letzte Satz des Fürsten betrübt Borislaw. Schwindet doch damit seine Hoffnung, Mira wiederzusehen.

Bei Sonnenaufgang brechen Borislaw und Jacza mit einem Pferdewagen zur Fischerinsel auf. Der Wagen hat Weidekörbe geladen. Sie beginnen ihre Arbeit im abgebrannten

Tempelraum. Anfangs müssen sie sich überwinden, die Gebeine der Priesterinnen in die bloße Hand zu nehmen. Die Knochen und Kleiderreste packen sie in die Körbe. Mit einem Nageleisen und seiner Axt löst Borislaw die Tempelwächter von der Palisade. Jacza trennt die Rüstungen von den Skeletten. Die Rüstungen verladen sie separat. Eisen ist wertvoll und wird wiederverwendet. Zum Schluss bergen sie die Überreste des Priesters. Borislaw zieht den Armbrustbolzen aus dem Schädel des Toten. Ohne seinen Halt sackt er in sich zusammen. Seine Gebeine, die Kutte und die Stiefel kommen in einen separaten Korb.

Am Nachmittag erreichen sie den Friedhof der Redarier. Der Priester und eine Gruppe von Frauen und Männern erwarten sie. Borislaw und Jacza verteilen die Weidekörbe auf den Scheiterhaufen. Der Priester spricht ein paar Worte und setzt mit einer Fackel den Holzstapel in Brand. Die Abendsonne wirft ein warmes Licht auf den verschneiten Friedhof. Bald ist nur noch das Prasseln des Feuers zu hören.

Die Frauen haben Tränen in den Augen. Eine küsst Borislaw die Hand. „Ich bin froh, dass meine Tochter ein Begräbnis erhält. Sie war Priesterin."

Eine andere umarmt ihn. „Habt Dank, dass mein Sohn eine Ruhestätte hat. Er war Tempelwächter." Die Anteilnahme der Mütter und Väter berührt Borislaw und macht ihm die menschliche Seite seines Tuns bewusst.

Auf dem Weg zum Rethra-Hof wendet sich Borislaw an Jacza: „Ich wünsche mir meine Grablegung hier in meiner Heimat, auf diesem Friedhof."

Am nächsten Morgen beginnen sie mit dem Abriss der Ruine von Rethra. Nur zwei Ochsengespanne stehen bereit. Die Mannschaften sind ängstlich und überprüfen, ob auch wirklich keine Toten in der Ruine sind. Sie legen mit Leitern Seile über die Stämme der Palisaden und reißen sie mit den Ochsengespannen nieder. Da der Boden gefroren ist, gelingt dies nicht immer beim ersten Versuch.

Anschließend schleppen sie jeweils mehrere Stämme pro

Gespann vierhundert Doppelschritte von der Insel entfernt auf das Eis des Tollensesees. Dort sei, behauptet der Fischer, der See über zehn Meter tief. Im Winter sind die Tage kurz. Beim Sonnenuntergang stellen sie die Arbeit ein und setzen den bis dahin angelegten Holzstapel in Brand.

Am nächsten Tag sind die Leute mutiger. Der Fluch auf der Ruine, so sagen sie, sei gebrochen. Sechs Ochsengespanne und fünfzig Hilfskräfte stehen bereit. Der in Brand gesetzte Holzstapel des Vortages ist über Nacht im See verschwunden. Nur ein rußiger Rand auf dem Eis ist zu erkennen. Ein neuer Haufen wird angelegt und abends angezündet. Nach sechs Tagen ist von Rethra nichts mehr zu sehen.

Borislaw und Jacza machen einen abschließenden Kontrollgang. Im Bereich des ehemaligen Tempelraums stolpert Jacza. Ein poliertes Stück Holz ragt aus dem Boden. Sie entfernen die obere Bodenschicht und Borislaw erkennt, dass das Holzstück Teil der doppelköpfigen und bärtigen Götterfigur des ehemaligen Tempels ist. Fischer opferten dem Gott in der Hoffnung auf einen reichen Fang. Die Kultfigur war unter dem eingestürzten Gebäude verschüttet. Der Sockel und die Arme der Figur sind verbrannt. Da sie im geweihten Boden des ehemaligen Tempelbezirks liegt, beschließt Borislaw, sie dort zu lassen, wo sie ist. Gemeinsam bedecken sie sie mit einer Schicht Erde.

„Fällt dir etwas auf?", fragt Borislaw Jacza.

„Nein."

„Die Krähen sind weg."

„Ihr habt recht, der Fluch ist gebrochen."

Auf dem Rethra-Hof erwartet sie ein Bote. Der Fürst lädt sie zum Essen ein. Wenig später sitzen sie auf der Insel Hanfwerder im Rittersaal zu Tisch. Sechs Personen haben Platz genommen. Borislaw kann sein Glück kaum fassen. Mira, seine große Liebe, ist dabei. Wunderschön sieht sie aus. Sie meidet den Blickkontakt. „Eine Prinzessin hat geziemt aufzutreten?", denkt er. Der Fürst stellt die Runde vor. Die Frau neben ihm ist seine Gattin und der Mann neben Mira ihr Verlobter, ein

Prinz vom Stamm der Tollenser.

„Ich danke dir, Borislaw, dass du meiner Bitte um Hilfe gefolgt bist. Dir haben es die Eltern der Toten von Rethra zu verdanken, dass ihre Töchter und Söhne nach so vielen Jahren ordentlich bestattet sind. Die Tempelruine ist Vergangenheit und der Fluch, der auf ihr lag, ist gebrochen. Die Fischer können wieder ihrer Arbeit nachgehen und Handwerker auf die Insel zurückkehren.“

„Jacza, wie halten es die Leute in Köpenick mit dem Glauben? Ich habe gehört, Ihr seid Christen?“, fragt Miras Verlobter.

„Ja, das sind wir. Meine Eltern und ich sind getauft. Wir haben eine Kapelle und einen Kaplan in Köpenick. Einige Sprewanen halten am alten Glauben fest und verehren den dreiköpfigen Triglaw. Borislaw, mein Mentor, ist auch nicht bekehrt. Er huldigt dem vierköpfigen Riedegost der Liutizen, der auch Euer Gott ist.“

„Ja, das stimmt. Unsere Götter und Sitten sind uns wichtig. Wir wehren uns gegen eine Christianisierung unserer Stämme durch die Sachsen.“

Bei dieser Bemerkung ihres Verlobten läuft Mira rot an. „Von wegen, eine Prinzessin hat geziemt aufzutreten. Ihr schlechtes Gewissen ist der Grund für Ihren gesenkten Blick. Lehnte sie nicht seinen Heiratsantrag ab, weil er Heide ist? Nun ist sie mit einem Heiden verlobt. Ein verlogenes Biest ist sie“, sagt sich Borislaw. Einen kleinen Unterschied gibt es. Der Verlobte gehört zum Hochadel und er als Ritter zum niederen Adel.

„Jacza, Ihr seid ein christlicher Schüler eines heidnischen Ritters. Mich würde das stören“, sagt Miras Verlobte provokativ.

„Mir nicht. Wir Christen an der Spree sind tolerant. Vielleicht lässt sich Borislaw taufen. Liebe versetzt Berge.“ Dabei schaut er Mira vielsagend an. Borislaw bleibt der Atem weg. Das hat er dem kleinen Kerl nicht zugetraut.

Zu essen gibt es Braten vom Rind, Schwein und Hirsch, den obligatorischen Haferbrei, Honigkuchen und Bier. Während der Mahlzeit denkt Borislaw über Jaczas letzten Satz nach. „Liebe versetzt Berge." Eine Zukunft ohne Mira kann er sich nicht vorstellen. Als sie sich kennenlernten, waren sie fünfzehn, inzwischen sind sie zwanzig. Die Zeit rennt ihnen davon. Borislaw erkennt, dass er etwas unternehmen muss, und zwar sofort. Er ist zu allem entschlossen. Er muss Mira zurückgewinnen.

„Ich bin der einzige Überlebende von Rethra. Ich stehe unter dem besonderen Schutz unseres Gottes. Seine Kraft lenkte alle Pfeile der Deutschen von mir ab. Ein Übertritt zum Christentum wäre für mich Verrat an Riedegost. Aber meine Kinder würde ich taufen lassen", verkündet Borislaw in der Hoffnung, dass Mira, die heimliche Christin, die Botschaft versteht.

„In den vergangenen Jahren änderte sich einiges. Ich bin Ritter und kann lesen und schreiben." Borislaw steht auf. „Mira, möchtest du meine Frau werden?"

Miras Verlobter schnellt in die Höhe. Sein Stuhl knallt auf den Boden. „Ein Bauer wagt es, meiner Verlobten einen Antrag zu machen? Ich fordere dich heraus, Borislaw!" Wie Kampfhähne stehen sich die beiden Bewerber von Miras Hand gegenüber. Nur der Tisch trennt sie.

„Niemand fordert in meinem Haus einen Gast heraus", erklärt der Fürst. „Als Familienoberhaupt und Onkel habe ich Mira versprochen, dass sie frei entscheiden kann, wen sie heiratet. Nichts wünsche ich mehr als alles Glück dieser Erde für meine Prinzessin."

Alle blicken zu Mira. Sie muss sich entscheiden. Borislaw weiß, dass Vernunft ihre Stärke ist. Im christlichen Köpenick kann sie ihren Glauben ausleben. Dort gibt es eine Kapelle und einen Geistlichen. Eine kirchliche Erziehung ihrer Kinder wäre gesichert. Und dann ist da noch er selbst. Küsste sie ihn nicht und flüsterte in sein Ohr „mein Held", nachdem sie die Elbe überquert hatten und in Freiheit waren?

„Ja, ich will", erklärt sie.

Der Verlobte wendet sich an Mira und den Fürsten. „Ihr habt das Fürstenhaus der Tollenser und mich schändlich beleidigt. Das wird Euch teuer zu stehen kommen. Ich werde wiederkommen und Genugtuung fordern." Wütend verlässt er den Raum. Wenig später verkündet Hufgetrappel, dass er auf dem Heimweg ist.

Borislaw meldet sich zu Wort. „Der Fürst von Köpenick hat mir zwei Wochen freigegeben, keinen Tag länger. Ich muss morgen die Rückreise antreten."

„Dann sollten wir die Heirat vollziehen", antwortet Miras Onkel.

„Ohne meine Eltern?", fragt Borislaw.

„Ich schicke einen Pferdeschlitten zu deinen Eltern. Am nächsten Morgen sind sie hier."

Die Hochzeit findet nach Sonnenaufgang im Rittersaal statt. Trauzeugen sind das Fürstenpaar und Borislaws Eltern. Seine Mutter trägt ein Wollkleid mit einem Gürtel um die Hüfte und der Vater ein Wollhemd und eine Hose. In ihren braunen, grob gewebten Bauernkleidern heben sie sich von den bunten Roben des Fürstenpaares ab.

Borislaws Mutter tupft sich immer wieder die Augen. Es sind Tränen der Freude. Sie kann es kaum glauben. Ihr jüngster Sohn heiratet eine Adelige. Und was für eine, eine Schönheit.

Der Fürst fragt das Brautpaar, ob sie die Ehe eingehen und sich treu sein wollen. Mira und Borislaw beantworten die Fragen mit „Ja". Das Paar legt die Hände zusammen und der Fürst erklärt sie für verheiratet. Mira stellt sich auf die Zehenspitzen und küsst ihren Gatten auf die Wange. Bevor Borislaw reagieren kann, steht sie schon wieder mit unschuldiger Miene neben ihm.

Borislaw überreicht Mira sein Hochzeitsgeschenk, den Beutel mit dem Rosenkranz, mit der Bitte, den Beutel später zu öffnen.

„Unsere Aussteuer für Mira ist ein Reitpferd, ein Maulesel und ein Hausstand, der so groß ist, wie der Esel tragen kann. Unsere Nichte ist uns wie eine Tochter ans Herz gewachsen. Wir werden sie vermissen. Meine Frau und ich wünschen euch alles Gute in Köpenick."

Zum Abschied umarmt Borislaw seine Mutter. Dann geht

er zusammen mit Mira und Jacza über die Brücke, die von der Insel Hanfwerder an Land führt. Ihre Rückreise nach Köpenick beginnt.

Bei Sonnenuntergang führt Borislaw den Trupp in einen Wald abseits des Weges. Sie schlagen ihr Nachtlager auf. Jacza sammelt Brennholz, Borislaw macht Feuer und Mira serviert den mitgebrachten Proviant. Nach dem Essen vergräbt sich Jacza unter seinen Schaffellen und Wolldecken und fällt in den Schlaf.

Der Himmel ist sternenklar. Das Lagerfeuer knistert. Mira ist glücklich. So stellte sie sich in ihren Träumen die Hochzeitsnacht vor. Sie umarmt Borislaw und vergisst ihre Vorsätze. Sie erhebt sich, wirft ihren Mantel ab und zieht ihre Röcke und das Hemd über dem Kopf aus. Dann steht sie nackt vor ihm, mit einer Kette von roten Bernsteinen um den Hals. Entblättert sieht sie noch schöner aus, findet Borislaw.

Mira krabbelt unter die Decke und streckt ihre Arme einladend empor. Borislaw folgt ihr. Minutenlang wärmen sie sich eng umschlungen. Mira wird fordernder. Borislaw legt sich auf sie. Dann geht alles wie von selbst. Mira schreit auf, als sie ihre Jungfräulichkeit verliert. Ihr lustvolles Stöhnen beflügelt Borislaw. Ein Glücksgefühl durchströmt ihn. Alle seine Träume werden wahr. Erst nach Mitternacht legt sich Borislaw neben Mira auf den Rücken. Entspannt betrachten sie den Vollmond, bis ihnen die Augen zufallen.

Verschwommen, dann immer klarer, sieht Jacza eine bizarre Gestalt am Waldrand auftauchen. Sie bewegt sich lauernd, so als wäre sie auf der Jagd. Mal hebt sie den Kopf, als wolle sie Witterung aufnehmen, mal senkt sie ihn, als verfolge sie eine Fährte im Schnee. Dann tritt sie aus dem Wald auf eine Lichtung. Im fahlen Schein des Mondes bietet sie einen fürchterlichen Anblick. Sie ist weder Mensch noch Tier. Sie hat dünne, überlange Arme und Beine und Tatzen mit langen Krallen. Auf breiten Schultern thront ein massiger Wolfskopf mit blitzenden Reißzähnen. Die Augen reflektieren das Licht.

Grauen packt Jacza. Er bekommt eine Gänsehaut und

erkennt, dass er es mit einem Werwolf zu tun hat, der auf der Menschenjagd ist. Nur die schneebedeckte Lichtung trennt ihn von der Bestie.

Jacza möchte davonrennen. Trotz größter Willensanstrengung kann er nicht aufstehen. Wie gelähmt liegt er da. Sie hat seine Witterung aufgenommen und kommt näher. Jacza vernimmt ihr Lechzen und fühlt, wie sie mit der Schnauze gegen seine Füße stößt. Dann wird es dunkel. Sie steht über ihm. Mit den Händen verkrallt er sich in das Fell des Werwolfs und drückt ihn mit den Armen von sich. Damit will er verhindern, dass das Untier seine Kehle herausreißt.

„Wach auf, Jacza! Wir müssen weiter!", ruft jemand und rüttelt an seinen Schultern. Als er die Augen öffnet, fällt ihm ein Stein vom Herzen. Er blickt in das vertraute Gesicht von Borislaw. Jacza begreift, dass er einen Albtraum hatte.

Während Mira und Borislaw die Pferde satteln, schaut er sich seine Schlafstelle genauer an. Im Schnee entdeckt er neben seinen eigenen Fußabdrücken und denen von Mira und Borislaw eine Tierfährte. Die Abdrücke stammen von einem Lebewesen mit großen Tatzen und langen Krallen. Wolfspfoten sind kleiner und haben kurze Krallen. Jacza kommen Zweifel und er fragt sich, ob er nicht doch eine Begegnung mit einem Werwolf hatte.

5. 1137 n. Chr.: Alltag auf der Burg Köpenick

„Liebling, pass auf die Kleine auf!", ruft Mira über den Burghof Borislaw zu. Der Angerufene steht in voller Bewaffnung oben auf dem Wehrgang der Burg Köpenick. Unten sieht er seine Tochter, wie sie gut gelaunt in einer Pfütze auf und ab hüpft, dass das Wasser nur so spritzt. Borislaw hat Mira wiederholt gebeten, ihm nicht öffentlich Befehle zu erteilen. Schließlich ist er kein Kindermädchen. Er ist Ritter und hat einen Ruf zu verlieren.

Die Kleine ist das Ergebnis ihrer Hochzeitsnacht unter freiem Himmel. Das Licht der Welt erblickte sie mithilfe der Hebamme, die auch bei Jaczas Geburt half. Die Hebamme ist mittlerweile im fortgeschrittenen Alter und ihr Wunsch nach einem Dutzend Kindern erfüllte sich nicht. Bei zehn war Schluss: eine Erlösung für ihren Mann, den Burgwächter.

Vom Wehrgang hat Borislaw einen Überblick über das Innere der Burg. An der westlichen Palisade befindet sich das Fürstenhaus mit dem Rittersaal. Daran schließen sich das Haus für den Kaplan, die Scheune und die Unterkünfte für Knechte an. Im Süden liegen die Ställe für Pferde, Kühe, Schweine und das Federvieh. In Friedenszeiten geht es auf der Burg wie auf einem Bauernhof zu.

An der östlichen Palisade befinden sich Jaczas Räume mit

der Arena für den Schwertkampf, das Gebäude für Borislaws Familie, die Mannschaftsräume, die Unterkünfte der Mägde und die Küche.

Die Kapelle steht in der Mitte des Hofes hinter dem Burgtor. Südlich davon, in der Längsachse der Burg, befinden sich die beiden Ziehbrunnen.

Borislaw steigt vom Wehrgang herab und nimmt Mira in die Arme. Leicht ist das nicht. Mira ist schwanger und steht kurz vor der Geburt ihres zweiten Kindes.

„Ich habe dich mehrmals gebeten, vor unserem Haus einen Holzsteg anzulegen. Seit einer Woche regnet es. Der Burghof hat sich in einen Sumpf verwandelt. Überall stehen Pfützen. Unsere Tochter sieht wie ein Schweinchen aus, wenn sie vom Spielen kommt. Meine Wünsche sind dir egal. Du liebst mich nicht mehr!"

Borislaw weiß, dass der lehmige Boden nach längerem Regen und nach der Schneeschmelze aufweicht. Auf Hanfwerder, Miras Zuhause, gibt es Holzstege. Sie sind eine Handbreit hoch und erlauben es, den Burghof trockenen Fußes zu überqueren.

Kurz nachdem Borislaw den Steg in Auftrag gegeben hatte, meldet sich Johanna, die Fürstin, zu Wort: „So einen Steg will ich auch." Sonderwünsche hat die Obermagd. Sie wünscht sich Stege von der Küche zum Brunnen. Ihre jüngste Tochter Danika ist die unbestrittene Burgschönheit. Wenn sie mit schwingenden Hüften zum Brunnen geht, ist ihr die Aufmerksamkeit der Burgmannschaft sicher. Ihren „Laufsteg" nutzt sie bevorzugt dann, wenn Prinz Jacza in Sichtweite ist.

Borislaw liebt die Morgenwache und genießt spektakuläre Sonnenaufgänge. Sie erinnert ihn an seine Zeit auf Rethra. Spannend ist das Nachtleben auf der Burg.

Jeden Tag zwängt sich ein Fuchs durch den Spalt unter dem Burgtor und läuft schnurstracks zum Gänsestall. Dort prüft er, ob die Tür verschlossen ist, und schleicht wieder fort. Offensichtlich spekuliert dieser Fuchs auf die Vergesslichkeit der Menschen. Irgendwann wird die Tür offenstehen und er seinen großen Tag haben. Den hatte er, nur wählte er die falsche Gans. Sie war zu fett und passte nicht durch den Spalt unter dem Tor. So kamen Borislaw und Mira zu einem Gänsebraten. Der Fuchs aber ließ sich auf der Burg nicht wiedersehen.

Ein kaum vernehmbares Knarren machte Borislaw eines Morgens auf die Tür zu Jaczas Unterkunft aufmerksam. Ein Mädchenkopf mit langen Zöpfen kam zum Vorschein und sichtete die Lage. Dann öffnete sich die Tür und Danika, die Burgschönheit, trat heraus, nahm ihre Schuhe in die Hand, tippelte barfuß über den Steg und verschwand lautlos im Gesindehaus.

„Sieh an", sagte sich Borislaw, „auch adlige Jünglinge haben Gelüste." Seit er mit Mira in einem anderen Haus lebt, ist Jaczas Unterkunft sturmfrei. Es war nur eine Frage der Zeit, bis es passierte. Borislaw hatte mit über zwanzig zum ersten Mal Sex. Jacza ist erst sechzehn. „Die Zeiten ändern sich", sagt sich Borislaw. „Die heutige Jugend ist eben früher erwachsen."

Borislaw trainiert mit Jacza seit Jahren den Schwertkampf. Alle Kampfsituationen und Haue übten sie hundertfach. Stürzt einer zu Boden, kann er, wenn geübt, weiter Hiebe abwehren. Beide sind Rechtshänder. Sie üben auch den Kampf mit dem Schwert in der linken Hand. Borislaw glaubt, dass es im Fürstentum Köpenick nur wenige gibt, die es mit Jacza aufnehmen können. Sorge bereitet ihm seine fehlende Kampferfahrung. Duelle auf Leben und Tod führte er nicht. Ob er im Zweikampf bereit zum Töten ist, muss er noch beweisen.

Der Schulunterricht von Burgkaplan Jakob ist mittlerweile ein Erfolgsprojekt. Die Burgherren von Freienwalde, Storkow und Beeskow schicken ihre Söhne zur Schule nach Köpenick. Die als Schule genutzte Kapelle musste vergrößert werden. Weitere Bänke wurden aufgestellt. Borislaw und Jacza können mittlerweile Deutsch und Latein lesen und schreiben.

Höhepunkt des Unterrichts ist Jakobs Lieblingsfach Geschichte. Von seinen Reisen zum Kloster Magdeburg bringt er abgegriffene römische Schriftrollen mit, Schriften und Zeichnungen auf Papyrus. Staunend betrachten die Schüler

Abbildungen der Tempel und Pyramiden des untergegangenen Pharaonenreiches. Instinktiv vergleichen sie die gewaltigen Monumente aus Stein mit ihren bescheidenen Holz- und Lehmbauten.

Nach dem Altertum widmet sich Jakob dem antiken Griechenland. Mit Spannung lauschen die Schüler seinen Vorlesungen zu den Epen „Ilias" und „Odyssee" des Dichters Homer.

Der Trojanische Krieg um die Burgstadt Troja interessiert die Schüler besonders. Dank einer List des Helden Odysseus erobern die Griechen die Burg. Sie hinterlassen den Trojanern als Geschenk ein hölzernes Pferd, gewidmet der Göttin Athene. Die Trojaner ziehen es in ihre Festung und feiern den vermeintlichen Sieg. Im Bauch des Pferdes verbergen sich die besten Kämpfer der Griechen. In der Nacht verlassen sie ihr Versteck und öffnen die Tore für ihr Heer. Das blutige Ende Trojas ist besiegelt. Für Jacobs Schüler ist der Kampf um Troja wie gelebte Wirklichkeit in ihrer Heimat. Allgegenwärtig ist die Gefahr von Angriffen auf ihre eigenen Burgen.

Mirek lädt regelmäßig zu Besprechungen im Rittersaal ein. Diesmal hält er für Jacza eine Überraschung parat.

„Ich reise nach Schlesien und besuche meinen Freund Peter Wlast. Er ist Burggraf von Breslau. Peter hat vorgeschlagen, dass du, Jacza, seine Tochter Agatha heiratest. Ich werde mit ihm die Bedingungen der Eheschließung besprechen."

Schon mehrmals hat Mirek das Thema angesprochen. Für die Sicherung der Zukunft Köpenicks bräuchte Jacza eine Ehefrau von Rang und einen Erben, einen Sohn.

„Keiner fragt mich, ob ich Agatha heiraten will. Ich kenne sie nicht. Vielleicht ist sie ein garstiges Weib", wirft Jacza ein.

„Das spielt keine Rolle. Eine Heirat wird dir guttun. Du kommst auf andere Gedanken und kannst die Tochter der Obermagd vergessen", erwidert Mirek. Das hat gesessen. Jacza läuft rot an und erkennt, dass es in der Enge einer Burg keine Geheimnisse gibt.

„Ich denke, dass die Reise nach Breslau vier Wochen dauert.

Während meiner Abwesenheit vertritt mich Johanna. Ihr, Borislaw, seid für die Sicherheit Köpenicks verantwortlich. Treten Probleme auf, wendet Euch an die Fürstin. Drei Bewaffnete werden mich begleiten."

Nach Mireks Abreise erkundigt sich Jacza bei Jakob über die Herkunft von Peter Wlast.

„Vor langer Zeit machten sich Wikinger auf die Suche nach neuen Siedlungsgebieten mit fruchtbaren Böden. Einige erreichten über den Dnjepr das Schwarze Meer. Die Leibgarde des byzantinischen Kaisers, die Warägergarde, besteht aus Wikingern.

Die, die über die Oder nach Schlesien kamen, waren Wikinger aus Dänemark vom Geschlecht der Schwäne. Sie sind exzellente Kämpfer, treu, loyal und sehr gefragt. Einer von ihnen ist Peter Wlast mit dem Beinamen „Der Däne". Seine Karriere in Breslau verdankt er dem polnischen Herzog. Boleslaw III. Schiefmund. Peter ist ein schlesischer Magnat, ein begüterter Adliger in hoher gesellschaftlicher Funktion."

6. 1144 n. Chr.: Grenzkonflikt mit dem Reich

Dreimal schlägt die Glocke der Kapelle von Köpenick. Es ist das Signal, dass sich Bewaffnete der Burg nähern. Jacza und Borislaw eilen zum Burgtor. Durch die Bogenscharten im Tor erkennen sie, dass sich drei Reiter nähern. Der in der Mitte schwankt im Sattel. Er scheint verletzt zu sein.

„Wir sind aus Teupitz. Wir kommen in friedlicher Absicht!", rufen sie.

Jacza und Borislaw öffnen das Tor. Sie helfen dem Verletzten vom Pferd und legen ihn im Rittersaal auf den Tisch. Mirek eilt herbei und erkennt, dass der Verletzte der Burgherr von Teupitz ist. Jakob, der mittlerweile den Beinamen, „der Allwissende" hat, besitzt medizinische Kenntnisse. Er untersucht den Mann und kommt zu dem Ergebnis, dass er nicht in Lebensgefahr ist. Blutverlust durch Schnittwunden von Schwerthieben ist der Grund für seine Schwäche. Jakob reinigt und verbindet die Wunden.

Die beiden Begleiter berichten, dass sie mit dem Burgherrn auf einer Kontrollfahrt durch die Ländereien von Teupitz waren. Ihre Abwesenheit wurde für einen Umsturz genutzt. Der jüngere Bruder des Burgherrn ist mit dem Burggrafen von Lübben in der Mark Lausitz befreundet. Als sie von ihrer Tour zurückkehrten, wurden sie von dem jüngeren Bruder und sächsischen Rittern angegriffen und bis nach Zossen verfolgt.

Fürst Mirek ist klar, dass Teupitz nun seine Abgaben an Lübben entrichtet. Außerdem ist die Grenze zur Mark Lausitz nach Norden verschoben und verläuft nunmehr südlich von Zossen.

Mirek glaubt nicht, dass der Burggraf von Lübben eigenständig seinen Machtbereich erweiterte. Wahrscheinlicher ist, dass Konrad, Markgraf der Lausitz aus dem Adelsgeschlecht der Wettiner, hinter der Aktion steckt. Für Mirek verlief die Machtübernahme in Teupitz nach dem gleichen Muster wie vor über zehn Jahren in Brandenburg. Sächsische Größen umwerben den jüngeren Bruder. Wenig später ist der Ältere, der Titelträger, tot oder vertrieben, und der Jüngere der neue Herrscher.

Am nächsten Tag lädt Mirek im Rittersaal Jacza, Borislaw und den vertriebenen Burgherren von Teupitz zu einer Besprechung ein.

„Die Rückeroberung von Teupitz ist für mein Fürstentum von existenzieller Bedeutung. Gelingt das nicht, werden die Sachsen früher oder später vor Köpenick stehen. Du, Jacza, bist dreiundzwanzig. Eines Tages wirst du mein Nachfolger. Du hast die Gelegenheit, dich zu bewähren. Gewinne Teupitz zurück und bring mir den Verräter nach Köpenick. Wähle für deine Mission die besten Kämpfer von Köpenick, Freienwalde, Wriezen, Zossen, Storkow und Beeskow aus. Ihr, Borislaw, werdet Jacza dabei zur Seite stehen!", befiehlt Mirek.

„Danke, mein Fürst. Ich werde Teupitz zurückerobern und den Verräter in Ketten nach Köpenick bringen. Das verspreche ich Euch", antwortet Jacza.

„Meine Burgmannschaft in Teupitz bestand aus sechs gut trainierten Bogen- und Schwertkämpfern. Ich gehe davon aus, dass diese armen Seelen beim Umsturz von meinem Bruder und sächsischen Kämpfern getäuscht und ermordet wurden. Teupitz ist eine schwer zu erobernde Inselburg. Eine Brücke im Süden verbindet sie mit dem Land. Dort befindet sich das Burgtor. Für eine militärische Eroberung wären mehrere Dutzend Kämpfer erforderlich. Die Verluste wären hoch", wirft der geschasste Burgherr ein.

„Was wisst Ihr über den Burggrafen von Lübben?“, fragt Borislaw.

„Er ist vor Jahren vom Pferd gestürzt. Seitdem reitet er nicht mehr. Er zieht in einem Planwagen einmal pro Monat durch den Spreewald, um den Zehnt zu kassieren. Das ist praktisch, da die Bauern nicht nur mit Münzen, sondern auch mit Naturalien bezahlen. Die kann er gleich auf seinen Wagen laden.“

Den einheimischen Slawen, den Sorben, traut er nicht. Begleitet wird er von vier bis an die Zähne bewaffneten deutschen Rittern. Es sind Söldner. Sie sitzen auf Rappen, schwarzen Pferden. Allein beim Anblick der „Schwarzen Garde“ erklären sich auch die widerspenstigsten Bauern als zahlungswillig.“

Jacza, Borislaw und acht der besten Armbrustschützen treffen sich nach drei Wochen in Zossen. Die Schützen führen auf Anordnung Jaczas statt der runden Schilde der Slawen schulterhohe Normannenschilde mit sich.

„Die Sachsen haben Teupitz durch Verrat erobert, wir werden Teupitz mit List zurückgewinnen“, erklärt Jacza und ergänzt: „Nach meiner Schätzung wird der Burggraf von Lübben in der nächsten Woche seine monatliche Rundtour durch seine Grafschaft beginnen. Der Handelsweg zwischen Lübben und Teupitz, der mit Pferdewagen befahrbar ist, kreuzt den Fluss Dahme an einer Furt. Dort werden wir den Burggrafen stellen und gefangen nehmen. Auf keinen Fall darf er verletzt oder getötet werden. Er wird unsere Legitimation für den Zugang zur Burg Teupitz sein.“

Seit drei Tagen warten Jacza und seine Krieger versteckt im Wald nahe der Furt auf den Burggrafen von Lübben. Am vierten Tag meldet ihr Späher, dass sich der Burggraf nähert. Wie erwartet kommt er in einem Planwagen und wird von der „Schwarzen Garde“ begleitet. Sie sind mit Lanzen und Schwertern bewaffnet. Zwei reiten vor und zwei hinter dem Planwagen. Der Burgherr sitzt neben dem Kutscher auf dem

Bock des Gefährts.

Jacza gibt das Signal zum Angriff, als der Planwagen in der Mitte des Flusses ist. Auf die beiden führenden Ritter geht ein Pfeilhagel nieder. Nach wenigen Minuten sinken sie mehrfach getroffen von den Pferden. Ihr Blut färbt das Wasser der langsam dahinfließenden Dahme rot.

Der Graf richtet sich vom Bock auf und zieht sein Schwert. In diesem Moment drückt ihn Jacza mit der Lanze zurück auf den Sitz. Der Graf erkennt seine aussichtslose Lage und lässt sein Schwert fallen.

Die beiden Ritter hinter dem Wagen wenden ihre Pferde und wollen fliehen. Auf der Uferböschung stoppt sie eine Phalanx aus fünf Reitern – es sind Borislaws Männer. Einer der Ritter senkt seine Lanze und reitet eine Attacke gegen Borislaw. Der lenkt die Lanze mit seinem Schild ab und verletzt den Angreifer mit dem Schwert schwer. Nun gibt auch der andere auf. Das Gefecht an der Dahme ist beendet.

Vier Armbrustschützen ziehen die Kettenhemden und Waffenröcke der Söldner an, rüsten sich mit deren Waffen und besteigen ihre schwarzen Rösser. Sie sind als „Schwarze Garde" perfekt getarnt.

Kurz vor Teupitz lassen sie vier Pferde und die beiden Gefangenen zurück. Ein Schütze übernimmt ihre Bewachung.

Jacza bindet den Burggrafen und den Kutscher mit Lederriemen fest an den Bock des Wagens. Ihre Kleidung verdeckt die Fesseln. Mit dieser Maßnahme will Jacza verhindern, dass sie im entscheidenden Moment vom Wagen springen und die Tarnung verraten. Dem Kutscher befiehlt er, das Tor der Burg Teupitz anzusteuern. Jacza, Borislaw und drei Bogenschützen klettern auf den Wagen und verstecken sich unter der Plane.

„Verrät Ihr uns, ersteche ich Euch!", warnt Jacza den Burggrafen und drückt ihm die Spitze seiner Lanze in den Rücken.

Borislaw weiß, dass Jacza die Geschichte des Trojanischen Pferdes als Vorbild für seinen Plan nimmt. Odysseus lässt grüßen. Statt in einem hölzernen Pferd verstecken sich die

Krieger in einem Planwagen. Borislaw muss sich eingestehen, dass er den angehenden Fürsten von Köpenick unterschätzt hat. Aber nicht nur das, Jacza erweist sich als Spieler, der ein hohes Risiko eingeht. Es könnte sein, dass die Nachricht vom Gefecht an der Dahme die Burg Teupitz vor ihnen erreichte, oder ein verräterisches Detail lässt ihre Tarnung auffliegen. In wenigen Minuten haben sie Gewissheit. Öffnet sich das Burgtor oder bleibt es geschlossen?

Erleichtert atmet Jacza auf, als er unter der Plane das Knarren des Tores vernimmt. In Schritttempo fährt der Wagen in den Burghof. Die beiden Wächter schließen hinter ihnen das Tor und werfen neugierige Blicke unter die Plane. Das hätten sie besser nicht getan. Sie schauen auf sie gerichtete Armbrüste. Bevor sie die Situation verstehen, durchschlagen Pfeile ihre Kettenhemden und töten sie auf der Stelle.

Die drei Schützen klettern mit ihren Normannschilden aus dem Wagen und nehmen die Verteidiger auf dem Wehrgang unter Beschuss. Eine Burg ist für die Abwehr von Angriffen von außen gebaut. Die Verteidiger sind hinter der Palisade und der Brustwehr geschützt. Anders sieht es bei Angriffen aus dem Inneren der Burg aus. Die Verteidiger sind wie auf einem Präsentierteller, ohne Deckung. Ein Verteidiger nach dem anderen fällt. Ihre Pfeile hingegen prallen an den Normannenschilden der Angreifer ab. Nun verstehen Jaczas Männer, warum der Fürstensohn auf die großen Schilde bestand.

Der letzte Kämpfer auf dem Wehrgang gerät in Panik. Aus Verzweiflung springt er auf das Dach des Hühnerstalls. Der Bretterverschlag bricht zusammen und das Federvieh flattert gackernd auf den Hof. Durch das Spektakel erkennen die Mägde und Knechte den Ernst der Lage und verschwinden in ihren Quartieren.

Aus dem Fürstenhaus eilt ein Bewaffneter auf den Hof. Jaczas Männer auf den Rappen halten ihn mit Lanzen in Schach.

„Wer seid ihr?", fragt Jacza.

„Ich bin der Burggraf."

„Das wart Ihr. Ich bin Jacza von Köpenick und habe hier das Sagen. Ich mache Euch ein Angebot. Wenn Ihr mich im Zweikampf besiegt, seid Ihr frei."

Ungläubig schaut der Verräter auf den jungen Mann vor sich, zieht sein Schwert und geht in die Kampfstellung.

Borislaw ist über Jaczas Angebot entsetzt. Nur ein lebender Jacza sichert die Zukunft Köpenicks. Er erkennt, dass er eine Mitschuld an dieser riskanten Situation hat. Wiederholt hat er Jacza daran erinnert, dass er keine Kampfpraxis hatte und ein Duell auf Leben und Tod nicht führte. Nun erzwingt Jacza einen solchen Kampf. Ein Spieler ist er, der alles auf Sieg setzt. Borislaw hofft, dass sein Fechtunterricht an diesem Tag mit einem Erfolg gekrönt wird.

Der Burgherr von Teupitz startet seinen ersten Angriff. In aller Ruhe wehrt Jacza diesen und mehrere andere ab und greift dann selbst an. Der Burgherr wird unsicher. Er hat mit einem schnellen Sieg gerechnet. Er merkt, dass sein Gegner keinerlei Schwächen zeigt und seine Haue mühelos pariert. Als er einen Fehler macht, trägt er eine Schnittwunde am linken Arm davon und gleich danach einen Schnitt auf der rechten Wange. Borislaw merkt, dass Jacza nicht auf eine schnelle Entscheidung aus ist und mit seinem Gegner spielt.

Jacza erinnert sich an das Versprechen, das er seinem Vater gab: den Verräter in Ketten nach Köpenick zu bringen. Töten darf er seine Gegner nicht. Dann kommt er seinem Kontrahenten zu nahe. Der muss zurückweichen. Jacza setzt nach und sein Gegner macht einen weiteren Schritt rückwärts. Er kommt ins Straucheln und rudert mit dem linken Arm, um das Gleichgewicht zu halten. Das gelingt ihm nicht und er stürzt mit dem Schwert in der Rechten zu Boden.

Jacza könnte ihm den Todesstoß versetzen, aber er entscheidet sich anders. Er setzt seinen linken Fuß auf den rechten Arm des Gegners und drückt dem am Boden liegenden Gegner die Schwertspitze an die Gurgel. Der Unterlegene erkennt, dass er seinen Tod nur verhindern kann, wenn er sich ergibt. Er öffnet die Hand und lässt sein Schwert los. Jacza stößt es mit dem Fuß zur Seite. Der Kampf ist beendet.

Borislaw atmet erleichtert auf. Souverän setzte sein Schüler das um, was er ihm in unzähligen Fechtstunden beibrachte.

Jacza wirft einen Blick zurück auf den Hof. Ihm wird gewahr, dass sich dort während der Kämpfe ein Drama abspielte. Der Burggraf von Lübben sitzt tot auf dem Bock des Wagens. Mehrere Pfeile ragen aus seiner Brust. In der Annahme, dass auch er ein verkleideter Feind ist, wurde er zur Zielscheibe der Schützen auf dem Wehrgang. Für Jacza ist es eine Ironie des Schicksals, dass der Schurke aus Lübben, der die Burg Teupitz vereinnahmte, Opfer seiner eigenen Leute wurde. Den Kutscher verschonten sie, weil sie in dem unbewaffneten Fuhrknecht einen der ihren sahen.

Die Magd, eine gewichtige Person, eilt herbei. Sie tritt vor den Gefangenen, schaut ihm aus nächster Nähe in die Augen und spuckt ihm ins Gesicht.

„Ein Schwein bist du. Du hast meine jüngste Tochter vergewaltigt. Sie ist erst zwölf. Der Teufel soll dich holen."

„Ich nehme ihn mit nach Köpenick, dort erhält er seine gerechte Strafe", beruhigt sie Jacza. Er weiß, dass das Duzen durch die Magd die denkbar größte Beleidigung für den adligen Burggrafen ist.

Der vor Teupitz zurückgelassene Schütze bringt die Pferde und einen der Gefangenen zur Burg. Der Zweite erlag seinen Verletzungen.

Jacza wendet sich an den Gefangenen. Er ist der Letzte der Schwarzen Garde. „Du bist frei, wenn du den toten Burggrafen nach Lübben bringst."

„Für meine Freiheit mache ich es. Ihr habt meinen Herrn getötet. Lieber wäre mir, wenn ich in Eure Dienste treten könnte."

„Wir Slawen beschäftigen keine Söldner. Da seid ihr bei den Sachsen besser aufgehoben", antwortet Jacza auf die dreiste Bitte des Söldners. Außerdem will er mit der Übergabe des toten Burggrafen eine Warnung an Lübben und den Markgrafen der Lausitz senden: „Seht her, was mit demjenigen geschieht, der die Grenzen Köpenicks verletzt."

Jacza und Borislaw vernehmen den gefangenen Burgherren im Rittersaal.

„Was ist mit der Burgbesatzung deines Bruders geschehen?", fragt Jacza.

„Sie sind tot und liegen auf dem Burgfriedhof", ist die knappe Antwort.

„Habt ihr sie gemeuchelt?", will Borislaw wissen. Der Gefangene senkt den Blick und schweigt.

„Was hat Euch der Burggraf von Teupitz für Euren Verrat geboten?"

„Zehntausend Agrippiner, den Titel Burggraf und eine Burgmannschaft aus sächsischen Kämpfern."

„Wo ist das Geld?"

„Es befindet sich in der Münztruhe. Sie steht in meiner Kemenate auf dem Tisch."

Borislaw holt die Truhe. Sie ist bis zum Rand mit Silbermünzen gefüllt. Allein vom Gewicht her kann die Angabe des Verräters stimmen. Borislaw schätzt, dass die Truhe fünfzig Pfund schwer ist.

„Dafür wolltet Ihr Euren Bruder töten?", fragt Jacza.

„Er hat mich schlecht behandelt. Ja, er hat den Tod doppelt und dreifach verdient", antwortet der Burggraf hasserfüllt. Jacza muss an die Brandenburger Brüder Meinfried und Pribislaw-Heinrich denken. Auch sie waren zerstritten. Ein Glück, dass er selbst keinen Bruder hat.

Jacza beauftragt den Schmied, den gefangenen Burggrafen in Ketten zu legen und einen eisernen Käfig zu bauen. Er will ein Exempel statuieren. In dem Käfig soll der Burggraf auf einem Pferdekarren nach Köpenick gebracht werden.

Am Abend lädt Jacza die Armbrustschützen und Borislaw zum Essen im Rittersaal ein. Die Magd serviert Brathähnchen mit Bier. Sie feiern ihren Sieg. Jacza ordnet an, dass Borislaw als stellvertretender Burgherr zusammen mit den Schützen in Teupitz bleibt, bis der verletzte Burgherr aus Köpenick zurückkehrt und das Kommando über seine Burg übernimmt.

Den Schützen gibt Jacza die Kriegsbeute als Prämie. Sie besteht aus dem Planwagen mit Zugpferden, vier Rappen mit

Sattel und Zaumzeug und vier Rüstungen mit Schwertern und Lanzen. Das Bestechungsgeld des Burggrafen von Lübben in der Münztruhe vereinnahmt Jacza stillschweigend für sich. Zehntausend Agrippiner stellen eine erhebliche Vergrößerung des Vermögens von Köpenick dar.

Am nächsten Morgen wird der Burggraf für die Reise nach Köpenick in den Käfig auf den Pferdekarren gesperrt. Einer der Schützen lenkt den Karren und Jacza reitet vorneweg. Angekettet, barfuß und mit einem Büßerhemd aus Leinen bekleidet, gibt der Gefangene ein jämmerliches Bild ab. Alle sollen sehen, was Verrätern blüht.

Wieder zu Hause tritt Jacza vor seinen Vater: „Wie versprochen bringe ich Euch den Verräter in Ketten. Teupitz gehört wieder Euch. Außerdem habe ich eine Kriegsbeute von zehntausend Agrippinern. Es ist das Bestechungsgeld, das die Sachsen dem Verräter zahlten."

„Ich danke dir, Jacza, dass du das Problem Teupitz ohne eigene Verluste elegant gelöst hast. Deine Mutter und ich denken darüber nach, wann wir den Fürstentitel an dich abgeben."

Mirek hat die Gerichtshoheit in seinem Herrschaftsbereich und ist oberster Richter. Er ordnet an, dass noch am selben Tag der Fall Teupitz verhandelt wird. Unter dem Poltern der Ketten auf dem Holzboden führt Jacza den Gefangenen in den Rittersaal. Anwesend sind neben Mirek der Kaplan Jakob sowie der genesene Burgherr von Teupitz und Jacza.

„Bekennt Ihr Euch schuldig, den Umsturz in Teupitz durchgeführt, die Burgwächter ermordet und die Tochter der Magd vergewaltigt zu haben?", fragt Jacza den Gefangenen.

„Für den Umsturz bekenne ich mich schuldig. Ja, ich habe auch gemordet. Zusammen mit den Sachsen haben wir die Burgmannschaft im Schlaf erstochen. Die Tochter der Magd wollte den Sex. Ich habe sie nicht vergewaltigt", erklärt der Angeklagte.

Mirek weiß, dass der Vorwurf der Vergewaltigung nicht haltbar ist. Sex mit einer Zwölfjährigen ist keine Besonderheit.

In diesem Alter gelten Mädchen als heiratsfähig. Außerdem gibt es in der Regel für diese Taten keine Zeugen. Das Eingeständnis der Schuld des Angeklagten zum Umsturz und zu den Morden genügt Mirek.

„Ich verurteile Euch wegen Hochverrats zum Tode."

„Tod durch Verbrennen", fordert der Bruder des Angeklagten, „einen ehrenvollen Tod hat der Schurke nicht verdient." Mit der Vernichtung seines Körpers möchte er ausschließen, dass der tote Bruder als Wiedergänger an ihm Rache übt.

„Verbrennen kommt nicht in Betracht. Der Verurteilte ist kein Hexer. Wir haben nur die Wahl zwischen Enthaupten oder Hängen", stellt Mirek fest.

Kaum ist das Wort ‚Hängen' gefallen, fällt der Angeklagte unter dem Rasseln seiner Ketten vor Mirek auf die Knie: „Habt Erbarmen, mein Herr. Ich bitte Euch, hängt mich nicht. Ich habe Anspruch auf einen ehrenvollen Tod. Schlagt mir den Kopf ab."

Hängen gilt als unehrenhafte Strafe für Verurteilte von niederem Stand. Anders sieht es bei der Enthauptung aus. Sie gilt als ehrenhaft und wird bei der Verurteilung von Adligen und Personen von hohem Rang angewendet.

„Der Angeklagte gehört zum Adel. Wir haben keine Wahl. Wir können ihn nur enthaupten", wirft Jakob ein.

„Einverstanden, Ihr werdet enthauptet." Der Angeklagte atmet erleichtert auf, klammert sich an Mireks Beine und wiederholt: „Danke, danke ..."

Todesstrafen sind in Köpenick selten. Meist lautet das Urteil: Tod durch Erhängen. Diese Art der Hinrichtungen erfolgt auf der Richtstätte außerhalb der Stadt. Sie liegt an der Abzweigung der Via Vetus nach Wriezen vom Handelsweg nach Lebus. Dort steht eine alte Eiche mit einem Ast in der richtigen Höhe und Stärke. Der Ast wird als Galgen benutzt. Für die Bevölkerung ist die Eiche der „Galgenbaum". Die Hingerichteten werden an Ort und Stelle verscharrt.

Die Enthauptung nimmt als Methode der „blutigen Hand"

eine Sonderstellung ein. In der Regel haben die Delinquenten eine hohe gesellschaftliche Stellung. Ihre Hinrichtung findet in der Stadt auf einem Podest, dem Schafott, statt.

Vom Scharfrichter wird höchstes handwerkliches Können verlangt. Der Kopf des Verurteilten sollte beim ersten Hieb rollen. Sind mehrere Versuche nötig und die Vorstellung endet in einem Blutbad, kann es zu einem Aufruhr unter den Zuschauern kommen. Im schlimmsten Fall wird der Scharfrichter gleich mit erschlagen.

Jacza hat für eine ordentliche Vollstreckung der Strafe zu sorgen. Der Abdecker der Stadt ist nebenberuflich Scharfrichter und Henker. Im gesellschaftlichen Ansehen steht er ganz unten. Jeder in der Stadt kennt ihn. Jacza besucht ihn in seiner Hütte neben der des Gerbers am Ufer der Dahme. Er ist ein Riese und verbreitet einen entsetzlichen Gestank. Er erzählt, dass seine Familie seit Generationen Henker und Scharfrichter stellt. Die Söhne lernen das Handwerk von ihren Vätern. Er selbst hat viele Aufträge auch in Polen abgearbeitet.

Jacza bittet ihn um eine Demonstration seines Könnens. Der Abdecker befiehlt seinem Sohn, ebenfalls ein Mordskerl, den Kadaver eines Lammes an den Beinen hochzuhalten. Der Scharfrichter holt sein Richtschwert - ein Zweihänder, doppelt so schwer wie eine normale Langwaffe. Es ist vorn abgerundet und hat eine zweischneidige Klinge. Einen Moment lang konzentriert er sich auf das Ziel, holt weit aus und schlägt mit einem sauberen Schnitt den Kopf des Kadavers ab. Jacza ist beeindruckt.

„Du hast den Auftrag. In drei Tagen findet die Enthauptung auf dem Marktplatz statt. Wie viel verlangst du?"

„Hundert Pfennige. Das Blutgeld zahlt die Familie des Verurteilten."

„Diesmal ist das anders. Ich bezahle dich, aber erst, wenn du deine Arbeit zu meiner Zufriedenheit erledigt hast."

Die Nachricht, dass am nächsten Markttag eine Hinrichtung in Köpenick stattfindet, verbreitet sich wie ein Lauffeuer. Keiner will das Spektakel verpassen. Schon früh am Morgen passieren

Dutzende von Ochsen- und Pferdekarren die Brücken über Spree und Dahme. Einige bringen ihre Familie, darunter Kinder, mit.

Die Gespanne gruppieren sich um das Schafott. Die Kinder bleiben auf den Karren stehen, um freie Sicht über die Köpfe der Erwachsenen hinweg zu haben. Der Bäcker geht mit einem Bauchladen durch die Reihen und bietet Krapfen und Brezeln an. Kinder streiten um die besten Stücke. Einige der Jungs haben ihre Holzschwerter dabei. Ein Mädchen kreischt wie verrückt: „Mama, mein Bruder will mich köpfen." Eine Maulschelle des Vaters beendet den Streit und der Übeltäter landet auf dem Boden. Das Schlagen von Kindern gehört zum Alltag. Jacza hat es am eigenen Leib erfahren.

Die Spannung steigt, als das Burgtor geöffnet wird und eine Prozession Kurs auf den Richtplatz nimmt. An der Spitze reiten Fürst Mirek, Jacza und der Burgherr von Teupitz. Ihm folgt der Pferdekarren mit dem Verurteilten im Käfig. Vier Burgwächter flankieren den Wagen. Den Schluss der Prozession bildet der Scharfrichter mit seinem Gehilfen.

Am Marktplatz angekommen stellen sich Mirek, Jacza und der Burgherr von Teupitz auf das Schafott. Die Burgwächter, bewaffnet mit Schilden und Lanzen, drängen die Zuschauer zurück. Der Scharfrichter löst die Ketten des Gefangenen, bindet ihm die Hände auf dem Rücken und führt ihn die Stufen hinauf auf das Podest.

Mirek wendet sich an die Versammelten. „Bürger von Köpenick. Der Verurteilte hat den Burgherrn von Teupitz, seinen eigenen Bruder, verraten, die Burgmannschaft ermordet und die Burg in die Hände der Sachsen gegeben. Er ist geständig. Ich habe ihn wegen Hochverrats zum Tode durch das Schwert verurteilt."

Es ist eine von Mireks kurzen Reden. Ein verhaltenes Brummen ist aus den Reihen der Zuschauer zu hören. Ob es Zustimmung oder Ablehnung bedeutet, kann nicht gesagt werden.

Mirek gibt dem Scharfrichter ein Zeichen. Der beginnt mit der Hinrichtung. Er drückt den Verurteilten auf die Knie. Sein

Gehilfe hält mit ausgestrecktem Arm den Kopf des Delinquenten an den Haaren hoch, sodass der Hals frei liegt.

Der Lärm auf dem Marktplatz verebbt. Es wird still. Mütter halten die Hände vor den Augen ihrer Kinder. Der Scharfrichter tritt zurück, hebt mit beiden Händen das Schwert über die rechte Schulter und verharrt einen Moment in dieser Position. Dann führt er einen gewaltigen Schlag aus. Blut spritzt aus dem Hals des kopflosen Delinquenten, bevor er vornüber auf das Schafott kippt. Der Gehilfe hält den abgetrennten Kopf den Zuschauern entgegen. Ein Stöhnen geht durch die Reihen.

Der Scharfrichter und sein Gehilfe transportieren die sterblichen Überreste des Hingerichteten mit dem Pferdekarren über die Spreebrücke zur Richtstätte an der Via Vetus außerhalb der Stadt. Jacza und der Burgherr von Teupitz folgen dem Karren. Eine Grube ist bereits ausgehoben.

Sie legen den Torso des Toten mit der Brust nach unten in die Grube. Den Kopf platzieren sie mit dem Gesicht nach unten zwischen seinen Beinen und beschweren den Toten mit Feldsteinen. Dann schließen sie das Grab.

Der abergläubische Burgherr von Teupitz will mit dieser Art der Bestattung sicherstellen, dass sein Bruder unter der Last der Steine nicht als Untoter aus dem Grab steigt, um ihm als Wiedergänger Angst und Schrecken einzujagen. Jacza entlohnt den Scharfrichter und gibt ihm in einem Lederbeutel die vereinbarten hundert Pfennige.

Zwei Tage später bitten Mirek und Johanna Jacza und Jakob in den Rittersaal. Jacza ahnt, dass eine wichtige Entscheidung fällt.

„Jacza, Ihr habt Eure Bewährungsprobe in Teupitz bestanden. Ihr seid der neue Fürst von Köpenick. Haltet das Fürstentum zusammen und kämpft für die Unabhängigkeit vom Reich. Nur dann seid Ihr Herr im eigenen Haus. Vergesst nicht, dass Ihr Slawe seid, hier geboren und mit Spreewasser getauft. Bewahrt unsere Sitten und Gebräuche!

Als Zeichen der Machtübergabe gebe ich Euch mein Schwert. Ich habe es von meinem Vater." Mirek steht auf, schnallt sein Schwert mit der rot-schwarz-goldenen Scheide ab und legt es Jacza in die Hände.

Das war eine typische Ansage seines Vaters; Kürzer geht's nicht. Zum ersten Mal siezt Mirek seinen Sohn. Für Jacza kommt der Wechsel in der Führung des Fürstentums früh. Er ist erst dreiundzwanzig Jahre alt.

„Ich danke Euch, mein Fürst, für das Vertrauen, das Ihr in mich setzt. Ich werde Euch nicht enttäuschen", verspricht Jacza.

„Eure staatsmännische Eignung könnt Ihr in Kürze beweisen. Peter Wlast reist im Dezember nach Magdeburg zum Hoftag von König Konrad III. Köpenick liegt auf seinem Weg. Er wird eine Nacht auf unserer Burg verbringen. Peter aus dem Geschlecht der Schwäne gilt als einer der wohlhabenden Männer Schlesiens. Er ist Komfort gewohnt. Biete ihm das Beste, was wir haben. Der Besuch ist eine Gelegenheit, Euren zukünftigen Schwiegervater kennenzulernen und die Hochzeit mit Agatha zu planen. Sie ist eine Schönheit. Du wirst von ihr begeistert sein. Sie erbt Ländereien in Miechów, nördlich von Krakau und anderswo. Im nächsten Jahr wird sie sechzehn."

Was Agathas Schönheit betrifft, vertraut Jacza ganz dem Urteil des Vaters. Schließlich ist seine Frau Johanna attraktiv.

„Was sucht Peter in Magdeburg?", fragt Jacza nach der Sitzung den Kaplan Jakob.

„Alte Knochen. Reliquien des vor über achthundert Jahren verstorbenen Heiligen Vincenz von Chieti. Peter will die Reliquien vom Magdeburger Erzbischof für sein Vincenzkloster in Breslau erwerben."

„Haben die Polen keine anderen Sorgen, als alte Knochen zu kaufen?", fragt Jacza.

„Der christliche Glaube hat dort eine hohe gesellschaftliche Bedeutung. Die Christianisierung Polens begann früher als bei den Elbslawen. Schon vor hundertachtzig Jahren ließ sich der Herzog von Polen taufen. Peter Wlast ist ein bedeutender Stifter von Kirchen und Klöstern. Bei uns hängen noch viele Sprewanen und Heveller am alten Glauben und verehren heimlich den dreiköpfigen Gott Triglaw auf dem Harlungerberg."

„Warum wünscht sich Peter Wlast einen kleinen Slawenfürsten wie mich fern von Schlesien als Schwiegersohn?", will Jacza von Jakob wissen.

„Er scheint ein Faible für Euch zu haben. Das muss einen familiären Grund haben. Zugewanderte Clans wie die der Schwäne halten zusammen und unterstützen einander. Deshalb gehe ich davon aus, dass Ihr ein Verwandter von Peter Wlast aus dem Geschlecht der Schwäne seid. Über Peters Vater, Wlaz Duninig, und dessen Frau ist wenig bekannt – vielleicht hatte er Geschwister. Euer Vater könnte ein Kind von ihnen sein und damit ein Vetter von Peter."

Jacza fällt ein, dass sein Vater nie über seine Herkunft sprach. Mirek, ein Wikinger an der Spree. Warum nicht?

Jakob fährt fort: „Es gibt noch einen anderen Grund für das polnische Interesse an Köpenick. Ihr seid Nachbarn. Euer Fürstentum grenzt an das zu Polen gehörende Land Lebus und bildet einen Puffer zum übermächtigen Heiligen Römischen Reich. Die polnischen Herzöge haben ein Interesse an einem starken und unabhängigen Verbündeten in Köpenick."

„Woher hast du dieses Wissen?", fragt Jacza.

„Die Erzbistümer von Magdeburg und Breslau tauschen sich aus. Die Kirche ist der Wissensträger unserer Zeit."

Am Abend schaut sich Jacza das Schwert seines Vaters genauer an. Als er es aus der Scheide zieht, fällt ihm die Inschrift +VLBERH+T auf der Klinge auf. Er weiß, dass das V früher für ein U stand. Der allwissende Jakob weiß Genaueres. „Ulfberht-Schwerter waren die Lieblingswaffen der Wikinger. Sie sind von hoher Qualität und geschmiedet aus einem geheimnisvollen Tiegelstahl. Dass Euer Vater ein solches Schwert besaß, unterstreicht die These, dass er ein Wikinger war. Das Schwert kann ein Beutestück mit einer blutigen Geschichte sein. Freiwillig gab kein Wikinger sein Schwert her. Nur mutige, im Kampf gefallene Krieger mit der Waffe in der Hand kommen ins Walhalla, glaubten sie."

Im Dezember fällt der erste Schnee. Kurz vor Weihnachten trifft Peter Wlast mit seinem Gefolge in Köpenick ein. Jacza hat alles für ihren Empfang vorbereitet. Peter kommt mit seinem Diener im Fürstenhaus unter und seine fünf bewaffneten Begleiter übernachten im Rittersaal. Gleich nach ihrer Ankunft wird das Abendessen aufgetragen. Der Trupp will am nächsten Morgen nach Magdeburg weiterreisen.

Jacza schätzt das Alter von Peter Wlast auf über sechzig. Er muss bei bester Gesundheit sein. Seit einer Woche sitzt er im Sattel. Nobel sieht er aus. Er trägt einen Mantel aus Zobelfell und eine russische Mütze aus Biberfell mit Ohrenklappen. Seine lammfellgefütterten Winterreitstiefel sind von bester Handwerkskunst. Jacza findet, dass Peters Gesichtszüge eine Ähnlichkeit mit denen seines Vaters haben.

„Ich danke Euch, Jacza, für die Gastfreundschaft. Ihr wisst, dass ich in Magdeburg Reliquien für mein Vincenzstift in Breslau erwerbe. Der Gedenktag für Vincentius von Chieti ist der 6. Juni. An diesem Tag könnte auch Eure Hochzeit mit meiner Tochter Agatha stattfinden", erklärt Peter Wlast.

„Einverstanden, ich werde Anfang Juni in Breslau sein. Ich freue mich auf die Hochzeit", erwidert Jacza.

„Und ich mich aufs Bett." Damit verabschiedet sich Peter Wlast.

7. 1145 n. Chr.: Jacza heiratet eine reiche polnische Noble

Der Zahn der Zeit hat die Burg Köpenick in Mitleidenschaft gezogen. Der Burgwall hat sich gesenkt und die Palisade steht schief. Jacza weiß, dass sich die Sicherheitslage Köpenicks verschlechtert hat. Seine Informantin in Brandenburg, die Witwe Cythava, berichtet, dass Pribislaw-Heinrich mit dem Askanier Albrecht dem Bären einen Erbvertrag abgeschlossen haben soll. Der Erzfeind Albrecht als Herr von Brandenburg wäre eine Bedrohung für Köpenick im Westen.

Im Süden sind es die Wettiner der Mark Lausitz, die ihren Machtbereich nach Norden ausdehnen wollen. Der Fall Teupitz ist eine Warnung. Seit Jahren plant das Reich einen Wendenkreuzzug.

Jacza beschließt, den Burgwall und die Außenpalisade zu erneuern, um gegen Angriffe besser gewappnet zu sein. Das bedeutet Monate harter Arbeit. Einen Teil der Baukosten deckt er mit der Kriegsbeute aus Teupitz ab.

Jacza verpflichtet die Burgherren des Fürstentums, als Frondienst Männer für die Baustelle Köpenick abzustellen. Sie tragen mit Hacke und Schaufel den alten Burgwall ab und legen einen neuen an. Fachleute wie Zimmerer und Schmiede für den Bau der Burg rekrutiert er in Köpenick.

Die Bäume für die Burg werden in den Wäldern beiderseits der Dahme gefällt und über den Fluss stromabwärts nach Köpenick geflößt. Dort ziehen Ochsengespanne die Langhölzer aus dem Wasser und schleppen sie zur Baustelle.

Der alte Burgwall wird Stück für Stück abgetragen. Er besteht aus einer Holz-Erde-Konstruktion. Die Hölzer der untersten Schicht sind verkohlt. Eine ältere Burg an dieser Stelle brannte in grauer Vorzeit ab.

Der Historiker und Burgkaplan Jakob hat eine Vermutung. Ein Feuer könnte die Festung bei der Eroberung des Slawengebietes östlich der Elbe durch Otto den Großen und der Befreiung desselben Gebietes während des Slawenaufstandes im zehnten Jahrhundert in Schutt und Asche gelegt haben.

Für den neuen Burgwall wird die Erde des Alten wiederverwendet, nur die Hölzer der Kastenkonstruktion werden erneuert. Der Burgwall erhöht nicht nur den Schutz der Burg, sondern ist auch das Fundament für die neue Palisade.

Die Baustelle ist eine organisatorische Herausforderung. Für das Zuschneiden hunderter Baumstämme fertigen Schmiede Sägeblätter an und schärfen sie nach. Sie produzieren eine Unzahl von Nägeln und Klammern. Die Zimmerleute benötigen sie für den Bau der Palisade, der Wehrtürme, des Wehrganges, der Brustwehr und des Burgtores. Köhler vom Teltow verlagern ihre Meiler nach Köpenick, verkohlen auch das Altholz und versorgen die Schmieden mit Holzkohle. Die Burgküche kommt mit der Verpflegung der Arbeiter an ihre Grenze. Einmal in der Woche wird ein Ochse geschlachtet und Bier in großen Mengen gebraut. Für gute Stimmung auf der Baustelle sorgt die Tochter der Obermagd, die Burgschönheit, wenn sie Bier ausschenkt.

Borislaw weiß aus eigener Erfahrung, dass Brandpfeile die größte Gefahr für Holzburgen sind. Die Tempelburg Rethra wurde Opfer von Feuer. Er legt Wert darauf, dass als Brandschutz die Außenseite der Palisade so weit wie möglich mit Lehm verputzt wird.

Ende Mai macht sich Jacza nach Breslau auf, um die Ehe mit Agatha einzugehen. Er hat sie noch nie gesehen und ist gespannt, ob sie auch wirklich eine Schönheit ist. Drei Bewaffnete begleiten ihn.

Jacza folgt dem Handelsweg Richtung Posen, passiert Fürstenwalde und macht den ersten Halt in der Burgstadt Lebus. Anders als viele der Inselburgen der Elbslawen liegt diese Burg auf einem Berg am linken Ufer der Oder. Sie ist eine Höhenburg. Das Land Lebus zwischen Spree und Oder gehört zu Polen. Herzog Boleslaw Schiefmund gründete hier das gleichnamige Bistum. Er entstammt der Herrscherdynastie der Piasten, die Könige und Herzöge in Polen stellten. Ihr legendärer Stammvater ist Fürst Piast.

Von der Burg hat Jacza einen herrlichen Blick über das Odertal. Zahlreiche Reiter und Pferdewagen passieren die Furt. Einige Reisende trauen sich, den schnell fließenden Fluss zu durchwaten. Jacza erinnert dieser Ort an Wriezen. Er liegt ebenfalls am Rand der Tiefebene des Oderbruchs und erwirtschaftet seinen Wohlstand aus dem Fischreichtum und den Einnahmen für die Passage über die Oder.

Der Burggraf von Lebus freut sich über den Besuch seines Nachbarn von der Spree. Er lädt Jacza, seine Begleiter und den Bischof Bernhard zum Abendessen ein. Mit am Tisch sitzen die Frau und die Tochter des Burggrafen.

„Was führt Euch zu uns?", fragt der Burggraf.

„Ich bin auf dem Weg nach Breslau, um die Tochter von Peter Wlast zu heiraten."

„Peter Wlast ist ein berühmter Mann. Jeder hier kennt den Burggrafen von Breslau. Er ist die rechte Hand des Seniorherzogs Wladislaw II., Sohn des verstorbenen Boleslaw Schiefmund. Peters Tochter Agatha ist eine viel umworbene Heiratskandidatin. Wie habt Ihr das Herz Agathas erobert?", fragt die Gräfin.

„Dazu hatte ich keine Gelegenheit. Es wird eine von beiden Familien arrangierte Ehe sein."

„Sobald Ihr den Segen Gottes habt, kommt die Liebe von allein", behauptet der Bischof und fährt fort: „Ihr seid in

Köpenick christianisiert, ein Bistum aber habt Ihr nicht?"

„Wir haben einen Kaplan und eine Kapelle auf unserer Festung. Das genügt uns. Im Westen von uns gibt es seit Kaiser Ottos Zeiten das Bistum Brandenburg. Der sächsische Bischof wollte nicht nur die Seelen der Leute, sondern auch ihr Geld. Die Heveller haben ihn verjagt. Die Nachfolger hocken im Erzbistum Magdeburg und warten auf die erstbeste Gelegenheit, nach Brandenburg zurückzukehren. Das Bistum mit seinen profanen Expansionsgelüsten ist auch eine Bedrohung für mein Fürstentum."

Der übergewichtige Bernhard macht ein entsetztes Gesicht wegen Jaczas harscher Antwort. In diesem Moment wird das Essen aufgetragen. Ein angenehmer Geruch von gebratenem Aal verbreitet sich. Weißwein wird serviert. Bernhards Interesse konzentriert sich nun ganz auf die Köstlichkeiten auf dem Tisch.

Am nächsten Morgen überqueren Borislaw und seine Begleiter die Oder. Nach drei Tagen nähern sie sich Breslau, Schlesiens Hauptstadt. Der Verkehr nimmt zu. Mehr und mehr Reiter, Pferdewagen und Ochsenkarren kommen ihnen entgegen. Wie Lebus verdankt auch diese Stadt ihr Dasein einer Furt über die Oder. Ostwest- und nordsüd verlaufende Handelswege, wie die Via Regia, die Königliche Straße vom Rhein nach Schlesien, und die Bernsteinstraße von Danzig nach Venedig, kreuzen sich hier. Als sie die Furt erreichen, fragt Jacza den Kutscher eines Ochsenkarrens: „Wer ist Herr dieser Furt?"

„Peter Wlast, wer denn sonst?" Die Furt ist mit einer Holzbrücke überbaut. Man kann den Fluss trockenen Fußes überqueren.

„Wer hat diese wunderschöne Brücke gebaut?", fragt Jacza.

„Peter Wlast, wer denn sonst?", erklärt der Kutscher und fragt: „Wohin wollt Ihr?"

„Auf die Burginsel."

„Das trifft sich gut, dort fahre ich auch hin. Die Brücke führt uns auf die Sandinsel, die wie ein Trittstein in der Mitte der Oder liegt. Rechts von ihr befindet sich die Burginsel mit der Burgstadt Breslau."

Über eine Brücke kommen sie in die Stadt und passieren eine Handwerkersiedlung und ein Kloster.

„Wie heißt dieses Kloster?"

„Vinzenzkloster", antwortet der Kutscher.

Diesmal fragt Jacza nicht, wer es baute. Er kann es sich denken: Peter Wlast, wer denn sonst. Schließlich erreichen sie den Marktplatz.

„Hier ist für mich Endstation. Morgen beginnt hier ein Wochenmarkt. In zwei Tagen findet ein Kirchenfest statt. Peter Wlast bringt die Reliquien des Heiligen Vinzenz in das Kloster ein. Ich habe einen Verkaufsstand für Andachtswaren wie Kreuze, Kruzifixe, Rosenkränze, Kerzen und Heiligenfiguren. Ich würde mich freuen, wenn Ihr mich besucht. Weiter rechts von Euch seht Ihr die Kirche St. Michael auf dem Elbing und dahinter den Sitz des Bischofs. Zur Festung Breslau müsst Ihr Euch links halten."

„Ich danke dir für die Hilfe und wünsche dir Erfolg beim Verkauf deiner Ware." Damit verabschiedet sich Jacza vom Kutscher.

Die Burg, das Zuhause des Kastellans Peter Wlast, liegt im nördlichen Teil der Insel. Jacza schätzt, dass tausend Leute in der Burgstadt leben, doppelt so viele wie in seinem heimatlichen Köpenick. Die Torwächter nehmen ihnen die Waffen ab und führen sie in den Empfangsraum. Nobel sieht es hier aus. Der Raum hat mit Pergament bespannte Fenster und ist hell. Die Wände sind mit Holz getäfelt und mit technischen Zeichnungen bemalt. Es handelt sich um sakrale Motive wie Ansichten und Grundrisse von Kirchen und Detailzeichnungen von Rundbögen. Die Bilder sehen aus, als wären sie Entwürfe eines Baumeisters für einen Stifter von Kirchen.

Peter Wlast empfängt seine Gäste aus Köpenick mit großer Herzlichkeit. Jaczas Begleiter werden in die Unterkunft der Burgmannschaft geführt. Er selbst erhält eine Kemenate im Fürstenhaus. Peter bittet Jacza in den Speisesaal. Bedienstete tragen Essen auf. Ein Mundschenk mit einer Weinkaraffe in den Händen und einer Serviette über dem Arm füllt Gläser nach.

Am Ende des Tisches sitzt eine junge Frau. Jacza schätzt sie auf sechzehn. Sie muss Agatha sein. Sie erhebt sich, macht einen Knicks und hält ihm die rechte Hand entgegen. Jacza verbeugt sich und küsst die Hand. Die junge Dame errötet. Das lehrte ihn Jakob mit den Worten: „Wenn Ihr einer Frau eine Liebeserklärung machen wollt, dann deutet den Handkuss nicht nur an, sondern küsst die Hand wirklich."

„Ich bin Agatha, Tochter des Grafen. Hattet Ihr eine angenehme Reise?"

„Ich bin Jacza, Fürst von Köpenick." Hier unterbricht ihn Peter und beantwortet die Frage an seiner Stelle. „Ja, er hatte eine angenehme Reise. In Lebus stieß er sogar mit dem Bischof an."

Jacza ist das Wissen seines zukünftigen Schwiegervaters unheimlich. Woher weiß er das und wie erreichte ihn diese Nachricht so schnell? Peter Wlast muss der bestinformierte Mann in Breslau sein.

Agatha trägt ein bodenlanges Kleid und darüber eine gelbe Tunika. Ein goldenes Schapel mit einem durchbrochenen Blütenmuster hält ihr dunkelblondes Haar zusammen. Eine Schönheit ist sie, wie es Jaczas Vater versprochen hat. Jacza ist erleichtert. Er bemerkt, dass sie ihn prüfend mustert. Gern wüsste er, ob er ihrer Vorstellung genügt.

Nach dem Essen bittet Agatha: „Gestatten Sie mir, Fürst von Köpenick, Ihnen morgen unsere Festung Breslau zu zeigen. Bei dieser Gelegenheit könntet Ihr mir mein zukünftiges Zuhause an der Spree schildern." Jacza fällt ein Stein vom Herzen. Mit ihrer Frage macht sie klar, dass er ihre Prüfung bestanden hat und sie bereit ist, mit ihm nach Köpenick zu ziehen.

„Selbstverständlich interessiert mich das auch. Ich rüste gerade meine eigene Festung auf. Ich freue mich auf die Besichtigung."

Mit der Ehe erhält Jacza Güter fern seiner Heimat bei

Miechów nahe Krakau. Er fragt sich, was Agatha oder ihr Vater als Gegenleistung erhalten. Güter jedenfalls nicht. Dafür aber das Versprechen, sich politisch gegenseitig beizustehen. Schließlich sind Köpenick und Polen Nachbarn. Vielleicht können ihn die Polen eines Tages im Kampf mit Albrecht dem Bären um Brandenburg unterstützen.

Die Piastenfürsten leiden unter der Lehnshoheit des Reiches, besonders unter der damit verbundenen Heerfolge. Wann immer ein deutscher König oder Kaiser es beliebt, in den Krieg zu ziehen, müssen sie mitziehen. Im Gegensatz zu ihnen ist Jacza vom Reich unabhängig. Dafür bewundern ihn die polnischen Herzöge.

Am nächsten Morgen erscheint Agatha ganz in Leder gekleidet. Sie trägt einen Dolch am Gürtel. Eine Amazone hat Jacza nicht erwartet und so richtig gefährlich sieht die zierliche Person nicht aus. Seinen fragenden Blick beantwortet sie: „Mein Vater wünscht sich eine wehrhafte Tochter. Regelmäßig werde ich für den Gebrauch dieser Stichwaffe geschult."

Sie beginnt den Rundgang am Festungstor im Süden der Burg. Der Torbogen ist aus Backsteinen. Palisaden, Wehrgänge, Unterkünfte und Ställe sind aus Holz gebaut. Ein halbes Dutzend Bewaffneter gehen Wache. Für Jacza ähnelt die Festung der Burg Köpenick. Beides sind Inselburgen. Nur die in Breslau ist deutlich größer und könnte im Kriegsfall allen Bewohnern der Burgstadt Schutz bieten.

In der Mitte der Festung, unweit der Burgkapelle, steht ein düsteres Gebäude aus behauenen Feldsteinen. Es ist ein Kerker mit vergitterten Fenstern und einer eisenbeschlagenen Tür. Agatha klopft an. Ein Augenpaar mustert sie durch ein Sichtfenster. Sie tritt zurück und zeigt sich. Ein riesiger Wächter, ein Koloss mit einer Lederschürze und einem Schlüsselbund am Gürtel, öffnet die Tür. Er macht einen Diener vor der Tochter des Grafen.

Im Eingangsbereich des Kerkers befindet sich eine Feuerstelle mit glühender Kohle. Am Rauchabzug hängen geschmiedete Marterinstrumente. An den Wänden und steinernen Bänken sind Ketten mit eisernen Hand- und

Fußschellen verankert. Im hinteren Teil des Gebäudes befinden sich Verliese mit Gefangenen.

Kaum haben sie den Kerker verlassen, sprudelt es aus Agatha heraus: „Das ist nicht nur ein Kerker, sondern auch eine Folterkammer. Ein schrecklicher Ort. Er macht mir Angst. Unter Boleslaw Schiefmund war ein gewisser Skarbimir Graf von Breslau. Der zettelte einen Umsturz an, unterlag und wurde wegen Hochverrats geblendet. Mein Vater ist sein Nachfolger."

„Was hat das mit dem Kerker zu tun?", fragt Jacza.

„Vor sieben Jahren starb Herzog Boleslaw Schiefmund. Er und mein Vater waren beste Freunde. In seinem Testament teilte Boleslaw das Piastenreich unter seinen Söhnen auf und verfügte, dass der jeweils Älteste der Seniorherzog von Polen wird. Der ist Wladislaw II. Er hat den Bau des Kerkers veranlasst. Nun sorge ich mich um die Sicherheit meines Vaters."

„Habt Ihr dafür Gründe?", fragt Jacza.

„Das Verhältnis von Wladislaw II. zu meinem Vater ist schlecht. Er ist eifersüchtig auf Peters Beliebtheit bei der Kirche, beim Volk und beim Adel. Er hat Streit mit seinen jüngeren Brüdern Boleslaw IV. Kraushaar und Mieszko III. Sollten die mitregierenden Juniorherzöge seinen Sturz wagen, könnte mein Vater in die Rebellion hineingezogen werden und wegen Hochverrat die gleiche Strafe erleiden wie Skarbimir. Eine Folterkammer gibt es schon."

Sie verlassen den Kerker und Agatha schlägt den Weg zum Markt ein. „Wie sieht es bei Euch in Köpenick aus?"

„Einen Kerker haben wir nicht und die Blendung wenden wir nicht an. Wir enthaupten Hochverräter", antwortet Jacza.

„Das meinte ich nicht. Wie ist Köpenick?"

„Köpenick ist auch eine Burgstadt auf einer Flussinsel, aber kleiner als Breslau. Köpenick liegt an der Spree, einem Nebenfluss der Havel. Die Leute dort sind vom Stamm der Sprewanen. Das sind Slawen wie Ihr. Sie sprechen die gleiche Sprache, und Christen sind sie auch."

„Habt Ihr eine Kirche?"

„Ja, eine Burgkapelle. In ihr findet neben dem Gottesdienst

auch der Schulunterricht statt."

Sie haben den Markt erreicht. Der Fuhrknecht, der Jacza den Weg zur Festung gezeigt hat, freut sich über das Wiedersehen. Mit einladenden Worten und sanftem Druck leitet er sie zu seinem Verkaufsstand für Andachtswaren. Agathas Augenmerk konzentriert sich auf die Heiligenfiguren. Die anderen Auslagen wie Kruzifixe und Rosenkränze scheinen sie nicht zu interessieren.

„Ich suche eine Heiligenfigur als Brautgeschenk", erklärt Jacza.

„Für Euch habe ich etwas Besonderes", verspricht der Händler und greift unter den Ladentisch und holt eine wunderschöne, etwa vierzig Zentimeter hohe Figur hervor. Agatha bekommt glänzende Augen.

„Das ist beste Schnitzkunst aus Tirol, eine Alpenmadonna. Sie stellt die Gottesmutter Maria mit Jesus dar. Die Figur ist aus Bergahorn."

Jacza ist begeistert. Die Skulptur ist bemalt. Maria hat über einem roten Kleid einen blauen Umhang mit Rändern aus Blattgold. Der kleine Jesus ist in ein weißes Tuch gewickelt. Die Heiligenfigur hat Patina angesetzt und ist antik.

„Die Figur hat Geschichte. Sie soll aus dem persönlichen Besitz von Kaiser Lothar III. stammen, als er nach seinem zweiten Italienfeldzug in Tirol an Malaria verstarb. Ein Händler verkaufte sie mir. Ich gebe sie für 350 Pfennige her."

Jacza weiß, dass nur wenige Käufer mit so viel Geld herumlaufen. Schon allein wegen des Gewichts. Daher bevorzugt er Goldmünzen. In seiner Geldkatze hat er zwanzig Solidi.

„Der Preis erscheint mir hoch. Ich bezahle mit Goldmünzen." Als das Wort ‚Gold' fällt, hellt sich das Gesicht des Händlers auf. Noch immer ist die Goldwährung des Byzantinischen Reiches begehrt.

„Ich biete dir zwanzig Solidi."

Der Händler überlegt eine Weile und nimmt das Angebot an. Jacza legt die Geldstücke auf den Tisch. Er weiß, dass er Geduld haben muss, bis der Verkäufer die Münzen bewertet und gewogen hat. Zuerst macht er auf einem Prüfstein Strichtests, um den Feingehalt der Münzen abzuschätzen. Danach misst er ihr Gewicht mit einer Münzwaage. Schließlich akzeptiert er die Goldmünzen und überreicht Jacza die Madonna.

Auf dem Heimweg zur Festung hakt sich Agatha bei Jacza unter und schaut mit einem verschmitzten Lächeln zu ihm auf: „Ihr seid ein Draufgänger, kaum in Breslau angekommen, kauft Ihr ein Brautgeschenk. Wer ist denn die Glückliche?"

„Ihr seid es. Unsere Heirat ist von den Vätern arrangiert. Auch wir müssen uns entscheiden."

Er kniet nieder und schaut zu ihr auf. „Wir sind füreinander bestimmt. Seit ich Euch sah, bin ich ein glücklicher Mann. Wollt Ihr mich heiraten?"

Agatha ist von der Folge ihrer ironisch gemeinten Frage überrascht. In Handumdrehen liegt ihr ein attraktiver Fürst zu Füßen und macht einen Antrag. Sie überlegt einen Moment.

„Ja, ich will. Schließlich wünsche ich mir nichts lieber auf der Welt als eine Madonna aus Tirol."

Jacza muss über das humorvolle Jawort Agathas lachen. Als er aufsteht, schmiegt sie sich an ihn und schließt die Augen. Jacza nimmt sie in die Arme und küsst sie. Ihre unbekümmerte Art rührt ihn. Beide sind erleichtert. Die Heirat ist nun auch ihr Wille und nicht nur der ihrer Väter.

Jacza heiratet Agatha am 6. Juni. Trauzeugen sind der Burggraf, seine Frau Maria und der Bischof von Breslau. An der Zeremonie nahm Agathas Bruder Swietoslaw teil. Jacza schenkt seiner Braut die Madonnafigur Maria mit Jesus und erhält von Agatha ein Prunkschwert in einer Lederscheide. Es hat eine breite, abgebogene Parierstange und einen kegelförmigen Knauf aus Silber und Gold. Die Hohlkehlen der Klinge sind mit Gold ausgelegt. Agatha und Jacza legen ihre Hände zusammen und geben sich das Eheversprechen. Zum Schluss wendet sich der Bischof an das frisch vermählte Paar: „So segne Euch der allmächtige und barmherzige Gott, der Vater, der Sohn und der Heilige Geist. Amen."

Am Nachmittag bringt Peter Wlast die Reliquien des Heiligen Vinzenz in das Kloster auf der Burginsel ein. Es ist der Gedenktag des Märtyrers. Das Burgtor öffnet sich und eine Prozession macht sich auf den Weg. Vertreter aller Stände der Gesellschaft nehmen teil. Zwei Ritter tragen den Reliquienschrein mit den Gebeinen des Heiligen vorneweg, gefolgt vom Burggrafen.

„Die beiden Ritter mit dem Schrein an der Spitze des Zuges sind Leibwächter des Seniorherzogs. Der Herzog selbst geht hinter meinem Vater an der Seite des Bischofs und eines Geistlichen vom Erzbistum Magdeburg. Die Leute am Schluss sind Bauern, Händler und Handwerker", erklärt Agatha.

Jacza schaut sich die beiden Ritter genauer an. Sie sind jung und tragen Schnauzer. Ansonsten sind sie glattrasiert. Ihre Rüstungen und Topfhelme sind neu und spiegeln das Sonnenlicht. Wie Zwillinge sehen sie aus. Der Seniorherzog schreitet mit steinerner Miene neben den Bischof. Er trägt eine bunt bestickte kurze Tunika aus Samt, enge Beinlinge aus Leder, einen Schnurmantel aus Brokat mit goldenen Borten und einen Hut mit schillernden Vogelfedern. Je farbenprächtiger die Kleidung ist, desto höher ist die gesellschaftliche Stellung des Trägers, weiß Jacza.

Die Prozession führt durch die Burgstadt, passiert den Markt und endet im Kloster, dem Prämonstratenserstift St. Vinzenz auf dem Elbing. Gründer des Stifts ist Peter Wlast. Nachdem die Teilnehmer durch das prächtige Portal der Stiftskirche gegangen sind und der Reliquienschrein vor dem Altar abgestellt ist, hält der Bischof eine Predigt.

„Wir gedenken eines Märtyrers. Der Bischof Vincenz von Chieti starb vor mehr als achthundert Jahren in Italien. Kaiser Diokletian warf ihn während der Christenverfolgung im Römischen Reich in den Kerker. Konstantin, der erste christliche Kaiser Roms, befreite ihn. Durch Fesselung erlitt der Bischof so schwere Verletzungen, dass er starb. Sein Bekenntnis zum Christentum kostete ihm das Leben. Er ist ein Märtyrer. Möge der Heilige Vincentius uns allen ein Vorbild sein. Amen."

Auf dem Heimweg macht Agatha ihrem Vater Vorwürfe. „Ihr seid nicht die Nummer Eins in Breslau. Über Euch steht der Seniorherzog Wladislaw II. Er ging in der Prozession hinter Euch. Ihr gabt ihm einen Platz in der zweiten Reihe. Er übernachtet nicht auf der Pfalzburg. Wahrscheinlich ist er verärgert. Diesen Mann darf man nicht provozieren. Ohne seine Unterstützung seid Ihr nichts. Ich mache mir Sorgen um Euch, Vater."

„Danke, Tochter, dass du dich um mich sorgst, aber der Herzog traut mir. Sonst hätte er mich nicht als seinen Vertreter zum Hoftag von König Konrad nach Magdeburg geschickt." Dann legt er seinen rechten Arm um Agathas Schulter und sie ihren linken um seine Hüften. Eng umschlungen treten sie den Heimweg an. Jacza, der hinter ihnen geht, bewundert die gegenseitige Zuneigung der beiden und ist eifersüchtig auf seinen Schwiegervater.

Beim Abendessen wird dem Paar bewusst, dass gleich ihre Hochzeitsnacht beginnt – für beide eine Herausforderung. Sie kennen sich erst seit zwei Tagen. Jacza hat erotische Erfahrungen mit der Burgschönheit gesammelt. Anders sieht es bei Agatha aus. Sie ist Jungfrau und glaubt, dass Enthaltsamkeit vor der Ehe sie adelt.

Nach dem Essen führen Peter Wlast, seine Frau Maria und der Bischof die Frischvermählten ins Schlafgemach. Dort erwartet das Paar eine Überraschung in Gestalt eines nagelneuen Himmelbetts mit einem Baldachin und Vorhängen aus weißem Leinen. Für das Glück seiner Tochter ist Peter Wlast kein Aufwand zu hoch. Jacza drängt die Zuschauer aus dem Schlafgemach, wünscht allen eine gute Nacht und will die Tür schließen. Im letzten Moment ruft der Bischof den beiden durch die halboffene Tür schelmisch hinterher: „Der Herrgott wird es schon richten!"

Agatha und Jacza benötigen für die Anreise nach Miechów drei Tage. Zwei Bewaffnete begleiten sie und ein Maulesel transportiert ihr Gepäck. Jacza hatte sich Miechów größer vorgestellt. Der Ort besteht aus wenigen Häusern. Er liegt verkehrsgünstig am Handelsweg von Krakau nach Warschau und an einer Wegabzweigung nach Kattowitz. Der Bach Miechówka umfließt den Ort im Westen und im Norden.

„Mein Vater hat mir die Ländereien als Mitgift vermacht. Sie sind als Lehen an Bauern vergeben. Ein Verwalter, der Meier, kümmert sich um das Geschäftliche. Mit meiner Grundherrschaft habe ich Pflichten, aber auch Rechte, wie die Gerichtsbarkeit, das Patronatsrecht über die Kirche und die Dorfobrigkeit. Zweimal im Jahr kassiere ich die Abgaben, den Zehnt. Der Boden ist fruchtbar. In einem guten Jahr haben meine Einnahmen den Wert von einigen Hundert Pfund Silber", erklärt Agatha.

„Nun gehört dieses Land auch dir, lieber Jacza", fügt Agatha hinzu, „als mein Ehemann hast du die Verfügungsgewalt über unser Eigentum. Der Bauer eines der Häuser in Miechów hält eine Unterkunft für uns bereit. Seine Frau ist eine gute Köchin."

Der Eingang des Bauernhauses führt in die Küche mit dem immer brennenden Herdfeuer. Für Jacza sieht es hier genauso aus wie im Haus von Borislaws Eltern am Tollensesee. Auch hier lebt der Bauer mit dem Vieh unter einem Dach. Neben der Küche befinden sich die Wohn- und Schlafzimmer. Agatha und Jacza beziehen ihr Zimmer mit einem Doppelbett. Es hat für ländliche Verhältnisse eine komfortable Ausstattung mit Daunenkissen und Wolldecken und einer bunt bemalten Kleidertruhe. Zum Abendessen serviert die Bäuerin warmen Getreidebrei, gebratenes Huhn, Roggenbrot, Butter und Käse. Zu trinken gibt es Milch und Wein.

Am nächsten Tag besichtigen Agatha und Jacza ihre Ländereien. Es ist ein herrlicher Sommertag mit strahlend blauem Himmel. Die sanften Hügel mit den reifenden Weizen-, Roggen-, Gersten- und Haferfeldern geben ein Bild von Wohlstand und Überfluss ab. Ein Bauer hat mit der Ernte auf einem Roggenfeld begonnen. Kraftvoll schwingt er die Sense und seine Frau bündelt die Halme zu Garben.

„Wie mahlt ihr das Korn?", fragt Jacza den Bauern. „Mit Handmühlen. Eine Lohnmühle gibt es nicht."

„Zeig mir deine Mühle."

Der Bauer führt Agatha und Jacza zu seiner Handdrehmühle. Die obere runde Steinplatte, der Mahlstein, hat einen senkrechten Holzgriff zum Drehen. Das Korn wird durch ein Loch in der Mitte des Steins eingefüllt. Der untere, feststehende Lagerstein ist gleich groß wie der Mahlstein. Durch Drehen des Mahlsteins wird das Korn zwischen den Steinen zu Mehl gemahlen.

Agatha und Jacza wird bewusst, wie hart und entbehrungsreich das Leben der Bauern und wie bedeutend ihr Platz in der Ständegesellschaft ist. Die Bauern sind der dritte Stand und machen als Ernährer das Leben erst möglich. Der zweite Stand, zu dem sie selbst gehören, sind der Adel und die Ritter. Sie besitzen, verwalten und verteidigen das Land. Der erste Stand, der Klerus, sorgt für das Seelenheil aller.

Auf dem Rückweg bricht Agatha ihr Schweigen. „Wir sollten aus Miechów ein namhaftes Dorf mit einem Markt und einer Kirche machen."

„Einverstanden. Außerdem bräuchten wir für uns einen Herrensitz und für die Bauern eine Mühle. Das Marktrecht kann nur der Herzog erteilen. Die Stiftung einer Kirche möchte ich mir vorbehalten", fügt Jacza hinzu.

Zurück in Miechów beauftragen sie den Verwalter, ein Herrenhaus zu bauen und am Fluss Miechówka eine Wassermühle zu errichten. Dafür soll er den Frondienst der Bauern in Anspruch nehmen.

Gegen Abend schlägt das Wetter um. Wolken türmen sich auf und verdunkeln die Sonne. Es kühlt ab. Dann blitzt und donnert es und es regnet kräftig. Nach dem Essen ziehen sich Agatha und Jacza ins Schlafzimmer zurück. Das Prasseln des Regens auf dem Dach schafft eine anheimelnde Atmosphäre. Agatha zieht ihr Hemd aus, umarmt lustvoll ihren Gatten und verführt ihn. Jacza genießt den Rollentausch. Als der erste Hahn kräht, legt er sich erschöpft neben sie. Im Halbschlaf hört er noch Agathas sibyllinische Worte: „Alexander soll er heißen."

Agatha und Jacza sind auf dem Weg nach Köpenick. Sie überqueren die Furt über die Oder und machen Halt auf der Burg Lebus. Der Burggraf freut sich, Jacza wiederzusehen.

„Es ist Euch also gelungen, das Herz der Tochter des Grafen zu erobern. Ich gratuliere. Ich wünsche Euch alles Gute und viele Kinder."

„Wir danken Euch für die freundlichen Worte."

Der Tross der beiden Reisenden besteht aus drei Bewaffneten, einem Maultier und einem Zweispänner mit Kutscher. Das Maultier trägt Jaczas Reisegepäck und das Prunkschwert, das Hochzeitsgeschenk seines Schwiegervaters. Im Zweispänner befindet sich Agathas Aussteuer. Die besteht aus Truhen, Haushaltssachen, Kleidern, Wäsche und dem Himmelbett. Das riesige Möbelstück weckt die Neugier der Tochter des Burggrafen. So ein Bett haben sie hier in der Provinz noch nicht gesehen.

Schließlich gibt Agatha der Bitte nach. Das Bett wird abgeladen und auf der Terrasse aufgestellt. Es ist ein heißer Hochsommertag im Juli. Die Tochter des Grafen im Alter von Agatha kann nicht widerstehen. Sie legt sich in das Himmelbett und genießt die kühle Brise aus dem Odertal, die die weißen Vorhänge unter dem Baldachin aufbläht.

„So ein Bett will ich auch", wünscht sich die Tochter des Burggrafen, bis ihr Vater den Zimmermann kommen lässt und einen Nachbau in Auftrag gibt.

Das Abendessen wird auf der Terrasse serviert. Die kleine Gesellschaft genießt den Blick auf die Oder. Auf dem Strom herrscht ein reger Schiffsverkehr. Flussabwärts lassen sich die Schiffer von der Strömung treiben. Flussaufwärts ziehen Treidelknechte mit Pferden die Kähne gegen den Strom.

Es gibt Zanderfilet mit Dill-Sahne-Soße und Weißwein. Im Laufe der Gespräche kommt heraus, dass die Tochter des Burggrafen eine Liaison mit Agathas Bruder Egidius hat. Peter Wlast, der rastlose Organisator, hat schon ihre Hochzeit in der Zeit nach Weihnachten in Breslau geplant.

Am nächsten Tag erreicht der Tross Köpenick. Hier fühlt Jacza sich wohl. Zum ersten Mal ist ihm seine Liebe zur Heimat bewusst.

Jacza hat einen Bewaffneten vorausgeschickt, um die Ankunft des Fürstenpaares anzukündigen. Sie passieren die Spreebrücke und reiten wenig später durch das Tor der Burg. Für ihren Empfang stehen die Burgmannschaft und die Mägde und Knechte Spalier. Alle wollen die neue Fürstin sehen. Unter ihnen ist die Burgschönheit – Jaczas erste Liebe. Ein schlechtes Gewissen beschleicht ihn, als sie mit Tränen in den Augen zu ihm aufschaut.

Johanna führt Agatha in das Fürstenhaus. Sie und Mirek zogen in das Gebäude gegenüber, das Jacza nutzte. Der Machtwechsel in Köpenick ist für alle sichtbar vollzogen. Dem jungen Paar fehlt für ihr Glück das Wichtigste: ein Sohn. Agatha weiß, dass dieser Erwartungsdruck auf ihr lastet.

Durch die Ehe mit Agatha muss sich Jacza an eine zweite Heimat in Miechów gewöhnen. Agatha geht es genauso, nur umgekehrt. Die große Entfernung von zehn Tagesreisen zwischen Köpenick und Miechów erschwert die Situation.

Manchmal kommen Jacza Zweifel, ob seine von Peter und Mirek arrangierte Ehe eine gute Idee war. Die polnischen Herzöge sind ihm suspekt. Sie halten sich Paladine und statten sie mit großer Machtfülle aus. Beim Verdacht auf Hochverrat blenden sie die Paladine und schneiden ihnen die Zungen heraus. Bei Bedarf setzen sie die Geschundenen wieder in ihren alten Positionen ein. Sadisten sind sie.

Durch seine Ehe mit der Tochter des Grafen von Breslau und seine Verwandtschaft mit dem Geschlecht der Schwäne ist er Teil des Herrschersystems im Piastenreich. Er bekommt einen zweiten Namen. In Polen heißt er Jaksa von Miechów und ist als Adliger mit Grundbesitz ein Magnat. Er beschließt, sich so weit wie möglich aus der Politik herauszuhalten, nicht ahnend, dass dies nicht möglich ist. Polen ist nicht souverän und steht unter der Oberlehnshoheit der deutschen Könige und Kaiser. Es sind dieselben Machthaber, die auch in seiner Heimat an Spree und Havel Einfluss und Land begehren.

Agatha ist schwanger. Die Kammerfrau, die Johanna bei der Geburt von Jacza half, meint, dass Agatha im fünften Monat ist. Jacza erinnert sich an die Gewitternacht im Juni, in der ihn seine eigene Frau in Miechów verführte. Ihr Satz „Alexander soll er heißen" hat nun einen Sinn. Allerdings ist er der Meinung, dass sie ihn bei der Namensgebung hätte fragen müssen. Insgeheim aber gefällt ihm der Name, wenn es ein Sohn wird.

Agatha und Mira sind schnell beste Freundinnen. Die beiden adligen Damen sind gläubige Christen und treffen sich regelmäßig in der Burgkapelle. Deren Hausherr Jakob hat im Laufe der Jahre unermüdlich Einwohner Köpenicks bekehrt. Vollständig gelungen ist ihm das bei den Mägden und Knechten der Burg. Jeden Sonntag, wenn die Blechglocke läutet, gehen sie zur Messe. Nicht alle haben Platz in der Kapelle. Einige müssen sich die Predigt von draußen durch die offene Tür anhören.

Dieser Umstand macht Agatha so zornig, dass sie ihren Ehemann tadelt: „In Miechów will mein lieber Gatte eine Kirche stiften, und hier in seiner Heimat hat er nicht einmal eine eigene, sondern nur eine kleine Holzhütte. Nehme er sich ein Beispiel an meinem Vater. In Breslau gibt es eine Kirche auf der Burg und eine auf dem Elbing." Erregt und mit hochrotem Kopf steht Agatha vor ihm. Jacza sorgt sich um das Wohl des Ungeborenen.

„Schon morgen gebe ich die Vergrößerung der Kapelle in Auftrag", beschwichtigt er sie. Jacza weiß, dass Peter Wlast ein großer Kirchenbauer ist, auch wenn die siebzig Kirchen und sieben Klöster, die er gestiftet haben soll, übertrieben sind.

Es ist Dezember und frostig kalt. Eine dünne Schneeschicht bedeckt das Land. Es ist Vollmond. Agatha und Jacza gehen früh zu Bett.

Mitten in der Nacht vernimmt Jacza Geräusche an der verriegelten Tür zum Schlafzimmer. Dann wird die Tür mit brachialer Gewalt eingetreten. Mehrere Personen drücken ihn in die Kissen. Sie fesseln seine Hände auf dem Rücken und verbinden ihm die Augen. Mit einer Schlinge um die Beine zerren sie ihn, mit den Füßen voraus, aus dem Haus und über einen steinigen Weg.

Jemand ruft: „Öffnet die Tür!" Es riecht nach glühender Kohle. Einer hebt ihn am Nacken hoch, als wäre er eine Puppe, und nimmt ihn in den Würgegriff. Bei jeder Bewegung zieht sich die Umarmung fester um seinen Hals, bis er kaum noch Luft holen kann. Er spürt, dass der Mann mit einem Ruck sein Genick brechen könnte. Er muss der riesige Wächter sein – der Koloss, der ihm und Agatha im Sommer die Tür zum Kerker öffnete.

Die Augenbinde wird abgenommen. Jacza blickt in das von Alkoholmissbrauch gezeichnete Gesicht eines Säufers. Der zieht ein Schwert aus der Feuerstelle. Mit irrem Blick fuchtelt er mit der rotglühenden Klinge vor seinen Augen. Die beiden Leibwächter des Fürsten bewachen den Ausgang.

Wladislaw steht vor ihm. Er trägt prächtige Gewänder. Mit seinem bunten Federhut sieht er wie ein eitler Geck aus. Mit verschränkten Armen schaut er höhnisch auf sein Opfer herab: „Nun bekommst du den Lohn für deine Untreue, Peter. Du weißt, was Hochverrätern blüht."

Jacza will antworten: „Ihr irrt. Ich bin nicht Peter, ich bin sein Schwiegersohn Jacza." Aber er bekommt nur ein unverständliches Krächzen heraus. Die eiserne Umarmung des Kolosses erlaubt nur das Luftholen.

Hilflos ist er Wladislaw ausgeliefert. Es raubt ihm fast den Verstand, dass er für einen anderen sein Augenlicht hergeben soll. Der Folterknecht bringt die glühende Klinge immer näher vor seine Augen. Er spürt die zunehmende Hitze. Zuerst versengen die Brauen. Es riecht nach Verbranntem. Dann wird alles rot, grau und schließlich schwarz. Jacza ahnt, dass er nie wieder sehen kann.

Wladislaw genügt die Blendung seines Paladins nicht: „Meine Frau Agnes hat mit dir eine Rechnung offen. Du hast sie der Untreue verdächtigt. Sie fordert, dass ich dir dein Lästermaul stopfe." Der Folterknecht sticht Jacza einen Fleischerhaken durch die Zunge und zieht sie heraus.

„Schneide sie ab, wenn du deine Freiheit haben willst!", befiehlt der Herzog. Offensichtlich ist der Folterknecht ein

Verurteilter, dem er den Erlass seiner Strafe in Aussicht stellte. Mit zittrigen Händen macht er einen ersten Schnitt. Jacza hört, wie ein Gegenstand zu Boden fällt.

„Wächter, hebe das Messer auf", befiehlt Wladislaw. Der Koloss beugt sich nach vorn und lockert dabei den Griff. Jacza rutscht aus der Umarmung und rennt los. Blind, wie er ist, prallt er in der Folterkammer von Wand zu Wand.

Benommen wacht Jacza auf und stellt erleichtert fest, dass er neben Agatha im Himmelbett liegt.

„Ich hatte einen Albtraum. Eben war ich noch in Breslau. Dort, in der Folterkammer des Gefängnisses, wurde ich wegen Hochverrats geblendet. Herzog Wladislaw sprach mich mit Peter an. Deinem Vater galt also die Strafe. Gott sei Dank, dass es nur ein Traum war."

„Von wegen: Manche Träume sind wahr. Schon immer habe ich das befürchtet, was du geträumt hast. Ich hatte dir erzählt, dass der Vorgänger meines Vaters wegen Hochverrats geblendet wurde. Wahrscheinlich haben die Juniorherzöge einen Umsturz gewagt. Nachrichten benötigen zwei Wochen, um von Schlesien nach Köpenick zu gelangen. Ich sorge mich um das Wohl meines Vaters. Vielleicht braucht er unsere Hilfe. Wir sollten schon morgen nach Breslau aufbrechen."

Jacza weiß, wie sehr Agatha ihren Vater liebt. Er sieht noch das Bild vor sich, wie die beiden eng umschlungen vom Vinzenzkloster den Heimweg antraten.

„Du bist in anderen Umständen und würdest einen Ritt von sieben Tagen im Winter nicht durchhalten. Ich könnte morgen mit drei Bewaffneten und Ersatzpferden aufbrechen. Es wird früh dunkel und wir müssten mit Überfällen rechnen. Deshalb würde ich Borislaw mitnehmen. In sechs bis sieben Tagen könnten wir in Breslau sein. Hältst du so einen Gewaltritt nur wegen eines Albtraumes für erforderlich?", fragt Jacza.

„Ja. Zum Dank schenke ich dir einen Sohn."

„Ob Sohn oder Tochter: Entscheidet immer noch der Allmächtige."

Seit einer Woche ist der Trupp nach Breslau unterwegs.

Borislaw reitet vorneweg, gefolgt von Jacza und drei Bewaffneten. Den Schluss bildet ein berittener Knecht, der das Reservepferd und das Maultier mit dem Proviant mitführt.

Der Gewaltritt ist für die Teilnehmer entbehrungsreich. Es ist bitterkalt. Sie haben Glück und müssen nur eine Nacht im Freien verbringen. In den übrigen Nächten finden sie bei Bauern ein Dach über dem Kopf.

Im Winter wird es früh dunkel. Dadurch gestaltet sich die Suche nach einer Unterkunft schwierig. Die Höfe sind in Finsternis gehüllt. In der Regel schlägt ein Hund an und der Bauer tritt mit einem brennenden Kienspan vor die Haustür. Der bis an die Zähne bewaffnete Trupp verbreitet zunächst Angst und Schrecken.

Jacza muss vertrauensvolle Maßnahmen ergreifen. Dazu gehört, dass er sich vorstellt und eine Bezahlung anbietet. Eine Handvoll Silbermünzen ist überzeugender als Worte. Sie schlafen in den Ställen. Essen gibt es gegen zusätzliches Geld. Die Landwirte leben im Winter von ihren Vorräten. Ein Hinzuverdienst ist ihnen stets willkommen. Meist verabschiedet sich der Bauer am nächsten Morgen gut gelaunt und mit der Bitte, seinen Hof auf der Rückreise wieder zu besuchen.

Jacza hat nur seinem Freund Borislaw den Anlass für die Reise nach Breslau mitgeteilt. Der weiß von den Alpträumen seines Herrn. Er erinnert sich an seine Hochzeitsnacht mit Mira, in der Jacza im Schlaf mit einem Werwolf kämpfte. Jacza ist über seine Träume alles andere als erfreut und fragt sich, ob er krank ist. Er bat den allwissenden Kaplan Jakob um seine Meinung. Der beruhigte ihn. „Alpträume sind nichts Außergewöhnliches. Viele Menschen haben sie in der zweiten Nachthälfte und wachen vom Traum auf."

Als begeisterter Historiker nannte Jakob gleich ein Beispiel aus der Geschichte: „Julius Caesars Frau hatte in der Nacht vor einer Senatssitzung den Albtraum, dass ihr Gatte von den Senatoren ermordet wird. Sie bat ihn, der Versammlung fernzubleiben. Caesar schlug ihre Warnung als abergläubisch in den Wind und nahm teil. Die Senatoren erdolchten ihn."

Jacza beruhigt das Beispiel von Julius Caesar ganz und gar nicht. Bestätigt es doch Agathas Befürchtung, dass Alpträume wahr sein können. Jacza macht sich ernsthaft Sorgen um das Wohl seines Schwiegervaters.

In Breslau führt Jacza seinen Trupp zur Festung des Grafen Peter Wlast. Auf der Brücke zur Sandinsel gibt es keine Kontrollen. Niemand erhebt Brückengeld. Ein ungutes Gefühl beschleicht Jacza. Das Burgtor ist stark beschädigt. Die Tür des Kerkers steht offen, so als hätte man alle Inhaftierten freigelassen. Das Fürstenhaus und andere Gebäude sind niedergebrannt. Nur das Gesindehaus und die Ställe stehen noch. Von der Burgmannschaft ist nichts zu sehen, nur die Obermagd begrüßt sie.

„Es gab eine Katastrophe. Der Seniorherzog Wladislaw hat mit einer List die Burg in seine Gewalt gebracht, den Grafen gefangen genommen und im Kerker geblendet. Die ganze Nacht haben der Herzog und seine Leute vergeblich die Burg nach Peters Schatz, seiner Münztruhe, durchsucht. Auch ich wurde nach dem Versteck gefragt. Der Herzog soll unweit von Breslau sein Lager aufgeschlagen haben."

„Wie ist es zu dieser Katastrophe gekommen?", will Jacza wissen.

„Peter Wlast hatte die Größen des Adels und der Kirche zur Hochzeit seines Sohnes eingeladen. Die Trauung sollte nach Weihnachten stattfinden. Es gab Gerüchte, die auch mir zu Ohren gekommen sind. Auf der Feier sollten Verabredungen für den Sturz des Seniorherzogs getroffen werden. Dem kam der Herzog vor zehn Tagen zuvor."

Vor zehn Tagen! Jacza erinnert sich. Genauso lange ist es her, dass er in Köpenick den Albtraum hatte, in dem sein Schwiegervater vom Herzog geblendet wird.

Um mehr zu erfahren, geht Jacza zu Fuß nach nebenan, zum Haus des Bischofs. Der ist ein enger Freund von Peter Wlast und von der grauenhaften Tat des Herzogs erschüttert.

„Ich frage mich, wie der Herzog ohne Beweise einer Schuld einen Mann mit so hohen Verdiensten wie Peter Wlast so grausam behandeln kann. Die Juniorherzöge und der Adel haben sich von Wladislaw losgesagt. Sie befürchten, dass sie ein ähnliches Schicksal erleiden könnten. Der Erzbischof wird den Kirchenbann über Wladislaw verhängen. In den Landesburgen findet er keinen Schutz. Sicher ist er nur auf seiner Burg auf dem Wawel in Krakau. Dort halten sich seine Frau und die Kinder auf."

„Ich beabsichtige, den Herzog morgen nach dem Verbleib meines Schwiegervaters zu fragen."

„Da geht Ihr ein hohes Risiko ein. Der Herzog ist nicht nur unberechenbar, sondern auch herrschsüchtig und hitzköpfig."

Am nächsten Tag besucht Jacza den Herzog in seinem Feldlager. An der Wache stehen die beiden Leibwächter mit den glänzenden Rüstungen. Jacza muss sein Schwert ablegen und seine drei Begleiter, darunter Borislaw, zurücklassen. Herzog Wladislaw sitzt in einem Zelt neben einer Feuerstelle. Der Boden ist mit dicken Teppichen ausgelegt. So stellt sich Jacza ein Beduinenlager vor. Wie immer trägt der Herzog bunte Kleider. Er macht einen ängstlichen Eindruck.

„Mit wie vielen Leuten seid Ihr gekommen?"

„Meine Mannschaft ließ ich in Breslau zurück. Drei Bewaffnete haben mich hierher begleitet. Ich komme in friedlicher Absicht. Ich möchte von Euch wissen, wo sich mein Schwiegervater aufhält."

„Ich könnte Euch gefangen nehmen und wegen Hochverrats den Kopf abschlagen. Schließlich seid Ihr ein Verwandter des Grafen und könntet Teil des Komplotts gegen mich sein."

„Ich bin kein Hochverräter und von einem Umsturz weiß ich nichts. Mein Schwiegervater hat mir gegenüber solche Pläne nicht erwähnt. Ich bin nicht von hier, sondern komme aus Köpenick. Wenn ich bei Sonnenuntergang nicht zurück bin, holen mich meine Leute hier raus, egal ob ich tot oder lebendig bin." Diese Antwort ist ein Bluff. Der Herzog ist nicht durch Burgmauern geschützt. Er sitzt in einem offenen Feldlager und ist angreifbar. Wenn er klug ist, geht er kein Risiko ein.

„Dein Schwiegervater hat sich nach Posen abgesetzt. Dort

sitzt er auf der Burg zusammen mit den Umstürzlern Mieszko dem Alten und Boleslaw Kraushaar. Sie sind meine Halbbrüder. Sie haben das Vermächtnis unseres Vaters schändlich verraten. Ich verfluche sie. Sobald ich ein Heer gesammelt habe, werde ich sie in Posen stellen."

„Ich danke Euch für die Auskunft." Damit verabschiedet sich Jacza vom mächtigsten Mann Polens mit einem unguten Gefühl. Tatsächlich hätten die Brüder gegen die staatliche Ordnung des Übervaters Boleslaw III. verstoßen, wenn sie einen Umsturz planten. Er beschließt, die Wahrheit aus Peter Wlast herauszubekommen.

Eine andere Sache macht Jacza Sorgen. Wladislaw ist mit Agnes, der Halbschwester des Königs des Reiches, Konrad III., verheiratet. Der wird den rechtmäßigen Seniorherzog Wladislaw unterstützen und nicht die aufmüpfigen Juniorherzöge Mieszko den Alten und Boleslaw Kraushaar.

Es ist der dritte Tag der Reise Jaczas von Breslau nach Posen. Die Burg der Stadt liegt auf der Dominsel zwischen den Flüssen Warthe und Cybina. Jacza und seine Leute haben eine so große Kirche aus Stein wie den Posener Dom noch nicht gesehen. Die Burg ist riesig und sieht wehrhaft aus. Über die zugefrorene Warthe erreichen sie das Tor der Festung. Jacza stellt sich als Fürst von Köpenick und Verwandter von Peter Wlast vor. Sie werden hereingelassen und die Juniorherzöge empfangen Jacza.

„Wir heißen Euch herzlich willkommen. Sie haben unser Beileid für die Grausamkeiten, die unser Bruder Eurem Schwiegervater angetan hat."

„Ich danke Euch. Wie geht es den Grafen?"

„Den Umständen entsprechend. Die besten Ärzte von Posen kümmern sich um ihn. Sein Augenlicht ist irreparabel verloren und mit der Sprache geht es von Tag zu Tag besser", antwortet der Jüngere. Seine roten gelockten Haare weisen ihn als Boleslaw Kraushaar aus. Der andere muss Mieszko der Alte sein. Er hat ein rundliches Gesicht und sein grauer Vollbart lässt ihn alt aussehen.

„Vor drei Tagen habe ich mit Eurem Bruder Wladislaw

gesprochen. Er hat mir gesagt, dass mein Schwiegervater hier in Posen sei. Er verflucht Euch und will bald mit einem Heer vor Posen stehen."

„Ja, wir rechnen in Kürze mit einem Angriff. Wir sind dankbar für jede Unterstützung. Wie viele Leute habt Ihr?", fragt Mieszko der Alte.

„Wir sind fünf. Zwei Schwertkämpfer und drei Armbrustschützen."

„Diese Verstärkung könnten wir gut gebrauchen. Wir bitten Euch, uns zu helfen. Ihr würdet auch das Leben Eures Schwiegervaters schützen."

Für Jacza kommt diese Bitte nicht überraschend. Für die Juniorherzöge geht es um das eigene Überleben. Mieszko III., auch der Alte genannt, ist seit der Aufteilung Polens durch Boleslaw Schiefmund vor acht Jahren Herzog von Großpolen mit den Städten Posen und Gnesen. Auch das Land Lebus, das an Jaczas Fürstentum grenzt, gehörte zu Großpolen. Mieszko der Alte ist für Jaczas Polenpolitik der wichtigste Mann.

Die Bitte eröffnet Jacza die Möglichkeit, als Gegenleistung die Hilfe der Herzöge einzufordern, falls es mit Albrecht dem Bären zu einem Kampf um Brandenburg käme.

„Ja, ich bleibe mit meinen Männern hier und helfe Euch."

„Wir sind Euch zu ewigem Dank verpflichtet", ist Mieszkos Antwort, als hätte er Jaczas Gedanken gelesen.

Mieszko der Alte führt Jacza in das Zimmer mit Peter Wlast. Der hockt auf einer Bank neben einem Ofen. Seine Frau Maria und sein Sohn Egidius sitzen neben ihm. Die Augen sind milchig-grau. Das versengte Gesicht ist gerötet. Er dreht den Kopf in Richtung der Tür, durch die Jacza eintrat. Er macht den Eindruck eines gebrochenen Mannes. Jacza sieht ihn noch vor sich, wie er vor einem Jahr auf seinem Weg nach Magdeburg in Köpenick Halt machte. Damals war er ein kraftstrotzender Mann. Mieszko verlässt dezent den Raum.

„Ich grüße Euch, Peter, ich bin Jacza. Deine Tochter glaubte, Ihr bräuchtet Hilfe, und schickte mich nach Breslau. Leider kam ich zu spät. Gibt es etwas, das Ihr Euch wünscht?"

„Ja, Agatha soll mich besuchen. Sie würde mir damit eine

große Freude bereiten."

Die verstümmelte Zunge macht es dem Grafen schwer, sich klar zu artikulieren.

„Agatha ist schwanger. Es wird einige Monate dauern, bis sie eine längere Reise antreten kann. Wir sind allein im Raum und können freisprechen. Ich würde gern wissen, ob Ihr an der Planung des Sturzes des Seniorherzogs mitgewirkt und Euch gegen das Vermächtnis von Boleslaw Schiefmund gestellt habt."

„Nein, mitgewirkt habe ich nicht, aber davon gewusst. Von ihrem Ziel, ihren älteren Bruder zu stürzen, waren sie mit Worten nicht abzubringen. Ich wollte einen Bruderkrieg unter den Piasten verhindern."

„Warum hat Euch Wladislaw dann geblendet?"

„Er verdächtigte mich anlässlich der Trauung meines Sohnes Egidius, einen Umsturz mit Vertretern des Adels zu planen. Der Herzog war eingeladen. Er hätte sich von meiner Unschuld überzeugen können. Er wollte mich als Konkurrenten ausschalten und sich meines Vermögens bemächtigen."

„Wladislaw und seine Männer haben vergeblich Eure Burg auf den Kopf gestellt, um Euren Schatz, die Münztruhe, zu finden."

„Sie ist in Sicherheit, nur mein Sohn Egidius und ich wissen, wo sie versteckt ist." Ohne es auszusprechen, hat Jacza eine Vermutung. Ein sicherer Ort wäre bei Peters Freund und Nachbarn auf der Burginsel, beim Bischof. Die Kirche ist eine Autorität, und der Herzog würde es sich zweimal überlegen, dort eine Durchsuchung anzuordnen.

Die beiden Herzöge rufen ihre Anhänger zu den Waffen. Täglich treffen Trupps auf der Burg ein. Bald sieht der Burghof wie ein Heerlager aus und große Mengen von Nahrungsmitteln und Futter für die Pferde werden herbeigeschafft. Mieszko der Alte reist durch Großpolen und stellt mithilfe seiner Lehnsmänner eine Streitmacht auf.

Es dauert nicht lange, bis Wladislaw mit seinem Heer, darunter russische Söldner, in Sichtweite der Stadt sein Lager aufschlägt.

Mieszko, der mit seinen Männern noch außerhalb Posens steht, ist ein gewiefter Taktiker. Er hat einen verwegenen Plan. Auf ein Zeichen hin sollen die Kämpfer der Burg und seine Streitmacht das Lager von Wladislaw während des Mittagsmahls von zwei Seiten angreifen. Das Zeichen für den Angriff soll von einem weithin sichtbaren Turm in Posen gegeben werden.

Der Tag der Entscheidung ist gekommen. Im Burghof sitzen die Krieger kampfbereit auf ihren Rössern. Einige haben Fackeln in den Händen, um die Zelte des Gegners in Brand zu setzen. Hunderte von Augenpaaren richten sich auf den Turm in Posen und warten auf das vereinbarte Zeichen zum Angriff.

Im Heerlager von Wladislaw hingegen herrscht Ruhe. Niemand dort rechnet damit, dass der Gegner den Schutz der Burg verlässt und einen Ausfall gegen einen zahlenmäßig überlegenen Gegner wagt. Sie genießen ihr Mittagsmahl.

Endlich kommt das Zeichen auf dem Turm. Das Burgtor öffnet sich und die Reiter preschen los. Das lauter werdende Donnern der Hufe erschreckt die Männer im Heerlager. Bevor sie sich formatieren können, fallen die ersten Reiter über das Lager her. In kürzester Zeit herrscht ein wildes Durcheinander. Zelte brennen und Verteidiger sterben noch mit dem Löffel in der Hand. Als sie zurückweichen wollen, werden sie von Mieszkos Männern von hinten attackiert. Viele erkennen ihre hoffnungslose Lage, lassen die Waffen fallen und ergeben sich. Anderen gelingt es, Pferde zu satteln und die Flucht zu ergreifen. Unter ihnen ist auch Wladislaw. Nach kurzer Zeit ist der Kampf entschieden. Sieger der Schlacht sind die Juniorherzöge Boleslaw Kraushaar und Mieszko der Alte.

Jacza und seine Männer haben sich beim Angriff gegenseitig gedeckt. Trotz dieser Sicherheitsmaßnahme ist einer der Bogenschützen in der Schlacht gefallen. Eine Lanze hat ihn durchbohrt.

Die Sieger machen sich über die gefallenen Gegner her und plündern sie. Bald liegen die bis auf die Unterwäsche entkleideten Toten auf dem gefrorenen Boden des Schlachtfeldes. Ein erbärmlicher Anblick. Viele Plünderer haben Pferde samt Sattel ergattert, so auch die beiden Bogenschützen Jaczas. Sie sind Fußsoldaten. Nun sind sie im Besitz eigener Pferde und fühlen sich wie Ritter. Kriegsherren gestatten ihren Mitstreitern das Plündern als Kompensation für ihren Kampfeinsatz.

„Warum habt ihr drei Pferde?", fragt Jacza.

„Das Dritte ist für die Witwe unseres gefallenen Kameraden."

Jacza verabschiedet sich von seinem Schwiegervater und bittet den neuen Seniorherzog, Boleslaw Kraushaar, um einen Gefallen. „Ich habe Besitzungen im Krakauer Land bei Miechów. Der kleine Ort liegt verkehrsgünstig an der Handelsstraße von Krakau nach Warschau. Ich hätte gern das Marktrecht für Miechów."

„Das sollt Ihr haben. Ich werde ein entsprechendes Dekret erlassen?"

Die Heimreise nach Köpenick dauert über eine Woche. Im Januar ist es winterlich kalt. Wie auf der Hinfahrt machen sie Halt in Lebus. Hier in der Provinz ist man süchtig nach Informationen über die große Politik im Piastenreich. Der Burggraf will alle Einzelheiten über den Umsturz in Breslau und den Bruderkrieg der Piasten vor Posen wissen. Jacza und seine Leute gehen früh zu Bett. Morgen haben sie eine ansehnliche Wegstrecke nach Köpenick vor sich.

Es ist schon dunkel, als Jacza und seine Leute durch das Tor der Festung Köpenick reiten. Die Burgmannschaft, Mägde und Knechte strömen mit Fackeln in den Händen in den Burghof, um die Ankömmlinge zu begrüßen. Agatha ist eine der Ersten. Ihre Schwangerschaft ist nicht zu übersehen. Jacza weiß, dass er der Überbringer einer schlechten Nachricht ist. Er beschließt, ihr die Wahrheit über ihren Vater erst zu sagen, wenn sie allein im Haus sind. Die Frau des gefallenen Armbrustschützen jammert herzzerreißend. Die Kameraden trösten sie. Das Pferd, das sie ihr mitbringen, kann den Mann nicht ersetzen, aber Trost spenden. Immerhin ist es mit Sattel fast tausend Agrippiner wert.

Im Haus nimmt Jacza seine Frau in die Arme: „Deine Vermutung war richtig. Das, was ich geräumt habe, ist geschehen. Dein Vater ist blind, aber er lebt. Peters Freunde haben Wladislaw verjagt. Er ist auf der Flucht." Agatha schlägt die Hände vor die Augen und schluchzt still in sich hinein. Später fügt Jacza hinzu: „Peter ist nicht allein. Seine Frau Maria und sein Sohn Egidius sind bei ihm. Peter hat den Wunsch geäußert, dass du ihn besuchst. Damit würdest du ihm eine große Freude bereiten, sagte er." Mitten in der Nacht hört er Agatha immer wieder flüstern: „Ach, hätte er doch auf mich gehört."

Im März gibt es in Köpenick ein freudiges Ereignis. Das Fürstentum bekommt einen Prinzen, einen Thronfolger. Es ist das erste Kind von Agatha und Jacza. Gezeugt wurde der Nachwuchs in der Gewitternacht in Miechów, in der Agatha Jacza verführte und sich einen Sohn wünschte.

Eine Woche später tauft der Kaplan Jakob das Neugeborene auf den Namen Alexander. Von Fürstinnen wie Agatha wird erwartet, dass sie viele Nachkommen in die Welt setzen. Deswegen stillen sie nicht selbst, sondern nehmen Ammen. Das sind Frauen, die ein eigenes Kind bekommen haben. Unter den Mägden auf der Burg gibt es nur eine, die kürzlich Mutter wurde. Es ist die Burgschönheit, Danika, Jaczas erste Liebe. Agatha engagiert sie ohne Kenntnis der Beziehung der Amme zu Jacza.

„Der Sohn der Amme sieht wie Alexander aus. Er ist nur ein wenig älter. Die beiden könnten Brüder sein. Du solltest dir den Sohn der Amme einmal genau ansehen, Jacza."

Agathas Aufforderung jagt Jacza einen Schreck in die Glieder. An die Möglichkeit, Vater beider Kinder zu sein, hat er bis jetzt nicht gedacht. Zum Glück hat die Burgschönheit kürzlich einen der Bogenschützen geheiratet, der seine Vaterschaft nicht infrage stellt. Wenn die Burgschönheit klug ist, wird sie das auch tun.

„Ja, ich werde mir ihn bei Gelegenheit ansehen."

8. 1147 n. Chr.: Wendenkreuzzug

Jacza und Borislaw inspizieren die Arbeiten am Burgwall und an der Palisade. Bei Jaczas Abreise nach Breslau waren die Arbeiten noch im vollen Gange. In diesen Tagen sind sie fast abgeschlossen und die Burg Köpenick ist wieder so solide wie in alten Tagen, und das zur rechten Zeit. Der Papst hat zu einem zweiten Kreuzzug nach Palästina aufgerufen. Gleichzeitig hat er einem weiteren Kreuzzug gegen die heidnischen Slawen zwischen Elbe und Oder, den Wenden, wie sie die Deutschen nennen, zugestimmt.

Der Wendenkreuzzug könnte Köpenick und Brandenburg treffen. Ihre Fürsten sind getauft, aber Teile der Bevölkerung hängen noch am alten Götterglauben. Der Kreuzzug würde den machtpolitischen Interessen Albrechts des Bären, Jaczas Erzfeindes, dienen. Albrecht ist Markgraf der Nordmark. Sie grenzt im Süden an die Mark Lausitz und reicht im Norden bis in das Gebiet des Tollensesees, Miras und Borislaws Heimat. Die Mark gibt es allerdings nur auf dem Papier. Das Gebiet ist fest in slawischen Händen. Das könnte Albrecht nun mit päpstlichem Segen ändern.

Albrecht wird aufgrund seiner Freundschaft mit Pribislaw-Heinrich Brandenburg verschonen. Eine solche Versicherung hat Jacza für Köpenick nicht. Der Beginn des

Wendenkreuzzuges ist für den Juni 1147 geplant. Zeit genug für Jacza, eine ähnliche Versicherung von den polnischen Herzögen einzufordern. Schließlich unterstützte er sie in der Schlacht vor Posen.

Jaczas Vater Mirek kränkelt seit einiger Zeit und verliert Gewicht. Jakob ist der einzige Medicus in Köpenick. Er untersucht den Fürsten auf der Grundlage der Viersäftelehre, dem Standard der Medizin seit der Antike. Eine ausgewogene Mischung von gelber und schwarzer Galle, Blut und Schleim wird als Voraussetzung für die Gesundheit eines Menschen gesehen. Daneben nutzt Jakob die Harn- und Blutschau und führt an Mirek einen Aderlass durch. Farbe, Geruch und Geschmack der Säfte können Hinweise auf Erkrankungen geben. Aus der Blutschau und der Blässe seines Patienten diagnostiziert Jakob Blutarmut. Mirek hat einen schwarzen Stuhlgang. Jakob vermutet eine Darmerkrankung und verschreibt Mirek leichte Kost und den Verzicht auf Fleisch, Wein und Bier.

Johanna betet in der Kapelle täglich für das Leben ihres Mannes. Für Gläubige ist Krankheit eine Strafe Gottes und Heilung kann nur von Gott selbst kommen. Trotz Johannas Gebete und Jakobs Anweisungen geht es Mirek zunehmend schlechter. Er leidet unter Appetitlosigkeit und verliert weiter an Gewicht. Dazu kommen Übelkeit und Erbrechen. Kurz vor Weihnachten stirbt Mirek. Die letzten Tage wachten Johanna und Jacza am Bett des Sterbenden. Es waren schreckliche Tage. Für beide ist sein Ende ein Verlust, aber auch eine Erleichterung.

Agatha und Jacza sind mit ihrem Gefolge vor zehn Tagen in Köpenick aufgebrochen. An diesem Abend erreichen sie das Ziel ihrer Reise, die Burg des Grafen Peter Wlast in Breslau. Vom Umsturz in Polen ist hier kaum noch etwas zu bemerken. Das Brückengeld zur Sandinsel wird erhoben und das Festungstor ist instand gesetzt. Nur der Kerker ist verschwunden. Jemand muss sich große Mühe gegeben haben, das massive Bauwerk spurlos zu beseitigen.

Peter Wlast freut sich über alle Maßen, seine geliebte Tochter in den Armen zu halten. Freudentränen strömen aus seinen blinden Augen. Vom Grafen erfahren sie, dass Wladislaw II. nach der Schlacht vor Posen zum Hof des römisch-deutschen Königs Konrad III. flüchtete. Wladislaw hat nun den Beinamen „der Vertriebene". Neuer Seniorherzog und Herzog von Schlesien und Krakau ist sein Halbbruder Boleslaw IV. Kraushaar. Er gab Peter Wlast seine Rechte und Güter zurück.

Jacza wendet sich an seinen Schwiegervater: „Polen nimmt am Wendenkreuzzug gegen die Elbslawen teil. Herzog Mieszko III. soll das polnische Kontingent führen. Ich muss ihn unbedingt sprechen, um sicherzustellen, dass er Köpenick verschont. Wo kann ich ihn treffen?"

„Ihr habt ihn verpasst. Vor zwei Tagen war er hier. Er befand sich auf dem Weg nach Krakau zu seinem Bruder Boleslaw. Am besten reist ihr ihm nach. Morgen aber will ich Euch bei mir haben. Ich möchte mit meiner Familie dinieren wie in alten Zeiten."

„Ich freue mich auf das Essen mit dir, Vater", antwortet Agatha.

Seit einer Woche sitzen Jacza und Agatha wieder im Sattel. Sie folgen der Oder bis Oppeln. Weiter geht es über Kattowitz nach Krakau an der Weichsel. Die Burg steht auf dem Wawel, einem fünfundzwanzig Meter hohen Kalksteinfelsen am linken Ufer des Flusses. Jacza sieht zum ersten Mal eine steinerne Burg. Wie in Köpenick nutzen auch hier die Erbauer das am Ort verfügbare Material. In Köpenick ist es das Holz der Wälder, in Krakau der Kalkstein des Wawel. Neben der Burg steht die Kathedrale. Der Wawel ist die Residenz der polnischen Herzöge und Könige und das Zentrum der geistlichen Macht des Landes.

Boleslaw und Mieszko empfangen die Besucher im Rittersaal. Prächtig sehen sie in ihren bunten Roben aus. Agatha und Jacza hingegen tragen robuste Reisebekleidung.

„Ihr seid herzlich willkommen. Es ist schon spät und das Abendessen wird aufgetragen. Hoffentlich habt Ihr Appetit.

Für Eure Begleiter und die Reittiere wird gesorgt. Euch, Agatha, gilt unser Beileid für die schreckliche Untat an Eurem Vater. Wie geht es Ihm?"

„Abgesehen von der Blindheit hat er sich von der Folter gut erholt."

„Ich bedanke mich für den freundlichen Empfang. Ja, Appetit haben wir", fügt Jacza hinzu. Die Gastgeber nehmen seinen Hinweis wörtlich und eröffnen die Tafel. In diesem Moment gesellt sich die Großfürstin hinzu. Boleslaw stellt seine Ehefrau vor. Sie sei eine Prinzessin aus der Kiewer Rus.

„Ihr seid schon ein Jahr in Köpenick. Fühlt Ihr Euch dort wohl?", will die Großfürstin von Agatha wissen.

„Ja, dort gibt es alles, was ich benötige. Steinbauten allerdings gibt es dort nicht, auch die Kirche ist ein Holzbau."

„Wir haben auf dem Wawel herausragende Bauten. Ihr solltet sie Euch ansehen. Ich könnte Euch morgen führen."

„Das Angebot nehmen wir gern an", fügt Agatha hinzu.

„Ihr habt doch Kinderwünsche?", fragt die Fürstin. Agatha ist verblüfft darüber, dass sie ein Frauenthema in diesem Kreis offen anspricht. Für Fürstinnen ist die Familienplanung das Thema Nummer eins. Ein männlicher Nachkomme ist von höchster Wichtigkeit.

„Ich habe vor fünf Monaten einen Sohn geboren. Alexander heißt er."

„Gratuliere."

Mittlerweile haben alle Platz genommen und mit dem Essen begonnen.

„Was ist der Anlass für Euren Besuch?", fragt Mieszko Jacza.

„Der Papst hat einem Wendenkreuzzug gegen die Elbslawen zugestimmt. Ich möchte sicherstellen, dass mein Fürstentum von Kriegshandlungen verschont bleibt. Andernfalls müsste ich Vorkehrungen treffen."

„Die südliche Abteilung des Kreuzzuges wird von Albrecht dem Bären geführt. Ich verstärke ihn mit meinem Kontingent. In einer Vorbesprechung forderte Albrecht der Bär, dass Brandenburg verschont bleibt. Ich habe zugestimmt. Ich werde das Gleiche für Köpenick fordern. Ihr braucht Euch keine Sorgen zu machen."

Jacza wendet sich an Boleslaw: „In Posen habe ich Euch um das Marktrecht für Miechów gebeten."

„Das Dekret ist erlassen. Ich gebe Euch eine Abschrift." Boleslaw holt es von einem kleinen Tisch und legt das mit einem Siegel versehene Pergament Jacza auf den Tisch.

Nach dem Essen verabschieden sich Agatha und Jacza von den beiden Fürsten und verabreden sich mit der Fürstin für morgen früh.

Die Fürstin führt die beiden Besucher durch die Kathedrale. Sie hat drei Schiffe und bietet durch ihre Größe einen überwältigenden Eindruck. Das auffälligste Element des romanischen Kirchenbaus sind die Rundbögen. In der Kathedrale befindet sich das Grab des Bischofs und Märtyrers Stanislaus, eines Heiligen. Er wurde vom polnischen König am Altar mit dem Schwert erschlagen. Sein Grab macht die Kathedrale zu einem Wallfahrtsort.

Unter dem Altar der Kathedrale befindet sich die St.-Leonhard-Krypta, benannt nach einem fränkischen Heiligen. Er ist der Schutzpatron der Gefangenen, der Bauern und des Viehs. Die Bauernregel „Wenn auf Leonhardi Regen fällt, ist's mit dem Weizen schlecht bestellt" bezieht sich auf seinen Gedenktag. Die Krypta dient der Grablegung polnischer Herrscher.

Am späten Vormittag endet die Besichtigung. Agatha und Jacza bedanken sich bei der Fürstin und treten die Weiterreise nach Miechów an. Die kirchlichen Bauten auf dem Wawel haben Jacza bewusst gemacht, wie bescheiden und ärmlich seine Bauwerke in Köpenick sind. Er nimmt sich vor, selbst eine Kirche aus Stein zu bauen, auch, um sich zu Lebzeiten ein Denkmal zu setzen.

Wallfahrten zu christlichen Heiligtümern wie zu dem Grab des Märtyrers Stanislaus sind populär. Beliebt sind Fahrten zu den Grabstätten der Apostel Petrus und Paulus in Rom, zu der des Apostels Jakobus in Santiago de Compostela und zum Grab von Jesus Christus in Jerusalem. Jakob, Burgkaplan von

Köpenick, verlangt immer wieder, dass Jacza nach Palästina pilgert, selbstverständlich unter seiner Führung.

Auf ihrem Weg nach Miechów reitet Jacza hinter Agatha. Sie behielt ihre attraktive Figur nach der Schwangerschaft. Anregend sieht sie beim Reiten aus, findet Jacza. Er freut sich auf die Nächte in Miechów.

Der Verwalter von Agathas und Jaczas Gütern in Miechów hat während ihrer Abwesenheit ganze Arbeit geleistet. Das neue Herrenhaus steht und ist bezugsfertig. Im Stall sind Boxen für Reitpferde. Daneben befinden sich solche für Haustiere, wie Milchkühe, Hühner und Schweine. Sie dienen der Eigenversorgung des Hauses. Zwei Mägde, ein Knecht und ein Koch stehen Agatha und Jacza zu Diensten.

Auch die neue Getreidemühle ist fertiggestellt. Spezialisten aus Krakau bauten sie. Ein Wasserrad im Fluss Miechówka treibt die Mühle an. Das Befüllen des Mahlwerkes mit Korn regelt der Rüttelschuh. Der erzeugt das charakteristische Klappern der Mühle. Agatha und Jacza haben als Grundherren das Mühlenrecht. Für die Bauern gilt der Mühlenzwang. Sie müssen gegen eine Gebühr die neue Mühle nutzen, wenn sie ihr Korn nicht selbst mahlen.

Jacza beauftragt den Verwalter, einen Wochenmarkt in Miechów einzurichten. Der stellt einen Platz für den Markt bereit und informiert die Bauern der Region. Der erste Markt soll am kommenden Freitag stattfinden. Agatha und Jacza sind gespannt, wie die Bauern das Angebot annehmen.

Agatha geht mit dem Verwalter im Arbeitszimmer des Herrenhauses die Einnahmen und Ausgaben durch. Die Einnahmen sind der Pachtzins, den die Bauern für das ihnen zur Nutzung überlassene Land zahlen. Ausgaben sind Aufwendungen für Wege, Brücken und Bauvorhaben wie die Mühle sowie die Bezahlung des Verwalters und seiner Gehilfen. Die Mehrzahl der Bauern würde gerne mit Naturalien bezahlen. Das geht in diesem Fall nicht. Korn nach Köpenick zu schleppen, ergäbe keinen Sinn. Agatha besteht auf Geldzahlung. Dieser Forderung kommen die Bauern mit einem

Sammelsurium von polnischen und deutschen Münzen, Hacksilber und Silberbarren nach. Jedes Teil prüft der Verwalter mit seiner Münzwaage.

Schließlich ist der Tag der Eröffnung des Marktes in Miechów gekommen. Agatha, Jacza und der Verwalter sitzen an einem Tisch. Jeder Marktteilnehmer entrichtet hier die Gebühren. Die Bauern kennen ihre Lehnsherrin nur dem Namen nach. Nun sitzt sie leibhaftig vor ihnen und wird entsprechend beäugt. Der Markt ist gut besucht. Die Bauern kommen auf Ochsen- und Pferdekarren. Sie bieten Geflügel in Weidenkäfigen und Korn und Mehl in Säcken an. Es kommen auch Händler von außerhalb. Sie verkaufen Viehsalz und Wachskerzen. Ein künstlerisch begabter Bauer hat geschnitzte Puppen im Angebot. Agatha kauft eine Mädchenfigur mit buntem Bauernkleidchen. Jacza weiß, was das bedeutet. Als nächstes Kind wünscht sie sich eine Tochter.

Der Verwalter ist vom Erfolg des ersten Markttages begeistert. Zuvor war der Ort ein unbedeutender Flecken. Nun ist er dank des Marktes ein Dorf. Den Dorfgründer hat der Verwalter schon ausgemacht: Es ist Jacza von Köpenick, hier in Polen Jaksa von Miechów oder Jaksa Gryfita.

Auf ihrer Rückfahrt nach Köpenick machen Agatha und Jacza in Lebus Halt. Die Tochter des Grafen hat geheiratet. Sie ist überglücklich und überzeugt, dass der Nachbau von Agathas Himmelbett, gesegnet vom Bischof, seinen Teil zu ihrem Glück beigetragen hat. Sie ist schwanger.

Während der Abwesenheit von Agatha und Jacza hat sich die Witwe Johanna in Köpenick liebevoll um ihren Enkel Alexander gekümmert: Für eine schlechte Stimmung sorgt Jakob. Er warnt vor dem im Juni beginnenden Wendenkreuzzug. Gerüchte kursieren, dass gewaltige Heere zusammengestellt werden. So sollen die Truppen der Deutschen und Dänen jeweils hunderttausend und die der Polen zwanzigtausend Mann stark sein. Auch wenn Jacza diese Zahlen für übertrieben hält, wäre das Kreuzfahrerheer den Wenden haushoch überlegen. Der Sammelpunkt für die Truppen sei Magdeburg.

Zahlreiche weltliche und geistliche Machthaber nehmen neben Heinrich dem Löwen und Albrecht dem Bären am Kreuzzug teil. Es sind Herzöge, Pfalzgrafen, Grafen und Fürsten. Von geistlicher Seite schließen sich Erzbischöfe und Bischöfe dem Zug an. Sie kümmern sich nicht nur um das Seelenheil der Menschen in ihren Diözesen, sondern auch um die Vermehrung ihrer Pfründe und stellen eigene Truppen.

Albrecht der Bär führt das Heer gegen die Liutizen und Pommeranen. Die Nachricht macht Mira Angst, denn ihr Stamm der Redarier am Tollensesee gehört zu den Liutizen. Sie weiß, wie erbarmungslos die Sachsen gegen Heiden vorgehen. Schließlich haben sie ihren Vater, einen Mann des Friedens, vor ihren Augen enthauptet. Nun fürchtet sie um das Leben ihres geliebten Onkels. Auch Borislaw sorgt sich um seine Familie am Tollensesee. Vielleicht benötigen seine Eltern und Geschwister die Hilfe eines erfahrenen Kriegers.

Schnell wird bekannt, dass Albrecht der Bär mit seinem Heer von Magdeburg nach Havelberg und weiter nach Malchow am Müritzsee zieht. Damit macht er einen weiten Bogen um Köpenick. Eine Gefahr für das Fürstentum besteht nicht mehr und Mira und Borislaw brechen zu ihren Verwandten am Tollensesee auf. Die beiden besten Armbrustschützen der Burgmannschaft begleiten sie. Drei Tage dauert die Hinreise.

Bei ihrer Ankunft am Ufer des Lieps südlich des Tollensesees stellen sie fest, dass die Vorburg unbesetzt ist. Sie lassen ihre Pferde zurück und laufen über die Brücke bis zum Burgtor. Dort empfängt sie ein Wächter, der Mira, Borislaw und die beiden Armbrustschützen in den Empfangsraum führt. Borislaw fällt auf, dass der Burghof und die Ställe verwahrlost sind. Die Tür des Tempels ist verschlossen. Es sieht nicht so aus, als würden dort Riedegost Opfer dargebracht. Borislaw kennt den Empfangsraum von seinen früheren Besuchen. In der Mitte des Raumes steht noch der Tisch und an den Wänden hängen die Jagdtrophäen des Fürsten.

Ein Mann im Ringpanzer und mit einem Schwert bewaffnet kommt aus der Tür zu den Kemenaten und bleibt vor dem

Tisch stehen. Borislaw stockt der Atem. Damit hat er nicht gerechnet. Vor ihm steht nicht der Fürst der Redarier, sondern der ehemalige Verlobte von Mira, ein Prinz vom Stamm der Tollenser. Als Mira ihm den Korb gab, drohte er: „Ich werde wiederkommen und Genugtuung fordern." Das war vor fünfzehn Jahren. Die Burg ist nun in seiner Hand. Er hat seine Drohung wahr gemacht. Der Zwist zwischen den beiden Stämmen der Liutizen scheint wieder aufgebrochen zu sein. Von der Gefahr durch die Kreuzzügler hat der Mann möglicherweise keine Ahnung.

In diesem Moment erkennt der Schurke seine ehemalige Verlobte wieder. „Sieh einer an, da ist ja die kleine Dirne, die mit einem Bauern ins Bett geht. Ihr kommt mir gerade recht."

Borislaw ist klar, dass sie in der Falle sitzen. Momentan sind sie im Vorteil: drei Männer gegen einen. Auf keinen Fall darf der Burgherr den Raum verlassen, um Verstärkung herbeizurufen. Sie müssen ihn als Geisel nehmen.

Auch der neue Burgherr ist von der Situation überrascht. Seinen Erzfeind hat er nicht erwartet. Er erkennt seine missliche Lage und macht einen Schritt rückwärts in Richtung der Tür, aus der er gekommen ist. Borislaw setzt nach. Dann rennt der Schurke los. Zu seinem Pech öffnet sich die Tür nach innen. Die beiden Kontrahenten prallen gegen die halb geöffnete Tür, die mit einem Knall zuschlägt. Borislaw zieht seinem Gegner von hinten das Schwert aus der Scheide, drückt die Spitze der Waffe in seinen Rücken und zieht ihn am Kragen zum Tisch.

Ein Armbrustschütze bindet dem Burgherrn mit dessen Gürtel die Hände auf den Rücken. Die beiden Schützen bewachen die Türen und Borislaw beobachtet den Burghof. Dann stürmt ein Kämpfer mit gezogenem Schwert aus der Tür zu den Kemenaten. Offensichtlich hat ihn das Knallen der Tür neugierig gemacht. Ein Armbrustschütze setzt ihn mit einem Schuss in den Oberarm außer Gefecht.

Borislaw gibt den Befehl zum Rückzug. Mira geht voran. Borislaw folgt ihr und zieht den Burgherren an der Fessel hinter sich her. Die Armbrustschützen decken den Rückzug.

Unbehelligt erreichen sie das Tor. Der Wächter hat rechtzeitig seine aussichtslose Lage erkannt und sich aus dem Staub gemacht. Sie flüchten weiter über die Brücke in Richtung Ufer. Bewaffnete erscheinen am Burgtor. Sie haben Schwerter und Lanzen, aber keine Abstandswaffen wie Bögen und Armbrüste. Als Borislaws Männer sie unter Beschuss nehmen, gehen sie in Deckung.

Die Brücke ist über zweihundert Meter lang und verbindet die Insel Hanfwerder mit dem Ostufer des Sees. Auf halber Strecke reißt sich der Burgherr los. Noch immer sind seine Hände auf dem Rücken gebunden. Vornüber gebeugt versucht er, Borislaw mit dem Kopf ins Wasser zu stoßen. Der kann ausweichen. Der Burgherr hat so viel Schwung, dass er das Geländer der Brücke durchbricht. Er stürzt ins Wasser. Das Gewicht seiner Panzerung zieht den Gefesselten in die Tiefe. Luftblasen steigen im Wasser auf, seine letzten Lebenszeichen.

Am Ufer angekommen nehmen sie den Handelsweg nach Wolgast und folgen der Abzweigung zum Rethra-Hof. Der Hof wird noch bewirtschaftet. Auch der Fischer geht noch seiner Arbeit nach. Am Strand des Sees hat er seine Netze zum Trocknen aufgehängt. Dann erfolgt die zweite Überraschung des Tages. Der Fürst der Redarier lebt. Er tritt zusammen mit seiner Frau vor die Tür des Wohnhauses. Mira fällt ihrem Onkel um den Hals. Minutenlang halten sie sich eng umschlungen.

„Wir sind gekommen, um euch vor dem Wendenkreuzzug der Deutschen, Dänen und Polen zu warnen und Hilfe anzubieten. Albrecht der Bär führt den Zug gegen die Liutizen und Pommeranen an. Sie sind unterwegs nach Malchow an der Müritz. Das ist nur eine Tagesreise entfernt. Sie könnten jederzeit hier auftauchen", erklärt Mira.

„Danke, dass du an deine Tante und deinen Onkel denkst. Ja, wir wissen von dem Kreuzzug. Die große Zeit der Redarier als kriegerisches Volk ist seit dem Fall von Rethra vorbei. Wenn die Kreuzzügler hierherkommen, verstecken wir uns und das Vieh in den Wäldern. Allerdings haben wir ein Problem. Es ist Juli und das Korn reift auf den Feldern. Mit einem Reiterheer könnte sie unsere Felder verwüsten. Die Ernte würde ausfallen und wir hätten eine Hungersnot."

„Wie geht es Euch?", fragt Mira.

„Hier auf dem Rethra-Hof haben wir Gesellschaft. Das ist unser Land und wir werden nicht auf die Insel Hanfwerder zurückkehren."

„Was ist mit Hanfwerder geschehen?", fragt Jacza.

„Der Fürst der Tollenser hat seinen missratenen Sohn, den ehemaligen Verlobten von Mira, verbannt. Der hat mit seinen Spießgesellen unter einem falschen Vorwand Zutritt zu meiner Burg auf Hanfwerder erlangt, sie erobert und mich verjagt. Da er keine Einnahmen hat, zieht er raubend durchs Land."

„Nun nicht mehr, er ist tot."

„Wie das?"

„Er ist ertrunken", antwortet Jacza.

Am nächsten Morgen brechen Mira und Borislaw zum Dorf der Tempelwächter auf. Mira ist gespannt darauf, wie das frühere Zuhause ihres Mannes aussieht. Von seinem bäuerlichen Leben weiß sie wenig. Zwei Stunden später sind sie am Ziel. Das Haus der Borislaws mit einem Reetdach ist das Größte im Dorf. Borislaws Eltern heißen sie herzlich willkommen. Ihre Söhne sind dabei, die Ställe auszumisten.

„Kommt her und begrüßt unsere Gäste, aber wascht euch vorher die Hände!", ordnet die Hausherrin an. Folgsam stellen sie die Mistgabeln beiseite, schöpfen einen Zuber Wasser aus dem Ziehbrunnen und waschen sich die Hände. Die alte Ordnung daheim herrscht also immer noch, stellt Borislaw fest.

Es ist ein warmer Sommertag. Vor dem Haus steht ein Tisch mit Bänken. Mira, Borislaw, seine Eltern, die Schützen, die zwei Brüder, die Frau des Ältesten nebst seinen beiden Söhnen und die Schützen nehmen Platz.

„Es fehlt noch unsere Tochter. Sie ist mit einem Bauern im Nachbardorf verheiratet, hat zwei Kinder und ist Christin", verkündigt die Hausherrin stolz. Mira staunt nicht schlecht. Vor zwanzig Jahren durfte niemand wissen, dass sie Christin ist. Es wäre lebensgefährlich gewesen. Dass die Hausherrin nun so freimütig darüber spricht, zeigt, wie sich die Zeiten im

Slawenland geändert haben.

Die Schützen mit ihren Armbrüsten und Schwertern werden von den beiden Söhnen von Borislaws älterem Bruder bestaunt. Borislaw schätzt ihr Alter auf acht und zehn Jahre. Er weiß, was sie sich wünschen: Schwerter. Die Kinder geben erst Ruhe, als die Schützen sich bereit erklären, ihre Treffsicherheit unter Beweis zu stellen. In zwanzig Meter Entfernung vom Haus steht eine Eiche mit einem Astauge. Jeder ihrer Schüsse trifft ins Schwarze und die Zuschauer am Tisch klatschen Beifall.

„Wir sind gekommen, euch vor dem Wendenkreuzzug zu warnen", erklärt Borislaw.

„Wir wissen von dem Kreuzzug. Wir haben einen Informanten im Tross des Heeres. Albrecht der Bär und die Dänen belagern die Burg Demmin. Der Bischof von Bamberg hatte vor über zehn Jahren versucht, die Leute dort zu bekehren. In diesen Tagen kämpfen in Demmin überzeugte Christen gegen weniger überzeugte Christen. Manche der deutschen, dänischen und polnischen Ritter sollen an der Sinnhaftigkeit ihres Kreuzuges zweifeln. Wir sind gespannt, wie das ausgeht. Das nächste Ziel von Albrecht dem Bären ist Stettin. Das Heer macht also um unsere Heimat einen Bogen. Für uns stellt der Wendenkreuzzug keine Gefahr dar", antwortet der Vater. Gegenstand des weiteren Tischgespräches sind nicht Fragen von Krieg und Frieden, sondern solche praktischer Art. Wie wird die Qualität der kommenden Roggen- und Weizenernte sein und welche Tiere werden daran glauben müssen, wenn im Herbst die Schlachtsaison beginnt?

„Wir sind dankbar, dass ihr euch die Mühe macht, uns zu warnen. Das nächste Mal bringt bitte euren Sohn Alexander mit, ich möchte ihn kennenlernen", sagt Borislaws Mutter. Dann begibt sie sich in die Küche. Eine Stunde später serviert sie Haferbrei und selbstgebackenes Brot. Dazu gibt es Bier und mit Wasser verdünnten Wein. Als es dämmert, zünden ihre Söhne Kienspäne an. Es ist ein warmer Sommerabend. Alle sind entspannt und haben gute Laune. Auch Mira genießt diesen Abend in einer bäuerlichen Welt, die ihr fremd ist.

Nach der Heimkehr von Borislaw und Mira treffen fast täglich Nachrichten über den Fortgang des Wendenkreuzzuges ein. Albrecht der Bär hat hohe Verluste bei der Belagerung der Burg Stettin. Die Verteidiger befestigten Kreuze an der Festung, um den Angreifern mitzuteilen: „Sehet her, wir sind Christen wie ihr!" Auch hier berufen sich die Slawen auf das Bekehrungswerk des Bischofs von Bamberg. Sie behaupten, nicht die Unterwerfung mit dem Schwert, sondern die Stärkung ihres Glaubens durch Missionierung sei angebracht.

Die letzten Nachrichten berichten von Friedensverhandlungen und einem Ende der Kämpfe. Der polnische Teil des Kreuzritterheeres sei weiter nach Pommern gezogen. Anders als die Dänen. Sie verließen das Heer von Heinrich dem Löwen und traten den Heimweg an, nachdem die Ranen ihre Flotte vor Helgoland vernichtet hatten. Nach drei Monaten endet der Wendenkreuzzug.

Albrecht dem Bären gelang es nicht, Slawenstämme zu unterwerfen und zu Tributzahlungen zu verpflichten. Sein Kreuzzug gilt als erfolglos. Das sieht Jacza anders. Es war eine Machtdemonstration der Sachsen. Das Ritterheer verzichtete aus vorausschauendem Eigennutz auf Brandschatzungen der Dörfer und Verwüstungen der Felder. Sie glauben, dass sie irgendwann die Elbslawen benötigen, wenn das Gebiet Teil des Reiches wird. Für Jacza ist Albrecht der Bär weiterhin eine Gefahr für sein Fürstentum.

Im September lädt Jacza zu einem Festmahl ein. Er selbst sitzt am Kopfende des Tisches im Rittersaal und Jakob ihm gegenüber am anderen Ende. Rechts von ihm hat seine Frau Agatha und links von ihm seine Mutter, die Witwe Johanna, Platz genommen. Neben ihr sitzt Cythava, seine Schwägerin. Sie ist die Witwe des vor Jahren ermordeten Fürsten Meinfried. Auf Einladung Jaczas reiste sie aus Brandenburg an. Ihr gegenüber sitzen Mira und Borislaw.

„Wir feiern das Ende des Wendenkreuzzuges. Die Kreuzritter verschonten Köpenick. Auch Mira und mein

Freund Borislaw hatten Glück. Das Heer von Albrecht dem Bären machte einen Bogen um ihre Heimat am Tollensesee. Ihre Familien sind wohlauf. Der Kelch ging an uns vorüber.

Es gibt noch eine gute Nachricht. Die Ernte in diesem Jahr ist gut ausgefallen. Unsere Bürger werden in diesem Winter keinen Hunger leiden. In der nächsten Woche findet das Erntedankfest statt. Es wird ein Fest der Bauern. Sie haben uns ein Jahr gut ernährt und ihre Abgaben entrichtet. Als Dank dafür spende ich schlachtreife Ochsen und Fässer mit Bier und Wein. Essen und Trinken sind frei. Das Fest findet nicht auf dem Marktplatz, sondern hier bei uns auf der Festung statt. Ich bitte alle, teilzunehmen. Ich wünsche Euch guten Appetit."

Während Jaczas Tischrede trugen Mägde die Speisen auf. Ein Mundschenk mit einem weißen Tuch über dem Arm versorgt die Runde mit Wein und Bier. Jacza schaute sich den Mundschenk von Peter Wlast in Breslau ab. Die Trinkbecher aus Glas und die Tischtücher sind Teil von Agathas Aussteuer aus Schlesien. Der Rittersaal ist mit seinen mit Tierhäuten bespannten Fenstern eher dunkel. Kerzen auf dem Tisch schaffen eine feierliche Atmosphäre.

Jacza wendet sich an Cythava. „Wie geht es meinem Onkel Pribislaw-Heinrich in Brandenburg?"

„Vor zwei Jahren reiste er ins Heilige Land und hat seitdem Wechselfieber. Er leidet unter der Dominanz seiner herrschsüchtigen Frau Petrissa. Der Verdacht des Brudermordes lastet auf ihm. Er ist über sechzig und gealtert. Ihr würdet ihn nicht wiedererkennen. Ich glaube, dass er nicht mehr lange lebt. Die Burgmannschaft ist unzufrieden mit ihm. Noch immer schwärmen sie von der guten alten Zeit unter Meinfried."

„Ihr würdet mir einen großen Gefallen tun, wenn Ihr mich informiert, falls Pribislaw-Heinrich stirbt. Ich bin sein rechtmäßiger Erbe und will nicht, dass mir Albrecht der Bär zuvorkommt."

„Ja. Das verspreche ich."

Jakob meldet sich zu Wort. „Ich möchte eine Beschwerde vorbringen. Seit Jahren versuche ich, Borislaw zu bekehren, ohne Erfolg. Wir sind ein christliches Fürstentum. Ich finde es nicht richtig, dass ein Ritter in Euren Diensten abends seinen Taschen-Gott hervorholt und Riedegost anbetet. Er ist ein Gottloser."

„Nein, das ist er nicht. Er hat ja einen Gott, nur einen anderen als wir. Vielleicht fehlt es dir an Überzeugungskraft. Versuch es weiter. Ich weiß, dass er ein harter Brocken ist. Seine Frau ist Christin. Seine Töchter sind getauft. Er ist mein Freund und die Burgmannschaft respektiert ihn. Er ist für die Sicherheit Köpenicks unverzichtbar."

Borislaw wendet sich an Jakob: „Immer wieder stellst du mich an den Pranger. Du kennst den Grund für meinen Götterglauben. Ich bin der einzige Überlebende von Rethra. Riedegost schützt mich."

Das Erntedankfest ist für die Bauern das gesellschaftlich wichtigste Ereignis des Jahres. Die Vorfreude ist groß. Sie reisen mit Frau und Kindern auf ihren Ochsen- und Pferdewagen an und sammeln sich an der Spreebrücke. Einige schmücken ihre Wagen. Auf Kommando ziehen sie in einem Festzug durch die Stadt bis zur Burg. Dort stellen sie Bänke und Tische auf. Beliebt sind Plätze im Burghof neben den Brunnen. Agatha, Johanna, Mira, Jacza und Borislaw haben einen Tisch direkt vor dem Fürstenhaus. Die meisten Bauern sahen sich ein Jahr lang nicht und schlagen sich vor Freude über das Wiedersehen auf die Schultern, und die Frauen fallen sich in die Arme.

Sobald die Kinder von den Wagen geklettert sind, geht das Lärmen und Schreien los. Wild rennen sie um die Tische und erobern in kürzester Zeit die Burg. Mutige klettern auf den Wehrgang und verteidigen „ihre Festung". Einer fuchtelt mit seinem Holzschwert in der Luft herum und schreit: „Die Sachsen kommen!" Ein Mädchen an seiner Seite schaut ihn bewundernd an. Es ist Miras Tochter.

Borislaw traf alle Vorbereitungen für das Fest. Mehrere Ochsen am Spieß werden von Knechten in Portionen zerlegt und Mägde zapfen Bier und Wein. Es ist genug für alle da.

Fleisch im Überfluss ist für die Bauern etwas Besonderes.

Jakob geht von Tisch zu Tisch und erinnert die Versammelten an den Sinn des Festes: „Alle guten Gaben, alles, was wir haben, kommt, oh Gott, von dir, wir danken dir dafür. Amen." Die Predigt ist so kurz, dass sie den einen oder anderen Heiden unter den Bauern nicht sonderlich aufregt.

Für Jugendliche ist das Fest Gelegenheit, Bekanntschaften zu schließen. Der Grundstein vieler Ehen wird auf Erntedankfesten gelegt. Borislaw passt auf, dass sich frisch Verliebte nicht in die Scheune verirren. Gegen Abend treten die angeheiterten Bauern mit ihren Familien die Heimfahrt an und verlassen die Burginsel. Wirklich nüchtern sind nur die Zugtiere.

Als Jacza zu Bett geht, fragt ihn Agatha mit einem verschmitzten Lächeln: „Fällt dir was auf?" Sie steht im Nachthemd mitten im Schlafzimmer und streckt den Bauch vor. Jacza erinnert sich an die aufregende Zeit in Miechów. Es waren heiße Sommernächte. Symbolisch kaufte Agatha auf dem Markt eine Puppe im Bauernkleidchen.

„Du bist schwanger."

„Ja. Diesmal wird es eine Tochter. Veronika soll sie heißen."

„Du könntest mich bei der Wahl des Namens fragen."

„Ich weiß. Und ob es ein Junge oder ein Mädchen wird, entscheidet der Allmächtige."

Im Mai des nächsten Jahres ist die Niederkunft. Wie immer hat Agatha recht. Es ist ein Mädchen, das auf den Namen Veronika getauft wird. Das Fürstentum hat eine Prinzessin.

Im Laufe des Jahres entwickelt Veronika eine innige Liebe zu ihrem Vater. Wenn sie Kummer hat und nicht aufhören will, zu schreien, kann nur Jacza das Drama beenden. Sobald er sie in die Arme nimmt und sie seine Stimme hört, schluchzt sie noch einmal tief durch und lächelt. Jacza bemerkt, dass Agatha in solchen Momenten eifersüchtig ist. Aber es gibt eine ausgleichende Gerechtigkeit. Alexander, der über ein Jahr ältere Bruder von Veronika, hängt an seiner Mutter. Trösten lässt er sich nur von Agatha.

9. 1150 n. Chr.: Albrecht der Bär besetzt die Brandenburg

Cythava, die Witwe von Meinfried, wohnt auf der Brandenburg gegenüber dem Fürstenhaus von Pribislaw-Heinrich. Seit Tagen verlässt der Fürst das Haus nicht. Cythava bittet ihre Kammerdienerin, den Grund dafür herauszufinden. Von Pribislaw-Heinrichs Frau Petrissa erfährt sie, dass der Fürst mit Fieber im Bett liegt.

Cythava beobachtet, wie der Arzt täglich das Fürstenhaus aufsucht. Nach einer Woche begleitet ihn der Kaplan. Cythava weiß, wie fromm ihr Bruder ist. Wahrscheinlich liegt er im Sterben und bat um die letzte Ölung.

In den folgenden Tagen sucht der Arzt das Fürstenhaus nicht mehr auf. Sie fragt den befreundeten Kaplan. Der gesteht nach mehrmaliger Nachfrage, dass Pribislaw-Heinrich dem Fieber erlag und seit drei Tagen in der Burgkapelle aufgebahrt liegt. Die Fürstin verheimlicht seinen Tod. Sie sandte einen Boten zu Albrecht dem Bären mit der Bitte, so schnell wie möglich zu kommen, um Brandenburg in Besitz zu nehmen.

Cythava erinnert sich an das Versprechen, das sie Jacza auf dem Erntedankfest in Köpenick gab. Sie würde ihn informieren, wenn Pribislaw-Heinrich stirbt. Sie beauftragt ihre Kammerdienerin, einem fahrenden Händler eine Nachricht nach Köpenick mitzugeben. Darin teilt sie Jacza die Einzelheiten zum Tod von Pribislaw-Heinrich mit. Sie gibt ihrer Kammerdienerin zehn Pfennige als Lohn für den Überbringer der Botschaft.

Wenige Tage später hält Jacza in Köpenick die Nachricht in der Hand. Er ist fest entschlossen, sein Erbe anzutreten. Er weiß, dass Albrecht, wenn er von Magdeburg über die Heerstraße anreist, vor ihm in Brandenburg sein könnte. Ein Wettlauf beginnt. Fünf Bewaffnete begleiten Jacza.

Am übernächsten Tag passieren Jacza und seine Mannschaft die Brücke über die Havel auf die Burginsel von Brandenburg. Sie lassen die Pferde zurück und stehen wenig später, mit ihren Normannenschilden gewappnet, vor dem Osttor der Festung. Zwei Wächter versperren ihnen den Weg.

„Ich bin Jacza von Köpenick und neuer Herr der Festung. Öffnet das Tor!"

„Die Festung hat schon einen neuen Herrn. Es ist Albrecht der Bär", teilen ihn die Wächter mit.

Jacza befiehlt seinen Leuten, die zwei Wächter so lange als Geisel zu nehmen, wie sie in Schussweite der Burg sind. Sie werden entwaffnet und an Händen und Füßen gefesselt. Das Handgemenge und das laute Fluchen bleiben nicht unbemerkt. Immer mehr Köpfe schauen über die Brustwehr der Festung auf sie herab. Schließlich erscheint ein Frauenkopf mit roten Zöpfen. Es ist Petrissa. Der hochgewachsene Mann neben ihr muss Albrecht der Bär sein. Zum ersten Mal sieht Jacza seinen Erzfeind. Er hat einen Schnauzbart. Albrecht ist für den Kampf gerüstet und trägt einen Helm mit einer Kettenbrünne.

„Wer seid Ihr?", ruft er herab.

„Ich bin Jacza von Köpenick. Ich bin der Erbe von Brandenburg. Öffnet das Tor. Das ist meine Festung!"

„Ihr irrt. Ich, Albrecht der Bär, bin neuer Herr Brandenburgs. Pribislaw-Heinrich bestimmte mich zu seinem Nachfolger. Außerdem hat er meinem Sohn Otto als Patengeschenk einen großen Teil des Fürstentums, die Zauche, übereignet. Ich bin Markgraf der Nordmark, berufen vom Heiligen Römischen Reich. Für Euch bleibt das Tor geschlossen.“

„Ihr seid kein Verwandter von Pribislaw-Heinrich. Ihr habt keinerlei Rechte auf das Fürstentum Brandenburg. Ihr handelt wie ein Besatzer. Bei der nächstbesten Gelegenheit werde ich mir die Festung mit Waffengewalt nehmen.“

Jacza gibt seinen Männern den Befehl zum Rückzug. Er geht davon aus, dass die Geiseln sie vor Beschuss schützen. Es kommt anders. Er hört, wie Albrecht der Bär Befehle erteilt. Bogenschützen lassen einen Pfeilhagel auf sie herab. Jacza und seine Männer sind hinter ihren Normannenschilden geschützt und schnell aus der Reichweite der Waffen. Anders sieht es bei den gefesselten Geiseln aus. Wehrlos, wie sie sind, schreien sie: „Haltet ein, schießt nicht. Wir gehören zu Euch!“ Ihr Jammern hilft nicht. Sie werden die ersten Opfer des neuen Burgherrn.

Die Gelegenheit, Jacza durch einen Glückstreffer seiner Bogenschützen aus dem Weg zu räumen, war für Albrecht den Bären so verlockend, dass er seine eigenen Leute über die Klinge springen ließ. Damit hat Albrecht das Vertrauen seiner Burgmannschaft verspielt. Ein solches Verhalten spricht sich herum. Als sie die Burginsel verlassen, wirft Jacza einen Blick zurück. Über der Festung weht eine Fahne mit dem schwarz-gelben Wappen der Askanier.

Auf ihrem Rückweg nach Köpenick macht Jacza einen Umweg. Auf dem Teltow biegt er in den alten Handelsweg nach Stettin ab. Sein Ziel ist die Spreepassage zwischen Spandau und Köpenick. Seine Einnahmen durch Zölle und Fährgeld stiegen im letzten Jahr an dieser Außenstelle. Das Verkehrsaufkommen muss zugenommen haben. Jacza befürchtet, dass diese Spreepassage Köpenick Konkurrenz machen könnte. Tatsächlich herrscht bei seiner Ankunft reger Betrieb. Kaufleute sind in beiden Richtungen unterwegs. Der Übergang liegt nicht an einer Furt, sondern an einer Engstelle des Flusses. Eine Fähre sorgt für den Transport von Personen, Pferdewagen und Ochsenkarren von einem Ufer zum anderen.

„Hat der Ort mittlerweile einen Namen?“, fragt Jacza den Fährmann, der in seinen Diensten steht.

„Die Kaufmannssiedlung auf der gegenüberliegenden Seite

des Flusses heißt auf Deutsch Sumpfstadt, auf Slawisch Berlin. Das kürzere Berlin setzt sich durch. Die Siedlung auf dieser Seite der Spree hieß Colonia. Daraus ist Cölln geworden."

Der Spreeübergang ist für Händler ein wichtiger Teil des nordsüdlich verlaufenden Fernhandelsweges Via Imperii zwischen Stettin und Leipzig. Diese Reichsstraße ist eine Magistrale. Jaczas Befürchtung hat sich bestätigt. Der Übergang ist eine Konkurrenz für Köpenick. Er weiß, dass er das Wachstum dieser verkehrsgünstig gelegenen Handelsplätze Cölln und Berlin nicht aufhalten kann. Er will sie aber wirtschaftlich nutzen.

Aus Erfahrung weiß er, wie wichtig Brücken sind. Ohne die Brücken über die Spree und Dahme würde die Burgstadt Köpenick nicht funktionieren. Sie sorgen für einen ungehinderten Zugang und machen Köpenick zu einem bedeutenden Handelsplatz. Der Baumeister der Köpenicker Brücken ist ein erfahrener Mann. Gleich morgen wird er ihn mit der Errichtung einer Pfahlbrücke an der Spreepassage von Cölln nach Berlin beauftragen. Der Bau von Holzbrücken ist aufwendig. Sie müssen wiederholt instandgesetzt und nach der Eisschmelze oft neu errichtet werden. Bei der Kostenfrage ist das Brückengeld ein wichtiger Faktor. Diese Gebühr ist eine sichere und kontinuierliche Einnahmequelle für den Landesherrn.

Auf dem letzten Stück ihres Heimweges passieren sie die Schenke, vor der Borislaw den Mörder von Meinfried geköpft hat. Jacza erinnert sich an jede Einzelheit des grausamen Geschehens, obwohl es über zwanzig Jahre zurückliegt und er noch im Kindesalter war. Als der Kopf vor seine Füße rollte, musste er sich übergeben, was ihm noch immer peinlich ist. „Ein Fürstensohn zeigt keine Schwäche", predigte sein Vater. Er selbst behält dieses Detail für sich. Auch Borislaw verschweigt es. Er ist ein wahrer Freund.

Albrecht der Bär leitet die Grablegung von Pribislaw-Heinrich auf der Brandenburg. Sie findet in der Burgkapelle statt. Der Verstorbene liegt aufgebahrt und in ein Tuch gehüllt vor dem

Altar. Da Petrissa seinen Tod tagelang verheimlichte, verbreitet er einen süßlichen Leichengeruch. Der Kaplan hat Fenster und Türen weit geöffnet. Frauen halten sich mit Rosenöl getränkte Tücher unter die Nase. Die Inschrift auf einer Grabplatte im Boden der Kapelle erinnert an den Vorgänger und Bruder von Pribislaw-Heinrich: „Hier ruht Meinfried, Fürst der Heveller, ermordet Anno Domini 1127." Daneben ist eine frische Grube ausgehoben.

Albrecht der Bär und die Witwe Petrissa sitzen auf der linken Seite der Kapelle. Auf der gegenüberliegenden Seite hat die Witwe von Meinfried Cythava Platz genommen. Jacza, aufgrund seiner Abstammung der rechtmäßige Erbe Brandenburgs, ist nicht eingeladen. Sein Platz bleibt leer.

Während der Kaplan die Trauerrede hält, mustert Cythava ihre Nachfolgerin und Intimfeindin Petrissa. „Alt und faltig sieht sie aus. Eine Schönheit ist sie, weiß Gott nicht. Mit ihren roten Haaren sieht sie wie eine Hexe aus. Sie war die heimliche Herrscherin Brandenburgs und steckte hinter der Ermordung meines Mannes. Sie hat es geschafft, dass Brandenburg an einen Askanier verschenkt wird. Als Zeichen ihrer hohen politischen Stellung bestand sie darauf, dass auf der Rückseite von Pribislaw-Heinrichs Münzen ihr Konterfei zu sehen ist. Die Leute machen sich lustig über den Petrissa-Pfennig. Schnell wird es mit ihrer Herrlichkeit vorbei sein, wenn der neue Statthalter Albrechts, sein Sohn Otto, die Macht übernimmt."

Der Kaplan, ein Prediger aus Magdeburg, hört nicht auf mit seinem Lob auf den Verstorbenen. „Der wollte Brandenburg lieber den Deutschen überlassen als dem eigenen Volk, das Götzen verehrt."

Statt an ihren verstorbenen Gatten zu denken, schaut Petrissa abschätzig auf Cythava. „Als Fürstin versagte sie. Sie konnte nicht mit der Macht umgehen. Sie begriff nicht, dass Meinfrieds jüngerer Bruder die größte Gefahr für ihren Mann darstellte. So etwas hat man im Blut."

Albrecht sieht das Hohelied des Predigers auf den Verstorbenen kritisch. „Pribislaw-Heinrich war kein Held. Er trug seine eigene Dynastie zu Grabe, obwohl es einen Erben gibt: einen Christen. Glück für mich. Ich habe andere Werte. Meine Dynastie, die der Askanier, ist mir heilig. Leider hat die Übernahme einen Makel. Ich erhielt Brandenburg nicht aus den Händen des Fürsten, sondern aus denen seiner Witwe. Eine Übereinkunft unter der Schirmherrschaft des Reiches durch König Konrad kam nicht zustande. Ein angesetzter Hoftag fiel aus. Konrad hatte Malaria und Pribislaw-Heinrich verstarb früher als gewünscht. Es fehlt nur noch, dass Jacza seine Drohung wahrmacht und versucht, Brandenburg mit Waffengewalt zu nehmen."

10. 1153 n. Chr.: Pilgereise nach Jerusalem

Im April 1153 starb Peter Wlast in Breslau. Seine Grablege fand in der Kirche St. Vinzenz auf dem Elbing statt. Der Verstorbene hatte sie zu Lebzeiten selbst gestiftet. Dort ruht seine Frau Maria. Die Größen aus Politik und Kirche des Piastenreiches, darunter die Juniorherzöge Boleslaw Kraushaar und Mieszko der Alte, und die Bischöfe von Breslau und Krakau nahmen an dem Begräbnis teil.

Zum ersten Jahrestag seines Todes reisen Agatha und Jacza nach Breslau, um ihres Vaters und Schwiegervaters zu gedenken. Der Bischof von Breslau hält in der St.-Vinzenz-Kirche eine Andacht. Gekommen ist auch Swietoslaw, Sohn von Peter Wlast. Während seiner Rede ist Agatha den Tränen nahe. Es bricht ihr das Herz, wenn sie an die grausame Blendung und Verstümmelung ihres geliebten Vaters denkt. Erdolchen könnte sie den Übeltäter. Es ist der aus dem Land gejagte Herzog Wladislaw. König Barbarossa aus dem Adelsgeschlecht der Staufer betreibt die Rückkehr des Vertriebenen auf seinen Posten als Seniorherzog.

Jacza erinnert sich noch an den vor Kraft strotzenden Grafen Peter Wlast, als er in Köpenick sein Gast war. Er befand sich auf dem Weg nach Magdeburg, um die Reliquien des Heiligen Vinzenz zu erwerben. Die brutale Blendung, die Jacza selbst in einem seiner Albträume durchlebte, hat dem ehrenvollen Kastellan die Lebenskraft geraubt.

Am nächsten Tag machen sich Agatha und Jacza auf den Weg nach Miechów. Ihr Tross besteht aus Armbrustschützen, Schwertkämpfern, Knechten für die Lasttiere und einem Koch. Jacza hat Großes vor. Er will seinen Besuch nutzen, um von Miechów aus ins Heilige Land zu ziehen. Eine Reise nach Jerusalem kann ein Jahr dauern. Er vertraut darauf, dass sein Freund und Kastellan Borislaw während seiner Abwesenheit für Sicherheit in Köpenick sorgt.

Mit List überzeugte ihn der Kaplan Jakob von der Notwendigkeit einer Pilgerreise. „Euer Onkel Pribislaw-Heinrich, ein Slawenfürst wie Ihr, war schon vor neun Jahren in Palästina. Er reiste zusammen mit dem Markgrafen Konrad von Wettin."

Jacza stößt es sauer auf, wenn er den Namen Konrad hört. Schließlich war es dieser Konrad, der vor zehn Jahren seinem Fürstentum Köpenick die Grenzburg Teupitz abspenstig machen wollte.

Jakob zieht seinen letzten Trumpf: „Wenn Ihr noch länger wartet, wird Euer Erzfeind Albrecht der Bär vor Euch am Heiligen Grab stehen."

„Das darf auf keinen Fall geschehen", sagt sich Jacza, „schließlich war der Schurke bei der Besetzung der Brandenburg nach Pribislaw-Heinrichs Tod schon einmal der Schnellere."

Pilger haben für ihre Reise nach Palästina die Wahl zwischen der Balkanroute und der Mittelmeerroute. Jacza entschied sich für die Route über den Balkan. Sie führt über Belgrad nach Konstantinopel und weiter nach Palästina. Bei der Mittelmeerroute geht es mit dem Schiff von Venedig quer durch das Mittelmeer nach Akkon, dem Hafen von Jerusalem.

Jakob ist hocherfreut, als Jacza sich für die Route über Konstantinopel entscheidet. Dort steht das größte Gotteshaus der Christenheit, die Hagia Sophia. Zeitgenossen bezeichnen den gewaltigen Kirchenbau als achtes Weltwunder. „Man muss sie gesehen haben", predigt Jakob immer wieder. Ihm bleibt nicht viel Zeit. Er ist schon sechzig. Auch Jacza möchte die Hagia Sophia sehen. Außerdem soll Konstantinopel eine Stadt aus Stein sein. Davon will er sich selbst überzeugen. Burgstädte in seiner Heimat sind aus Holz.

Jacza freut sich, als sein Cousin Swietoslaw erklärt, ihn nach Palästina zu begleiten. Je größer seine Truppe ist, desto sicherer ist sie. Überdies ist Swietoslaw von kräftiger Statur und Schwertkämpfer.

Pilger sind auf ihrer Reise nach Jerusalem zahlreichen Gefahren ausgesetzt. Dazu zählen Krankheiten, Sturzfluten, riskante Pässe und Furten, Überfälle von Räubern und Piraten, betrügerische Geldwechsler, Wirte und Schiffspatrone sowie blutrünstige Seldschuken. Viele Pilger sehen ihre Heimat nicht wieder. Es ist daher üblich, dass Pilger vor ihrer Abreise ein Testament hinterlegen.

Jacza verfügt für den Fall seines Ablebens, dass sein Sohn Alexander Fürst von Köpenick wird. Bis zu seinem 18. Geburtstag würde Agatha sein Vormund sein. Borislaw, mittlerweile ein Mann um die fünfzig, wollte Jacza begleiten. Das lehnte Jacza ab. Mit einem überzeugten Heiden am Grab Christi zu erscheinen, wäre ein Sakrileg. Jacza bittet ihn, während seiner Abwesenheit für Sicherheit in Köpenick zu sorgen.

Agatha und Jacza verbringen eine Nacht in ihrem Haus in Miechów. Hier lässt Jacza zwei Burgwächter aus Köpenick für den Schutz seiner Frau zurück.

Am nächsten Morgen beginnt Jacza seine bewaffnete Pilgerfahrt nach Jerusalem. Sein erstes Ziel ist Krakau. Herzog Mieszko III. empfängt ihn in der Residenz der polnischen Herzöge auf dem Wawel. Mieszko ist nicht allein. Neben ihm sitzt ein fürstlich gekleideter Ritter.

„Ich begrüße Euch, Jacza. Der Mann neben mir ist mein Bruder, Herzog Heinrich von Sandomir. Was führt Euch zu mir?"

„Ich bin auf einer Pilgerfahrt nach Palästina. Ich möchte diese Gelegenheit nutzen, mich dafür zu bedanken, dass ihr mir im Wendenkreuzzug das Heer von Albrecht dem Bären vom Hals hieltet."

„Das tat ich gerne. Ihr seid für uns ein wichtiger Verbündeter. Leider hat sich unser Verhältnis zum Heiligen Römischen Reich verschlechtert. Der neue König des Reiches, Friedrich Barbarossa, der Rotbart, ist ein Machtmensch. Er besteht auf seiner Lehnshoheit über Polen. Ich befürchte, dass er einen Feldzug gegen Polen plant, um seine Forderung mit Gewalt durchzusetzen", erwidert Mieszko.

„Unterstützung kann ich Euch diesmal nicht anbieten. Ich bin für mehrere Monate fern der Heimat", stellt Jacza fest.

Mieszko wechselt das Thema: „Kürzlich kam ich auf dem Weg nach Warschau durch Miechów. Dort hat sich einiges verändert. Durch das Marktrecht ist der Flecken ein Dorf mit einem zentralen Platz und einer Kornmühle. Es fehlt eine Kirche. Euer Schwiegervater Peter Wlast, Gott habe ihn selig, war ein bedeutender Stifter von Kirchen und Klöstern. Tretet in seine Fußstapfen und schafft ein Gotteshaus in Miechów."

Heinrich von Sandomir meldet sich zu Wort: „Ich bin Mitglied des Ordens der Kanoniker des Heiligen Grabes zu Jerusalem. Die Arbeit des Ordens ist die Krankenpflege, die Verehrung des Heiligen Kreuzes und des Grabes des Herren. In Jerusalem haben wir ein Hospiz. Dort versorgen wir Pilger und bieten ihnen ritterlichen Schutz. Ich sitze gestiefelt und gespornt auf dem Wawel und warte auf eine Gelegenheit, mich einer Pilgergruppe anzuschließen. Ihr kommt wie gerufen. Ihr würdet mir einen großen Gefallen tun, wenn ich mich Euch anschließen könnte."

„Ihr seid herzlich eingeladen. Ich freue mich über jeden Waffenträger in meiner Gruppe. Mein Cousin Swietoslaw, Sohn von Peter Wlast, ist auch dabei."

„Welchen Weg nach Palästina wollt ihr nehmen?", will der Herzog wissen.

„Über den Balkan."

„Der größte Teil Eurer Reise führt durch das Byzantinische Kaiserreich. Wir Piasten haben ein freundschaftliches Verhältnis mit dem dortigen Kaiser Manuel I. Comnenus. Ich könnte Euch ein Schreiben mitgeben, in dem ich den Kaiser bitte, Euch bei der Reise nach Jerusalem zu unterstützen."

„Das Angebot nehme ich gerne an."

„Da ist noch eine Sache. Byzanz, das Oströmische Reich, hat eine Goldwährung. Dort bezahlen die Leute größere Beträge mit dem Hyperpyron, einem Nachfolger des Solidus. Mit Silberpfennigen kommt Ihr nicht weit."

„Danke für den Hinweis. Ich habe ausreichend Solidi und eine große Menge Feinsilber in Form von Barren für den Ankauf byzantinischer Münzen bei mir."

Am nächsten Morgen macht sich Jacza mit dem Schreiben von Mieszko im Gepäck auf den Weg in Richtung Donau. Das gerollte Pergament trägt die Anschrift: „Majestas Manuel I. Comnenus". Es ist mit einer Kordel umwickelt, die mit einem gestempelten Wachssiegel von Mieszko, dem Absender, gesichert ist. Was in dem Schreiben steht, bleibt für Jacza ein Geheimnis.

Von der Existenz von Heinrich von Sandomir hatte Jacza keine Kenntnis. Der piastische Übervater Boleslaw III. Schiefmund hatte eine beeindruckende Zeugungsfähigkeit. Aus seiner ersten Ehe ging Wladislaw II. der Vertriebene hervor. Jacza besuchte den Herzog in seinem Feldlager und half dabei, ihn in der Schlacht bei Posen aus dem Land zu jagen. Während seiner zweiten Ehe gebar ihm seine Frau mit dem schönen Namen Salome vier Söhne und mehrere Töchter. Die Brüder Boleslaw IV. Kraushaar und Mieszko III. der Alte kennt er bereits.

„Was ist unser erstes Ziel?", will Heinrich von Sandomir von Jacza wissen.

„Die Stadt Buda an der Donau."

Nach einer Woche erreicht Jaczas Truppe die Donau und setzt mit einer Fähre von Buda nach Pest über. Mehrere Lastkähne, die am Ufer festgemacht haben, bieten Mitfahrgelegenheiten nach Belgrad an. Es sind Kähne mit flachem Boden, die mit überlangen Rudern am Bug und Heck gesteuert werden. In der Mitte haben sie Hütten für Mannschaft und Passagiere.

Swietoslaw, Heinrich und Jacza wählen ein Schiff, das Holz geladen hat. Vom Patron erfahren sie, dass das Schiff nur für die Talfahrt gebaut ist. Am Zielhafen wird es zerlegt und das Holz mitverkauft. Der Preis für die Passage nach Belgrad beinhaltet auch die Verpflegung für Jacza, Jakob, Swietoslaw und Heinrich. Der übrige Tross mit den Pferden und Lasttieren folgt dem Schiff an Land.

Am nächsten Morgen beginnt die Fahrt über die Donau. Mit den langen Rudern vorn und hinten hält die Mannschaft das Schiff in der Mitte des Stromes. Da das Wasserfahrzeug keinen eigenen Antrieb hat, bestimmt die Strömungsgeschwindigkeit des Flusses die Reisegeschwindigkeit. Jacza schätzt sie auf die eines Reiters. Bei diesem Tempo kann sein Tross am Ufer mithalten.

Alle sind begeistert von der neuen Art des Reisens. Sie empfindet es als erholsam, nicht von früh bis Abend im Sattel zu sitzen, bis der Hintern schmerzt. Oben auf der Holzladung sitzend genießen Jacza und seine Begleiter, das sind Jakob, Swietoslaw und Heinrich, wie die Landschaft der ungarischen Tiefebene an ihnen vorüberzieht. Für eine gute Stimmung sorgt Heinrichs Vorrat an ungarischem Rotwein.

Nachts geht die Schiffsmannschaft vor Anker. Bei Mondschein diskutieren die Adligen die aktuellen politischen Themen. Die Stimmung ist gut, bis der Junggeselle Jakob die denkbar dümmste Frage stellt: „Was machen Eure Frauen, wenn ihr monatelang fern der Heimat seid?" Swietoslaw und Heinrich springen erzürnt auf und zerren die ledige Spaßbremse an die Reling. Jacza kann gerade noch Jakobs Beine packen, bevor er über Bord geht.

Nach zwölf Tagen erreichen sie die Reichsgrenze von Byzanz und machen Halt an der Zollstation vor Belgrad. Hier liegen Kriegsschiffe der Kaiserlichen Flotten. Es sind Ruderboote für Patrouillenfahrten auf der Donau. Die Beamten von Kaiser Manuel I. verlangen vom Schiffspatron Einfuhrzoll für seine Holzladung. Er bezahlt mit der Goldmünze Hyperpyron.

Die Zöllner ziehen von jedem Reisenden Wegegeld für die

Nutzung der Reichsstraßen und der Wasserwege in Höhe von zehn Trachy ein. Der Trachy, eine Silber-Kupfer-Münze, ist das Kleingeld im byzantinischen Reich. Bei einem Geldwechsler versorgen sich Jacza, Swietoslaw und Heinrich mit Vorräten an Trachy. Sie bezahlen mit Hackstücken ihrer Silberbarren.

„Wie geht es weiter?", will Swietoslaw von Jacza wissen.

„Wir reiten über die Via Militaris, eine Römerstraße, nach Konstantinopel. Kaiser Nero hat die Straße bauen lassen. Sie diente der schnellen Verlegung römischer Legionen. Nach über tausend Jahren ist sie noch immer die einzige Festlandroute zwischen Okzident und Orient. Ritter der Kreuzzüge, darunter König Konrad, nutzten sie auf ihrem Weg ins Heilige Land."

Nach drei Wochen hat Jaczas Truppe Sofia, Edirne und Adrianopel hinter sich gelassen und überquert den Fluss Melas in Thrakien.

„Hier fiel im zweiten Kreuzzug ein großer Teil von König Konrads Kreuzrittern einer Sturzflut zum Opfer. Später erkrankte Konrad an Malaria und verstarb nach seiner Rückkehr", erklärt Jakob. Jacza erinnert sich daran, dass auch sein Onkel Pribislaw-Heinrich nach seiner Pilgerreise das Wechselfieber hatte. Jacza fürchtet die Krankheit, weil sie jeden treffen kann.

Schließlich steht Jaczas Truppe vor den Toren Konstantinopels. Ein gewaltiges System von Festungsmauern schützt die Hauptstadt auf der Landseite. Die Verteidigungsanlage besteht aus einem Wassergraben, einer zwei Meter hohen Brustwehr, einer acht Meter hohen Vor- und einer zwölf Meter hohen Hauptmauer. Bis zu den Spitzen der Türme ist diese theodosianische Mauer dreißig Meter hoch. So etwas hatten sie sich nicht vorstellen können. Sie fragen sich, „ob dieses monumentale Bollwerk tatsächlich von Menschenhand erschaffen wurde".

Soldaten bewachen ein Festungstor, das den Namen „Porta Charisiou" trägt. Jacza stellt sich dem Wachhabenden in Latein vor: „Ich bin Fürst von Köpenick und auf Pilgerfahrt nach Jerusalem. Ich benötige für meine Begleiter und mich eine Herberge für mehrere Tage."

„Die Amtssprache in Byzanz ist Griechisch. Da ihr Fremde seid, können wir mit Latein fortfahren. Ein Fürstentum Köpenick ist mir nicht bekannt. Gehört es zum Heiligen Römischen Reich?", fragt der Wachhabende.

„Nein, Köpenick ist unabhängig."

„Habt Ihr eine Legitimation?"

„Ja, ein Schreiben des polnischen Fürsten Mieszko III. an Euren Kaiser Manuel I."

Jacza gibt dem Wachhabenden das Pergament mit dem roten Siegel. Nach einer Prüfung des Siegels sagt er: „Wir geben das Schreiben an den Kaiser weiter. Habt Ihr Handelswaren bei Euch?"

„Nein, nur unser persönliches Pilgergepäck."

„Willkommen in Konstantinopel. Ihr könnt passieren. Das Tragen von Waffen ist in der Stadt nicht gestattet. Folgt der Mese-Straße in die Stadt und nehmt die erste Herberge. Dort erhaltet ihr vom Kaiser in den nächsten Tagen Nachricht."

Jacza fühlt sich düpiert. Sein Fürstentum ist im Oströmischen Reich eine unbekannte Größe. Aber vielleicht weiß der Kaiser mehr als der Torwächter. Auch Jakob macht ein langes Gesicht. Er, der allwissende Historiker, ging wie selbstverständlich davon aus, dass in einem römischen Reich Latein Amtssprache ist. Dass das in Byzanz anders ist, empfindet er als einen peinlichen Irrtum seinerseits.

Die Herberge an der Mese, der Mittelstraße, ist gut belegt. Die meisten Gäste sind Pilger aus verschiedenen Teilen Europas. Auch die Pferde und Lasttiere werden hier versorgt. Am nächsten Tag besichtigt Jaczas Truppe die Stadt. Alle möchten teilnehmen, auch der Koch. Es ist Jakobs große Stunde. Er übernimmt die Rolle des Fremdenführers.

„Die Mese, die Mittelstraße", so erklärt Jakob, „ist die Hauptstraße von Konstantinopel und der Prozessionsweg der Kaiser. Stadteinwärts liegt das Konstantinforum. Dort steht eine Säule mit der Statue von Konstantin dem Großen, dem Gründer der Stadt."

In den Kolonnaden an der Mittelstraße bieten Händler Waren an. Stundenlang schauen sich die Pilger staunend die

Auslagen an. Neugierig mustern Passanten Jaczas Truppe in ihrer fremdartigen Kleidung. Die Einheimischen tragen Tuniken aus Leinen, Baumwolle und Seide.

„Byzanz schmuggelte Seidenraupen aus China ein und ist ein großer Produzent von Seide", erklärt Jakob. Jacza, Swietoslaw und Heinrich begeben sich auf Einkaufstour und lassen sich nach dem neuesten Stand der Mode einkleiden. Dazu gehören Untertunika, Oberkleider und Mäntel, die Spangen an den Schultern zusammenhalten. Als Reisemitbringsel erwirbt Jacza für seine Frau Agatha eine Tunika und einen Umhang aus Seide mit einer goldenen Schnalle.

Weiter geht es zum Hippodrom, einem mehrere hundert Meter langen Stadion für Pferderennen. Danach werfen sie einen Blick auf den Großen Palast, den Sitz des byzantinischen Kaisers. Im Stillen hofft Jacza, dass ihm Kaiser Manuel I. eine Audienz gewährt.

Höhepunkt der Stadtbesichtigung ist die Hagia Sophia. Ihr Name steht für heilige Weisheit. Sie ist der größte Kirchenbau und gilt als die kühnste Konstruktion der Zeit. Die Spannweite der Kuppel ist unübertroffen. Jacza und seine Leute kommen aus dem Staunen nicht heraus. Stundenlang schauen sie sich das riesige Bauwerk an. Im Vergleich zur Hagia Sophia ist Jaczas kleine Kapelle in Köpenick erbärmlich.

Jacza muss feststellen, dass die Stadt tatsächlich aus Stein gebaut ist. Es gibt gepflasterte Straßen und Plätze, eine öffentliche Wasserversorgung und ein Abwassersystem. Welten liegen zwischen der byzantinischen Stadt am Bosporus und seinem Reich an der Spree. Im Gegensatz zu Byzanz liegt Köpenick in einem Tiefland mit Flüssen, Seen und Sümpfen.

Nach zwei Tagen bringt ein Bote Jacza eine Einladung zu einer Audienz beim Kaiser Manuel I. Zu seiner Überraschung führt ihn der Bote nicht zum Großen Palast, sondern in die entgegengesetzte Richtung, zurück zur Großen Mauer. Weiter nördlich, nahe dem Goldenen Horn, liegt der Blachernen-Komplex, die neue Residenz der Kaiser.

Zwei blonde Riesen der Warägergarde empfangen Jacza und führen ihn in einen Saal. Kaiser Manuel I. empfängt ihn in einem Sessel sitzend. Er trägt einen Loros – Statussymbol der byzantinischen Kaiser. Es ist eine um den Körper gewickelte und mit Edelsteinen besetzte Stola, deren Ende über dem linken Arm hängt. In der Hand hält er den geöffneten Brief von Mieszko III.

Jacza tritt einen Schritt vor. „Majestät!"

„Ich heiße Euch willkommen, Fürst. Ihr wollt nach Jerusalem. Das trifft sich gut. Eines unserer Kriegsschiffe legt morgen mit Pilgern nach Akkon ab. Ihr könnt Begleiter Eurer Wahl und kampferfahrene Krieger zur Verstärkung der Schiffsbesatzung mitnehmen. Wir rechnen immer mit Angriffen von Piraten in der Ägäis."

„Ich nehme meine Begleiter und drei Armbrustschützen mit."

„Ausgezeichnet. Der Bote, der Euch hierher begleitete, führt Euch morgen früh zum Schiff. Es liegt im Marinehafen Neorion am Goldenen Horn. Auf dem Schiff ist es eng. Jeder Passagier darf als Gepäck nur eine Seekiste mitnehmen. Die Kosten für die Schiffsreise hin und zurück sind im Hafen im Voraus in Gold zu entrichten."

„Ich danke Euch für dieses Angebot. Das erleichtert meine Pilgerreise ungemein."

„Kaiser Konrad III. war ein enger Freund von mir. Er erkrankte an Malaria. Ich kümmerte mich hier auf dem Schloss persönlich um seine Genesung und bedauere seinen Tod zutiefst. Leider ist mein Verhältnis zu seinem Nachfolger, Friedrich Barbarossa, schlecht. Wir verfolgen in Italien gegensätzliche Interessen. Mieszko schreibt mir, dass auch Ihr kein gutes Verhältnis zu Barbarossa habt."

„Ja, das ist richtig. Wir sind Feinde."

Kaiser Manuel I. folgt mit seinem Angebot der alten Regel: Der Feind meines Feindes ist mein Freund. Rückblickend beweist Mieszko mit seinem Brief, dass er ein Meister im Schmieden von Allianzen ist.

Jacza muss den Koch, die Knechte und Reittiere während

seiner Weiterfahrt nach Jerusalem zurücklassen. Der Patron der Herberge kann die christlichen Helfer gut gebrauchen und verspricht, sie gut zu versorgen. Jacza hinterlässt seinen Leuten eine ausreichende Menge an byzantinischem Kleingeld und Silber.

Jacza, Swietoslaw, Heinrich und Jakob gehen im Hafen an Bord einer Dromone. Sie ist das Standardschiff der byzantinischen Flotte. Die Galeere hat auf jeder Seite zwei Ruderreihen übereinander, mit hundert Riemen insgesamt. Die Ruderer sind keine Sklaven, sondern bezahlte und ausgebildete Seeleute. Zu diesen hundert Ruderern kommen noch die Seesoldaten. Das Schiff hat zwei Masten, an die bei günstigem Wind Rahsegel gesetzt werden. Das sind rechteckige Segel, die an Rahen, horizontalen Rundhölzern, befestigt sind. Erhöhte Kastelle dienen der Verteidigung. Das Heckkastell ist Unterkunft für den Kapitän, die Offiziere und Passagiere. Für Jacza und seine Begleiter ist das von Meisterhand gezimmerte Schiff ein technisches Wunderwerk. Hier in Byzanz ist im Vergleich zu ihrer Heimat alles größer und fortschrittlicher.

Der Kapitän gibt den Befehl zum Ablegen. Langsam nimmt das Schiff mit der geballten Muskelkraft der Ruderer Fahrt auf. Es verlässt den Hafen und passiert das Kettenhaus am Eugeniustor. Im Kriegsfall wird von hier eine eiserne Kette über das Goldene Horn gespannt, um feindliche Schiffe an der Einfahrt zu hindern. Auf dem Bosporus ändert der Kapitän den Kurs auf Süden in Richtung Marmarameer.

In der letzten Woche herrschte ein starker Südwestwind, der Lodos. An diesem Tag weht der Meltemi, ein Nordwind. Er ist der Sommerwind in der Ägäis. Nach einer Stunde auf dem Marmarameer nimmt der Seegang zu und das Schiff macht heftige Rollbewegungen. Die ersten Pilger werden seekrank und hängen ihre Köpfe über die Reling. Auch Jacza und Jakob haben Schwierigkeiten. Als der Kapitän die Segel setzen lässt, liegt das Schiff ruhiger im Wasser.

Auf dem Schiff befinden sich mit den Pilgern vierhundert Personen. Es ist für den Kampf und nicht für die Aufnahme von Gästen gebaut. Nachts herrscht unter Deck eine unbeschreibliche Enge. Einige Pilger müssen zwischen den Bänken der Ruderer schlafen. Ihre Fäkalien entsorgen die Passagiere mit Handkübeln durch Klappen in der Bordwand. Die Luft in dem engen Raum ist zum Schneiden.

Die Vorräte an Trinkwasser reichen nur für wenige Tage. Am dritten Tag steuert der Kapitän den Hafen von Rhodos an, um Lebensmittel und Wasser zu bunkern. Die Pilger nutzen die Zeit für einen Landgang und für Mahlzeiten in den Tavernen. Jacza und Heinrich kaufen Wein, um das abgestandene Wasser an Bord genießbar zu machen.

Nach zwei Tagen auf hoher See taucht am Horizont ein Segel auf. Es folgt dem Kielwasser der Dromone. Als es näherkommt, erkennt der Kapitän, dass es ein Schiff muslimischer Piraten ist, und schlägt Alarm. Was nun geschieht, ist Routine. Die Seesoldaten legen ihre Rüstungen an, greifen zu den Waffen und gehen hinter der Reling in Deckung. Auch Jacza, Swietoslaw, Heinrich und die drei Armbrustschützen bereiten sich auf einen Kampf vor.

Die muslimischen Piraten sind gefürchtet. Erobern sie ein Schiff, töten sie alle, die Widerstand leisten. Sie lieben Pilgerschiffe. Die Wallfahrer führen in ihren Reisekassen große Mengen an Silber und Gold mit. Für Piraten sind Pilgerschiffe schwimmende Schatzkisten. Selbst die ausgeraubten Christen haben noch einen Wert. Sie werden als Sklaven auf islamischen Märkten verkauft. Von Prominenten und Adligen erpressen sie Lösegeld.

Das Piratenschiff ist schneller als die Dromone. Es hat ein dreieckiges Lateinersegel, das an einer steil stehenden Rah befestigt ist. Unaufhaltbar kommt es näher. Schließlich navigieren die Piraten ihr Schiff parallel zur Dromone in Rufweite. Ein Pirat mit einem Turban auf dem Kopf springt hinter der Reling auf und ab und droht mit der Faust. Lautstark fordert er den Kapitän der Dromone zur Aufgabe auf, andernfalls würden allen die Kehlen durchgeschnitten. Demonstrativ zieht er mit der Handkante quer über seinen Hals.

Manch ein Kapitän ergibt sich den Piraten, wenn die Flucht in einen sicheren Hafen nicht möglich ist. In einer solchen Situation ist der Kapitän der Dromone mit seiner Pilgerschar an Bord. Ohne zu zögern entscheidet er sich für den Kampf. Er verteidigt auch den Stolz der byzantinischen Flotte.

Zur Taktik von Seegefechten zwischen Galeeren gehört der Einsatz ihrer bronzenen Rammsporne am Bug. Mit hoher Fahrt versuchen sie, das gegnerische Schiff unterhalb der Wasserlinie zu rammen, es leckzuschlagen und zu versenken. Mit dem Rammsporn können auch die Ruderriemen oder die Ruderanlage zerstört werden, um das gegnerische Schiff manövrierunfähig zu machen.

Die andere Taktik ist das Entern. Die Angreifer werfen Wurfanker und vertäuen beide Schiffe. Dann entern sie das gegnerische Schiff und machen dessen Besatzung im Kampf Mann gegen Mann mit Hieb- und Stichwaffen nieder. Dies ist die bevorzugte Vorgehensweise von Piraten. Das Schiff geht nicht unter, sondern fällt ihnen unversehrt mit allem, was an Bord ist, in die Hände.

Eine gefürchtete Waffe der byzantinischen Flotte ist das Griechische Feuer. Für das Versprühen einer brennenden Flüssigkeit führt die Dromone trompetenförmige Siphons mit. Das Griechische Feuer ist mit Wasser schwer zu löschen.

Spezialisten erhitzen die Behälter mit der Flüssigkeit. Mit Pumpen setzen sie die Behälter unter Druck. Zum Schluss platzieren sie Zündfeuer vor den Mündungen der Siphons. Die Flammenwerfer sind nun einsatzbereit. Zusätzlich bereiten sie Wurfgeschosse vor. Das sind mit Öl und Pech gefüllte Tonkrüge mit Lunten, die beim Aufschlagen auf dem Deck des Gegners zerspringen.

Plötzlich ändert das Piratenschiff seinen Kurs und versucht mit Schwung, auf Backbord längsseits der Dromone zu kommen, um sie zu entern. Unter lauten Krachen zersplittern mehrere Ruder. Der Abstand zur Dromone bleibt aber fürs Entern zu groß. Beide Seiten beschießen sich über kurze Distanz mit Bögen und Armbrüsten. Es gibt Verletzte und Tote.

Die Schiffe fahren vor dem Wind dicht nebeneinander her. Die Situation ist günstig für den Einsatz des Griechischen Feuers. Ständig regnet die brennende Flüssigkeit auf das Deck des Piratenschiffes. Seesoldaten schleudern Wurfgeschosse mit glühenden Lunten über die Reling des Angreifers. Schwarzer Rauch steigt auf dem Piratenschiff auf. Unruhe bricht aus. Sie schöpfen mit Pützen Seewasser und versuchen, den Brand zu löschen. Für die Piraten bedeutet es den sicheren Tod, wenn ihr Schiff in Flammen aufgeht.

Noch immer hüpft der Mann mit dem Turban hinter der Reling auf und ab und schäumt vor Wut. Jacza befiehlt seinen drei Armbrustschützen, ihn ins Visier zu nehmen. Als dieser hinter der Reling verschwindet, ruft Jacza: „Schießt!" Alle Pfeile erreichen das gegnerische Schiff in dem Moment, in dem der Turban wieder über der Reling auftaucht. Ein Pfeil schlägt in die Bordwand, ein anderer in die Reling. Der Dritte trifft, ein Wunder bei dem Seegang. Der Turban taucht nicht wieder auf. Es wird ruhig auf dem Piratenschiff. Nach einer Weile löst es sich von der Dromone und dreht ab. Das Gefecht ist beendet.

Erleichtert atmen die Pilger auf. Jakob fällt auf die Knie, faltet die Hände zum Gebet und dankt Gott für die Rettung vor den Ungläubigen. Alle gratulieren dem Schützen zu seinem Glückstreffer, dem goldenen Schuss. Der Kapitän ist überzeugt, dass das Griechische Feuer die Piraten veranlasste, den Angriff abzubrechen. Das Risiko, Schiff und Leben zu verlieren, war ihnen zu hoch.

Jacza interessiert sich für die geheimnisvolle Waffe. Für die Holzburgen in seiner Heimat wäre das griechische Feuer eine tödliche Waffe. Aus der Mannschaft, die die Siphons bedient, ist kein Wort herauszuholen. Sie verweisen darauf, dass die Zusammensetzung der brennbaren Substanz ein Staatsgeheimnis ist. Gerüchteweise hat Jacza gehört, dass die Substanz Erdöl, Asphalt, Schwefel und gebrannten Kalk enthält. Er beschließt, diese Waffe in Köpenick nachzubauen, besonders als Wurfgeschosse in Form der Tonkrüge.

Ein Wundarzt kümmert sich um die Verletzten. Die Gefallenen erhalten ein christlich-orthodoxes Seebegräbnis.

Die zerbrochenen Riemen werden durch neue ersetzt. Jacza ist beeindruckt von der Organisation und dem Ausbildungsstand der byzantinischen Marine.

Noch immer treibt der Nordwind die Dromone vor sich her. Nach weiteren Tagen auf See kommt Akkon in Sicht. Der Kapitän lässt die Segel bergen und das Schiff mit der Kraft der Ruderer am Kai des Hafens anlegen. Den Pilgern teilt er mit, dass in zwei Wochen die Rückfahrt nach Konstantinopel beginnt.

Im Hafen liegt eine venezianische Galeere. Das Schiff ist speziell für das Befördern von Pilgern gebaut. Im Vergleich zu den byzantinischen Kriegsgaleeren bietet sie mehr Komfort. Das Achterkastell ist geräumiger und überdacht. Die Venezianer haben erkannt, dass der Transport von Wallfahrern über das Mittelmeer ein profitables Geschäft ist. Die Fahrt von Venedig nach Akkon soll vier bis sieben Wochen dauern. Für Jacza wäre die Schiffspassage über das Mittelmeer eine zeitsparende Alternative zur Balkanroute.

Akkon gehört zum Königreich Jerusalem, das einer der vier christlichen Kreuzfahrerstaaten im Heiligen Land ist. König Balduin III. ist mit der Nichte Theodora des Kaisers Manuel I. verheiratet. In einer Karawanserei bucht Jacza für seine Truppe einen Führer und Reittiere für den Weg nach Jerusalem. Sie brechen am nächsten Tag auf. Nach drei Tagen kommt die Heilige Stadt in Sicht. Sie sind am Ziel ihrer Pilgerfahrt.

Die Stadt, umgeben von einer Stadtmauer, liegt in den Bergen Judäas, einem Höhenrücken zwischen dem Mittelmeer und dem Toten Meer.

Sie betreten die Stadt durch das Jaffator, und Jakob schlüpft in seine Lieblingsrolle, die des Historikers. „Jerusalem ist die Stadt der drei großen Religionen. Für die Christen ist sie heilig, weil hier Jesus gekreuzigt wurde und auferstanden ist. Tausend Jahre vorher machte König David Jerusalem zur Hauptstadt Israels. Sein Sohn Salomon baute den ersten Tempel. Die Westmauer des Tempels, die Klagemauer, ist eine bedeutende religiöse Stätte der Juden. Der Prophet Mohammed ritt von hier in den Himmel. Der Felsendom und die Al-Aqsa-Moschee auf dem Tempelberg sind bedeutende Heiligtümer der Muslime."

Heinrich von Sandomir führt die Pilgertruppe zur Niederlassung der Chorherren vom Heiligen Grab. Dort erhalten sie Unterkunft und bekommen einen Führer, der ihnen in den kommenden Tagen die Sehenswürdigkeiten der Stadt zeigt.

Nach dem Abendessen beschreibt Jakob mit drastischen Worten die Eroberung Jerusalems durch die Kreuzritter: „Nach über einem Monat des Kampfes gelang es ihnen, mit Belagerungstürmen die Stadtmauer zu überwinden. Wie von Sinnen sollen die Ritter mit dem Ruf „Deus vult, Gott will es!" durch die Stadt gerast sein, alle Feinde niedergestreckt und ein apokalyptisches Grauen erzeugt haben. Sie töteten Muslime, Juden und orientalische Christen gleichermaßen. Es sollen so viele Haufen abgeschlagener Köpfe herumgelegen haben, dass man nur über Leichen steigend vorankam."

„Diese Erzählung erinnert mich an den Kreuzzug König Lothars gegen die Elbslawen, in dessen Verlauf der Tempel Rethra niederbrannte. Dort leisteten die Heiden erbitterten Widerstand. Die Christen töteten alle, denen sie habhaft werden konnten: die Tempelwächter, den Priester und die Priesterinnen. Zusammen mit Borislaw habe ich die getöteten Slawen bestattet", berichtet Jacza.

Jakob hat für das Verhalten der Sieger eine Erklärung aus der Geschichte. „Ein gallischer Heerführer, der Rom plünderte, ist durch den Spruch ‚Wehe den Besiegten' berühmt geworden. Damit wollte er sagen, dass der Besiegte der völligen Willkür des Siegers ausgeliefert ist."

Jacza sieht das anders. Der gallische Heerführer wollte Beute. In Rethra und Jerusalem geht es um Höheres. Dort wurden Religionskriege geführt, in denen beide Seiten für ihren Glauben kämpften.

Jaczas Vater erzog seinen Sohn zur Toleranz gegenüber Andersgläubigen. So engagierte er einen Heiden für seine Ausbildung zum Schwertkämpfer und schickte ihn mit

Borislaw nach Rethra. Sein Sohn sollte sehen, was Christen anrichten. Deshalb hat Jacza kein Problem damit, dass sein bester Freund Heide ist.

Am ersten Tag ihrer Stadtbesichtigung schauen sie sich den Felsendom und die Al-Aqsa-Moschee auf dem Tempelberg an.

„Seit der Eroberung Jerusalems durch die Kreuzritter wird die Moschee erst als Königspalast und später neben der Grabeskirche als zweite Hauptkirche von Jerusalem genutzt. Die Kuppel bekam ein Kreuz anstelle der islamischen Mondsichel. Ein Flügel des Baues ist das Hauptquartier eines Ritterordens. Wegen der Lage auf dem Tempelberg werden die Mitglieder Templerritter oder kurz Templer genannt", erläutert der Führer der Chorherren vom Heiligen Grab.

Der Komtur, der Leiter der Kommende der Templer, bittet Jacza zu einem Gespräch.

„Ihr seid herzlich willkommen. Von einem Fürstentum Köpenick höre ich zum ersten Mal. Wir Templer wollen auf der ganzen Welt präsent sein. Zahlreiche Kommenden, das sind Niederlassungen, haben wir in Frankreich, wenige im Heiligen Römischen Reich und keine einzige in Köpenick. Wir bieten Euch die Einrichtung einer Kommende der Templer in Eurem Fürstentum an."

„Was muss ich tun?"

„Eine Schenkung. Ihr müsst dem Orden Land übereignen. Mit den Erträgen aus dem Land finanziert der Orden die Tempelritter, die Pilger vor den Ungläubigen schützen."

„Welche Vorteile habe ich davon?"

„Ihr tut Gutes für die Christenheit. Ein Teil Eurer Buße wird erlassen und die Zeit im Fegefeuer verkürzt. Unsere Leute sind erfahrene Kämpfer und gefürchtet. Sie werden respektiert. Dort, wo sie sich in Eurem Land niederlassen, herrschen Sicherheit und Ordnung."

„Und was sind die Nachteile?"

„Alle Erträge aus der Schenkung, wie der Zehnte, gehen an die Templer. Kein Pfennig geht an Euch."

„Eine solche Niederlassung könnte ich im Niemandsland links der Spree auf dem Teltow brauchen. Dort wurde unser

Kaplan Jakob ausgeraubt. Seinen geliebten Esel haben sie ihm genommen. Mit der Ansiedlung könnte Ruhe in der Region einkehren."

Den wahren Grund für sein Interesse an einer Niederlassung der Tempelritter auf dem Teltow nennt Jacza nicht. Mit den kriegserfahrenen Rittern hätte er einen Schutzwall gegen den expansiven Askanier Albrecht den Bären.

„Euer Angebot interessiert mich. Kann ich die Männer sehen, die Ihr mir anvertrauen wollt?"

Der Komtur ruft drei Männer herein. Sie sind alle schätzungsweise dreißig. Keiner von ihnen ist invalide. Alle tragen einen weißen Umhang mit einem roten Kreuz, dem Zeichen der Tempelritter.

„Sie haben Jahre für den Orden gedient und sind von adeliger Abstammung. Sie möchten nach Europa zurück und einen eigenen Hof bewirtschaften. Voraussetzung für unsere Übereinkunft wäre, dass Ihr ihnen Land schenkt."

„Damit bin ich einverstanden. Sie erhalten fruchtbaren Boden auf dem Teltow. Es ist ein Waldgebiet, das urbar gemacht werden müsste. Wie bekomme ich die drei Personen nach Köpenick? Ich habe meine Mannschaft und die Reittiere in Konstantinopel zurückgelassen und bin von dort mit einem Kriegsschiff des Kaisers hierhergekommen."

„Die wehrhaften Tempelritter bekommen freie Passage auf Schiffen der kaiserlichen Flotte", bemerkt der Komtur.

„Einverstanden, ich nehme sie mit."

Per Handschlag besiegeln sie ihre Übereinkunft.

Höhepunkt der Pilgerfahrt von Jacza, Swietoslaw, Heinrich und Jakob ist der Besuch des Heiligen Grabes. Pilger wissen, dass das Grab leer ist, scheuen aber weder Mühen noch Kosten, es zu besuchen. Viele wurden ausgeraubt oder haben sich verschuldet. Jacza fragt sich, was die Menschen antreibt, diesen Ort zu besuchen. Ist es ihr Glaube, die Hoffnung auf Sündenerlass oder die fantastische Geschichte des Grabes?

Die Geschichte beginnt mit dem Abendmahl, das Jesus mit seinen Jüngern einnimmt. Nach dem Mahl gibt ihm Judas im

Garten Gethsemane einen Kuss, den Judaskuss. Das war das verabredete Zeichen für die jüdische Tempelpolizei, dass dieser Mann der gesuchte Unruhestifter ist. Sie nehmen Jesus fest und übergeben ihn den Römern.

Am nächsten Tag, an einem Freitag, verurteilt der römische Statthalter Pontius Pilatus Jesus von Nazareth, König der Juden, wegen Aufruhr zum Tode. Römische Soldaten verhöhnen den König, indem sie ihm eine Krone aufsetzen, eine Dornenkrone. Sie lassen ihn sein eigenes Kreuz zum Richtplatz auf dem Golgatha-Felsen schleppen. Dort kreuzigen sie ihn. Jesus stirbt und wird ins Grab gelegt.

Die Geschichte endet nicht mit dem Tod Jesu. Am Sonntag, drei Tage nach der Kreuzigung, gehen Frauen aus seiner Anhängerschaft zum Grab, um Jesus zu salben. Sie finden das Grab leer vor. Jesus war auferstanden und erschien wieder seinen Jüngern.

Diese Geschichte macht den Karfreitag, den Tag der Kreuzigung, und den Ostersonntag, den Tag der Auferstehung, zu bedeutenden Feiertagen der Christenheit.

Der Golgatha-Felsen und das Grab liegen unter der Grabeskirche. Jacza und seine Begleiter betreten das Gotteshaus. Unter einer Rotunde aus der Zeit Kaiser Konstantins befindet sich die Ädikula, das Grabmal. Es hat zwei Räume. Der eine ist der Engelsraum. Von dort führt ein Durchgang in den zweiten Raum, die Grabkammer. Sie ist fensterlos. Der Felsen und das Grab sind mit Marmor verkleidet, der vom Ruß der Öllampen schwarz gefärbt ist. Die Verkleidung verhindert einen Blick in das Grab.

Nach der Besichtigung kauft Heinrich von Sandomir für viel Geld ein Reliquiar. Es ist eine Staurothek, ein Holzkästchen, das kunstvoll im byzantinischen Stil verziert ist und Splitter des Heiligen Kreuzes Christi enthält.

Jacza und seine Begleiter nehmen das Abendessen im Haus der Chorherren vom Heiligen Grab ein. Der Leiter der Niederlassung sitzt mit am Tisch. Er bedrängt Jacza, in seiner Heimat ein Kloster des Ordens zu stiften. Einen Prior könnte er gleich mitnehmen. Heinrich von Sandomir unterstützt den

Vorschlag. Jacza lehnt ab. Der Kapitän der Dromone würde der Mitnahme dieser Leute nicht zustimmen. Außerdem möchte Jacza erst die Zustimmung des Bischofs von Krakau für das Projekt einholen. Jacza will ein Kloster in Miechów, so auch Herzog Mieszko. Er sagt dem Leiter zu, anlässlich einer weiteren Pilgerreise die Gründung eines Klosters in seiner Heimat mit den Chorherren vom Heiligen Grab zu beschließen.

Nach zwei Wochen steht Jaczas Truppe im Hafen von Akkon bereit, die Heimreise anzutreten. Heinrich von Sandomir ist nicht dabei. Er hat sich entschlossen, länger im Heiligen Land zu bleiben und mit dem König von Jerusalem gegen die Sarazenen zu kämpfen.

Der Kapitän der Dromone begrüßt die Pilger und gibt den Befehl zum Ablegen. Die Galeere läuft aus dem Hafen aus und die Mannschaft setzt Segel. Ein heißer Wüstenwind, der Schirokko, treibt das Kriegsschiff nach Norden. Jacza atmet erleichtert auf. Der schwierigste Teil seiner Pilgerreise liegt hinter ihm.

In Konstantinopel sucht Jacza den in der Herberge an der Mese zurückgelassenen Tross auf. Er verfasst ein Dankschreiben an Kaiser Manuel für die Passage auf der Kriegsgaleere. Ein Bote bringt das versiegelte Pergament zum Palast. Sie versorgen sich mit allem Nötigen für die Rückreise über den Balkan.

Nach sieben Wochen trifft Jacza in Krakau ein. Er bittet den Seniorherzog Boleslaw Kraushaar und den Bischof um ein Gespräch. Sie treffen sich auf dem Wawel.

„Ich heiße Euch willkommen, Jacza. Ich freue mich, dass Ihr noch am Leben seid. Wo ist mein Bruder?", fragt Boleslaw.

„Heinrich von Sandomir hat sich entschieden, länger im Heiligen Land zu bleiben. Er will mit König Balduin von Jerusalem gegen die Sarazenen kämpfen."

„Mieszko erzählte mir, dass er Euch ein Schreiben an den Kaiser von Byzanz mitgab. Half es?", fragt der Herzog.

„Ja! Der Kaiser gab uns eine Passage auf einer Kriegsgaleere nach Akkon. Das verkürzte unsere Reisezeit um Wochen. Auf hoher See versuchten muslimische Piraten, uns zu entern. Mit Glück und dem Einsatz des Griechischen Feuers konnten wir den Angriff abwehren."

Der Bischof von Krakau, sein Name ist Matthäus, wendet sich an Jacza. „Ihr seid also der berühmte Jaksa von Miechów. Ich freue mich, dass ich dem Schwiegersohn meines verstorbenen Freundes Peter Wlast gegenüberstehe. Das tragische Ende des hochverdienten Grafen von Breslau war für mich ein Schock. Ich verurteile die grausame Tat von Wladislaw aufs Schärfste. Peter war ein großer Stifter von Kirchen und Klöstern."

„Das möchte ich fortführen und in Miechów ein Kloster der Wächter vom Heiligen Grab zu Jerusalem gründen. Ich folge damit einer Bitte des Ordens. Würdet Ihr dem Vorhaben zustimmen?"

„Aber ja. Ich begrüße es, dass Ihr in die Fußstapfen Eures Schwiegervaters treten wollt", antwortet der Bischof.

„Was ist Euer nächstes Ziel?", fragt Boleslaw.

„Miechów, dort erwartet mich meine Frau. Ich habe noch eine Bitte an Euch. Ich bin der rechtmäßige Erbe von Brandenburg. Albrecht der Bär hält die Burg besetzt. In naher Zukunft möchte ich sie zurückerobern. Dafür benötige ich Eure Unterstützung. Ein Dutzend Bewaffneter wären mir eine große Hilfe." Jacza erinnert sich an das Versprechen der Juniorherzöge, als er ihnen in der Schlacht vor Posen mit seinen eigenen Männern half: „Wir sind Euch zu ewigem Dank verpflichtet."

„Unsere Hilfe ist Euch sicher. Wir wollten ohnehin die Burgmannschaft von Lebus verstärken. Dort könnt ihr das Dutzend jederzeit abrufen."

Überschwänglich empfängt ihn Agatha in Miechów. Nach Monaten der Ungewissheit ist die Freude groß, ihren Mann in den Armen zu halten. Sie schmiegt sich an ihn. Er spürt ihre Wärme und bemerkt den Glanz in ihren Augen. Sie strahlt Zufriedenheit aus.

Die Köchin hat ein mehrgängiges Abendmahl zur Feier von Jaczas Rückkehr zubereitet. Mit am Tisch sitzt Agathas Bruder

Swietoslaw. Agatha will alles über die Orientreise der beiden erfahren. Swietoslaw beschreibt ihr die Einkaufsmeile an der Mese, die Hagia Sophia und den Großen Palast in Konstantinopel. Jacza erklärt ihr das technische Wunderwerk einer byzantinischen Kriegsgaleere und den Verlauf ihrer Seefahrt nach Akkon. Den Piratenangriff verschweigt er. Schließlich beschreibt er die Grabeskirche als den Höhepunkt ihrer Pilgerreise nach Jerusalem.

Vor dem Schlafengehen überreicht Jacza seiner Frau seine Präsente aus Konstantinopel. Es sind die Tunika und der Umhang aus Seide mit einer goldenen Gewandnadel. Als sie sich auszieht, um die edlen Kleidungsstücke überzuziehen, wird Jacza bewusst, warum sie so zufrieden aussieht: Sie ist schwanger.

„Warum lächelst du, mein Lieber?"

„Du bist schwanger und mit dem Seidenstoff auf nackter Haut bist du verführerischer denn je."

„Ja, wir erwarten unser drittes Kind."

„Diesmal lassen wir uns überraschen. Gott entscheidet, ob es eine Tochter oder ein Sohn wird."

Jacza kann sich denken, wann das Kind gezeugt wurde. Es war die Nacht vor seinem Aufbruch nach Jerusalem. Agatha war fordernd. Sie umklammerte ihn bis in die Morgenstunden, so als wollte sie ihn festhalten. Sein Testament muss bei ihr Verlustängste geweckt haben.

Am nächsten Morgen beginnen Agatha und Jacza die Rückreise nach Köpenick. Im Gepäck haben sie die Jahreseinnahmen in Silber aus ihren Ländereien in Miechów. Ein Vermögen, das an die hundert Pfund wiegt. Gerade so viel, wie ein Packesel tragen kann.

In Breslau lassen sie Swietoslaw, Cousin von Jacza, zurück. Nach über einer Woche erreichen sie Köpenick. Ein Gefühl des Wohlbefindens erfasst Jacza, als er die Brücke über die Spree passiert. Er ist wieder zu Hause in seiner Heimat. Hier ist er geboren und aufgewachsen und hatte seine erste Liebe. Hier hat er von Jakob Lesen und Schreiben und von seinem Freund Borislaw den Schwertkampf gelernt. Hier hat er von seinem

Vater den Fürstentitel geerbt.

Die Nachricht, dass der Fürst von einer Pilgerfahrt aus dem Morgenland zurückkehrte, verbreitete sich schnell. Menschen stehen an der Straße Spalier. Auf der Burg empfangen sie Johanna, Prinzessin Veronika, Prinz Alexander, Borislaw, die Burgmannschaft sowie die Mägde und Knechte. Unter ihnen ist Jaczas erste Liebe, die Burgschönheit Danika. Bewundernd schaut sie zu ihm auf. An der Hand hält sie ihren Sohn. Jacza findet, dass der seinem eigenen Sohn ähnelt. Das hatte schon Agatha festgestellt, als Danika die Amme von Alexander wurde.

Die Tempelritter benötigen eine Woche für den Kauf der Ausrüstung für den Bau und die Einrichtung eines Bauernhofs. Dazu gehören Sägen und Äxte, eine Esse und ein Amboss für eine Schmiede, ein Pflug, eine Egge und Saatgut für die Feldbestellung sowie eine Handmühle und ein Pferdewagen. An Nutztieren erwerben sie Ferkel, Ziegen, Hühner und eine Milchkuh.

Jacza und Borislaw führen die Templer zum vorgesehenen Siedlungsgebiet. Der Weg dorthin führt über den Handelsweg nach Spandau. Vor der Kreuzung mit der Via Imperii biegen sie nach Süden zum Teltow ab. Ganze drei Stunden brauchten sie für die Strecke. Schneller wollte die Kuh nicht gehen, die an einer Leine hinterher trottete. Die drei Ritter sind nicht allein. Zwei junge Paare sitzen auf dem Wagen. Den Templern ist es gelungen, junge Leute für das Projekt einer Existenzgründung zu gewinnen.

Jacza führt die Templer in ein unbesiedeltes Waldgebiet auf dem Teltow. Es ist das grenznahe Niemandsland zwischen Brandenburg und Köpenick, links der Havel. Die Ritter prüfen die Qualität des Bodens. Sie kommen zu dem Ergebnis, dass die hier anstehende Braunerde gut für den Ackerbau ist. Als Standort für den vorgesehenen Komturhof wählen sie eine Insel in einem See. Die Insellage gibt dem Hof Sicherheit gegen Überfälle. Der See zeigt ihnen, dass sie Trinkwasser in geringer Tiefe mit Ziehbrunnen fördern können.

„Wir werden auf der Insel einen wehrhaften Komturhof

errichten. Wir sind Mitglieder eines geistlichen Ritterordens und bauen neben dem Hof eine Komturei-Kapelle", erklären sie.

„Ich schenke Euch eine Fläche von zweihundert Hufen. Ich erwarte, dass ihr weitere Ritter eures Ordens anwerbt", erklärt Jacza.

„Habt ihr einen Arbeitsplan?", fragt Borislaw.

„Wir beginnen mit dem Roden. Mit dem gewonnenen Holz bauen wir unser Blockhaus. Es wird ein Langhaus mit Wohnbereich und Stallungen unter einem Dach. Wir nennen das Gehöft Tempelhof. Vielleicht können wir noch in diesem Jahr auf einer kleinen Fläche Wintersaat ausbringen."

„Wir wünschen euch Erfolg. Falls ihr Hilfe benötigt, kommt zu mir nach Köpenick."

Für Jacza ist die Kommende der Tempelritter auf dem Teltow Teil des Landesausbaus. Als Mitglieder eines christlichen Ritterordens befördern sie die Christianisierung der Region. Er verfolgt mit der Ansiedlung von kampferprobten Rittern auch ein politisches Ziel. Sein Erbanspruch auf Brandenburg wurde übergangen. Seitdem sind die Fürstentümer Köpenick und Brandenburg zerstritten. Jacza und Albrecht der Bär sind Erzfeinde. Grenzkonflikte sind möglich. Das Niemandsland östlich der Havel könnte Begehrlichkeiten bei den Askaniern wecken. Durch eine Reihe von Templerhöfen auf dem Teltow will Jacza eine Expansion der Askanier nach Osten verhindern.

Nicht nur Köpenick verbessert seinen Schutz gegen Angriffe aus Brandenburg, sondern auch die Askanier gegen die aus Köpenick. Otto, Sohn von Albrecht dem Bären und Herr der Zauche, ertüchtigt die Heveller-Festungen Beuthen und Trebbin am Grenzfluss Nuthe.

Jacza und Borislaw verlassen die Templer und reiten zur Spreepassage bei Cölln-Berlin. Jacza gab vor Jahren den Bau einer Brücke über die Spree in Auftrag. Der Baumeister bezeichnet sie als Pfahljochbrücke, eine Brücke auf Pfählen, auf denen Querhölzer liegen. Seit ihrer Fertigstellung steigen die

Einnahmen durch das Brückengeld. Die Passage ist durch ihre Nordsüdverbindung von Stettin nach Rom einzigartig. Jacza, Herr über die Passage, kontrolliert damit einen wichtigen Handelsweg in der Region.

Bei ihrer Ankunft herrscht reger Verkehr über die Spree. Der Fährmann und der Brückenwärter beklagen, dass sich Auseinandersetzungen mit Reisenden und Händlern häufen. Sie bitten Jacza, die Außenstelle Cölln militärisch abzusichern. Jacza sagt zu. Er beauftragt Borislaw, Männer für diese Aufgabe anzuwerben und auszubilden und neben dem Fähr- und Zollhaus ein Wachhaus für die Soldaten zu errichten.

Auf ihrem Rückweg nach Köpenick reitet Jacza hinter Borislaw. Der machte früher den Eindruck eines kraftstrotzenden Kämpfers. Diesen Eindruck macht er nicht mehr. Zum ersten Mal wird ihm bewusst, dass Borislaw alt ist. Er geht auf die Fünfzig zu. Einmal in der Woche halten sie sich mit Schwertduellen in der Arena fit. Borislaw hat deutlich an Schnelligkeit eingebüßt.

Während der Pilgerreise von Jacza und Jakob übernahm Mira den Schulunterricht in Köpenick. Sie ist von ihrer neuen Arbeit begeistert. Die zweifache Mutter hat ihre Berufung gefunden. Nach der Rückkehr von Jakob teilt sie sich mit ihm die Elementarfächer. Den Geschichtsunterricht macht Jakob allein. Er gestaltet ihn so interessant, dass die Schüler keine Stunde missen wollen. Jaczas Sohn Alexander ist acht Jahre alt und liebt den Schulunterricht. Er bewundert den scheinbar allwissenden Kaplan Jakob und löchert ihn mit Fragen.

Jacza schenkte seinem Nachwuchs Ponys. Aus eigener Erfahrung weiß er, wie wichtig Pferde für die Entwicklung von Kindern sind. Der Umgang mit den Tieren fördert das Bewusstsein für Verantwortung und Anteilnahme. Zu seiner Überraschung interessiert den achtjährigen Alexander das Geschenk nicht. Auch das Holzschwert, der Herzenswunsch aller Buben, lässt ihn kalt.

Ganz anders ist die sechsjährige Veronika, Jaczas Tochter. Das Pony ist ihr Ein und Alles. Ihr erster Gang am Morgen führt in den Stall, um ihr Pony zu versorgen. Reiten ist ihre

Leidenschaft. Wenn Jacza ausreiten will, wartet sie gesattelt und gespornt am Burgtor, um ihn zu begleiten und zu schützen. In ihrem Gürtel steckt das Holzschwert ihres Bruders.

Veronika liebt Omas Märchenstunde. Johanna ist eine begnadete Erzählerin. Es sind Geschichten, die sie von ihrer Mutter gehört hat. Auf diesem Weg werden sie von einer Generation zur nächsten weitergegeben. Die Märchen regen die Fantasie von Veronika an. In ihren Träumen durchlebt sie die Erzählungen. Sie ist heilfroh, dass sie eine leibliche Mutter hat und nicht eine der bösen Stiefmütter aus der Märchenwelt. Die schönste Erzählung ist die von Mira und Borislaw. Eine gottgläubige Prinzessin heiratet einen heidnischen Bauernsohn, der sie aus der Gefangenschaft eines bösen Herzogs befreit. Ihre Liebe ist so groß, dass sie trotz ihres unterschiedlichen Glaubens heiraten. Noch in diesen Tagen ist Mira schön und Borislaw sieht wie ein Siegfried aus. So eine romantische Ehe wünscht sich Veronika. Schließlich ist sie auch Prinzessin.

Agatha, die Fürstin, kümmert sich mit dem Kämmerer um die Finanzen. Sie eignete sich die Buchführung für die Kontrolle ihrer Einnahmen und Ausgaben in Miechów an. Hier in Köpenick bestehen die Einnahmen unter anderem aus dem Zehnten, den die Burgherren von Freienwalde, Wriezen, Beeskow, Storkow, Teupitz und Zossen an Köpenick abführen.

Wriezen und Freienwalde zahlen mehr als die anderen. Die Gründe hierfür sind der Fischreichtum im Oderbruch und die Erträge aus dem Verkauf von Salz- und Räucherfisch. Die Burgherren entrichten ihre Abgaben nicht nur mit Münzen, sondern auch mit Naturalien. Das sind Hühner, Gänse und Ziegen, in der Erntezeit Weizen und Mehl und in der Schlachtsaison Fleischprodukte. Wriezen beliefert Köpenick mit gesalzenen Hechten und Zandern, die zum Leidwesen einiger zu oft auf der Speisekarte stehen.

Andere Einnahmen fließen direkt nach Köpenick. Dazu gehören das Wegegeld für die Benutzung der Straßen und Wege, das Fähr- und das Brückengeld. Letzteres wird erhoben für die Nutzung der Fähre und der Brücke über die Spree zwischen Cölln und Berlin sowie der Dahmebrücke und der

Spreebrücke zur Insel, auf der sich die Burgstadt Köpenick befindet.

Einnahmen durch Zölle auf Handelswaren gehen ebenfalls an Köpenick. Die Zollstelle in Köpenick erhebt Abgaben auf Waren des Ost-West-Verkehrs. Die Station in Cölln am Spreepass erhebt Zölle auf Waren des Nord-Süd-Verkehrs. Eine weitere Zollstation an der Grenze von Köpenick befindet sich in Fürstenwalde an der Spree. Der Handelsplatz liegt an einer Furt, an der die Schiffbarkeit des Flusses endet. Der Platz nördlich der Spree gehört zum polnischen Land Lebus, der südliche zu Köpenick. Die Römer nannten den Ort Susudata, was Saulache bedeutet.

In Köpenick wird das Geld, der Burgschatz, in einer Münztruhe verwahrt. Sie ist eine solide Kiste aus Eiche, die mit Eisen beschlagen und mit Schlössern versehen ist. Die Truhe ist so schwer, dass ein Mann sie nicht heben kann. Eine Burg ist per se ein sicherer Ort. Wer den Schatz haben will, muss erst die Burg erobern.

Ende des Jahres gibt es in Köpenick ein freudiges Ereignis. Agatha und Jacza bekommen ihr drittes Kind. Es ist ein Mädchen, das auf den Namen Anna getauft wird.

Ein seltsamer Besucher stellt sich Jacza vor. Es ist ein kleinwüchsiger, dunkelhäutiger Mann mit einem fremdartigen Akzent. Er sei Münzmeister und Fachmann für eine neue Technik, preiswerte Geldstücke zu schlagen. Dabei handelt es sich um Silberpfennige mit einer einseitigen Prägung. Auf der Oberseite zeigen die Stücke das Münzbild erhaben und auf der Unterseite als Vertiefung. Deshalb werden sie Hohlpfennige genannt. Der Besucher ist mit einem Planwagen angereist. Er hätte alle notwendigen Werkzeuge an Bord, um eine Münzwerkstatt einzurichten. Seine Mannschaft besteht aus vier Münzgesellen und einem Stempelschneider.

„Ihr habt das Münzrecht. Bedenkt: Das Prägen von Münzen ist ein einträgliches Geschäft. Der Bischof von Magdeburg ist Vorreiter der neuen Münzprägung auf der anderen Seite der Elbe. Ihr wärt der erste Wendenfürst, der diesseits der Elbe

Silberpfennige mit der fortschrittlichen Technik herstellt", erklärt der Besucher.

Mit dem Bischof gleichzuziehen, ist für Jacza Ansporn genug. Er beauftragt seinen Besucher, mit der Münzprägung in Köpenick zu beginnen. Dafür gibt er den Bau einer Münzwerkstatt innerhalb der Burg in Auftrag. Sie erhält eine Esse mit Abzug für das Schmelzen von Silber. Die Fenster werden vergittert und die Tür mit Schlössern gesichert. Schließlich werden in diesem Haus größere Mengen Edelmetall verarbeitet.

Während der Bauarbeiten macht sich der Münzmeister auf nach Magdeburg, um Silberbarren für die Produktion der ersten Pfennige zu kaufen. Drei Bewaffnete begleiten ihn. Jacza und der Stempelschneider verständigen sich über das Münzbild der ersten Prägung. Sie soll einen wehrhaften Fürsten zeigen, aufrecht stehend, gewappnet mit Ringpanzer und Helm, in der Rechten eine Lanze und in der Linken ein Schild haltend. Jacza fordert, dass das Münzbild einen Palmzweig enthält. Der belegt, dass er zum Heiligen Grab in Jerusalem pilgerte. In Zeiten der Kreuzzüge fördern Pilgerreisen das Ansehen.

Von der ersten Probemünze ist Jacza enttäuscht. Das Münzbild sieht wie eine Kinderzeichnung aus und ist wenig schmeichelhaft. Es zeigt ein Männchen mit einem Glupschauge. Er verkneift sich jede Kritik, da der Münzmeister ihn warnte. Stempelschneider seien gefragte Künstler und hätten ihren eigenen Stolz. Ein falsches Wort und der Mann wäre weg.

Die Umschrift, das ist der kreisförmige Text am Rand der Münze, ist aus Platzmangel abgekürzt. Das JAC-KES steht für Jacza Knes. Knes ist ein slawischer Herrschertitel wie Fürst. Normalerweise enthält die Münze einen Hinweis auf den Ort der Prägung. Das wäre für Köpenick auf Slawisch „Copnic". Jacza hält seinen Anspruch auf Brandenburg aufrecht. Würde er nur Copnic nennen, sähe es so aus, als würde er seinen Verzicht auf Brandenburg öffentlich kundtun. Das will er auf keinen Fall. Deshalb enthält die Münze keinen Hinweis auf ihre Prägestätte.

Seit Karl dem Großen gibt es den Pfennig, von den Franken Denar genannt. Die kleine, unscheinbare Münze hat eine große wirtschaftliche Bedeutung für das Reich. Sie ist die Basis für den Handel. Es ist die „Pfennigzeit". Für Reisende gilt der Satz: „Der Pfennig ist der beste Gefährte in allen Landen." Die Münze besteht aus Silber und hat eine hohe Kaufkraft. So erhält man für einen Pfennig zehn Hühner, für drei Pfennige ein Kilogramm Getreide und für hundert Pfennige eine Kuh. Allerdings verliert der Pfennig mit der Zeit an Kaufkraft.

Die Münzproduktion in Köpenick läuft seit vier Wochen auf Hochtouren. Dann meldet sich die Obermagd. Jacza ahnt Unheil. Sie ist eine gewichtige Person, die die Ernährung der Burgbewohner in der Hand hat, eine Schlüsselposition. Außerdem ist da noch seine Affäre mit ihrer Tochter, der Burgschönheit. Was weiß die Obermagd und Mutter? Langes Warten regt sie auf. Jacza bittet sie herein. Ihre schiere Präsenz füllt den Raum. Unter dem Arm trägt sie einen Korb mit Hühnereiern. Er ist halb voll.

„Seit Wochen treibt uns das Gehämmer in der Münzwerkstatt in den Wahnsinn. Den Mägden und Knechten klingen die Hammerschläge noch nachts in den Ohren. Aber nicht nur wir, sondern auch die Tiere leiden unter dem Lärm. Sie sind nervös. Die Hühner legen weniger Eier. Früher war dieser Korb jeden Morgen voll. Ich verlange die Verlegung der Werkstatt auf die andere Seite der Burg und Maßnahmen für den Lärmschutz."

Jacza weiß, dass eine Burg in Friedenszeiten auch ein Bauernhof ist. Im Ernstfall muss sie sich selbst versorgen. Neben der Viehhaltung betreibt die Burg Landwirtschaft auf Äckern der Insel und Fischfang in der Dahme. Eine lärmende Münzwerkstatt mit qualmendem Schornstein stört die Idylle. Ob die Hühner deswegen weniger Eier legen, ob sie die Räude haben oder der Hahn nichts taugt, will er erst gar nicht prüfen. Im Grundsatz gibt er der Obermagd recht.

„Ich werde den Bau einer neuen Münzwerkstatt in Auftrag geben. Als Standort bietet sich die Ecke rechts des Burgtores an. Eine Lärmschutzmauer wird gleichfalls errichtet. Die

Arbeiten werden zwei Wochen benötigen. Solange müsst ihr das Gehämmer ertragen."

„Ich danke Euch."

Nachdem die Obermagd fort ist, spricht Jacza mit Borislaw über das Vorhaben. Der freut sich: „Endlich bekommt die Burg ein Gefängnis. Die alte Münze mit ihren vergitterten Fenstern ist dafür bestens geeignet."

Ein Jahr nach Beginn der Münzprägung verruft Jacza die erste Ausgabe seiner Pfennigmünze. Sie ist damit kein Zahlungsmittel mehr. Er gibt eine neue Münze heraus. Sie zeigt ihn mit Bart, sitzend vor einer Burg mit zwei Türmen, in seiner rechten Hand ein Schwert und in der linken einen Palmzweig.

Die alten Münzen werden unter Abzug eines Schlagschatzes gegen neue eingetauscht. Für vier alte Pfennige erhält der Bürger drei neue. Der einbehaltene vierte Pfennig ist der Schlagschatz, der Gewinn. Ein Pfennig klingt nicht viel, aber in der Summe sind es mehrere tausend im Jahr. Mit einem Teil des Gewinns entlohnt Jacza den Münzmeister, den Stempelschneider und die Gesellen. Abnehmer von Jaczas Münzen sind Bürger und Händler von Köpenick, ganz besonders die Fischhändler in Gabow bei Freienwalde.

Jacza erinnert sich an den Satz des Münzmeisters: „Das Prägen von Münzen ist ein einträgliches Geschäft." Recht hat er. Je öfter der Münzherr vom Münzverruf, der Münzerneuerung, Gebrauch macht, umso höher ist sein Gewinn. Jacza nutzt es einmal im Jahr. Meister des Verrufes ist der Magdeburger Erzbischof Wichmann. Die Münzverrufung macht er zweimal im Jahr. Die Leute munkeln, dass er den Hals nicht voll bekommen kann.

Für Jacza ist das Prägen von Münzen nicht nur ein Geschäft. Die Münzen mit seinem Namen, Titel und Antlitz sind die Werbeträger der Zeit. Sie machen Jacza über seine Landesgrenzen hinaus bekannt und dokumentieren seine Unabhängigkeit.

Das Betreten der Münzwerkstatt ist für die Burginsassen verboten. Für Jaczas Kinder ist sie ein geheimnisvoller Ort, der ihre Neugier weckt. Nach wiederholtem Drängen gibt Jacza nach und zeigt Veronika und Alexander die Münzherstellung. In der Werkstatt ist das Hämmern des Münzmeisters und der Gesellen laut und nervig. Münzen werden geschlagen, und der Hammer ist für ihre Herstellung das wichtigste Werkzeug.

Der erste Schritt zur fertigen Münze ist das Schmelzen des Silbers in einem Holzkohlenfeuer und das Gießen eines länglichen Silberbarrens, den König. Der wird auf einem Amboss mit der Schmalseite eines Hammers zu einem Silberblechstreifen geschmiedet. Dabei wird so lange gehämmert, bis das Blech die Stärke eines Dünnpfennigs hat. Das sind wenige Zehntelmillimeter. Mit einer Schere werden von dem Streifen Quadrate von der Größe eines Pfennigs abgetrennt, erhitzt und geglättet. Die dünnen Silberplätzchen sind die Münzrohlinge oder Schrötlinge.

Die Hohlpfennige haben eine einseitige Prägung, und man braucht für ihre Prägung nicht zwei, sondern nur einen Stempel. Der Schrötling wird auf den Stempel mit dem Münzbild und darüber ein weiches, wiederverwendbares Material gelegt. Durch Hammerschläge auf das weiche Material presst sich das Münzbild von unten in das dünne Silberplätzchen. Die Münze ist geprägt.

In der Werkstatt herrscht strikte Ordnung. Es gibt getrennte Tische für Silberbarren, Schrötlinge und Pfennige. Die Silberpfennige sind zu jeweils 240 Stück, das ist eine Mark mit einem Gewicht von einem Pfund, gestapelt. Ein Vermögen lagert hier. Der Münzmeister kontrolliert mit einer Münzwaage das Gewicht jedes Stücks und führt Buch. Der Stempelschneider zeigt den Kindern, wie er mit einem speziellen Werkzeug, dem Stichel, ein neues Münzbild in einen eisernen Rohling graviert.

Veronika und Alexander sind enttäuscht. Geheimnisvolles gibt es in der Werkstatt nicht zu entdecken. Veronika grapscht ständig nach den glänzenden Silberlingen. Jacza erklärt ihr, dass Geld kein Spielzeug ist, und fordert sie auf, die Münzen wieder herauszurücken. Der

Münzmeister verdreht die Augen wegen der angerichteten Unordnung in seinem Reich.

11. 1157 n. Chr.: Brandenburg und Barbarossas Geisel

Cythava, die Witwe des ermordeten Hevellerfürsten Meinfried, besucht Jacza. Sie ist aus Brandenburg angereist. Die Frau ist über sechzig, sieht aber deutlich jünger aus. Der Ritt von Brandenburg nach Köpenick hat sie nicht besonders angestrengt. Jacza weiß, dass sie ihre Schwägerin Petrissa für den Mord an ihrem Mann verantwortlich macht. Vielleicht ist es der Hass auf diese Frau, der sie jung hält.

„Seit sieben Jahren leidet die Burgmannschaft von Brandenburg unter dem Joch der Askanier. Besonders ihr arroganter Anführer aus dem engsten Kreis von Albrecht dem Bären behandelt die Heveller von oben herab. Es ist ein Wunder, dass sie ihn noch nicht erschlagen haben. Warum nehmt Ihr die Brandenburg nicht in Besitz? Sie ist Euer Erbe?“, fragt Cythava vorwurfsvoll Jacza.

„Ich habe auf eine günstige Gelegenheit gewartet. Die ist nun gekommen. Weder Albrecht noch sein Sohn Otto sind zurzeit in Brandenburg. Kaiser Friedrich Barbarossa unternimmt im Sommer eine Strafexpedition gegen den polnischen Seniorherzog Boleslaw IV. Albrecht der Bär wird den Kaiser auf dem Polenfeldzug begleiten. Sie sind mit der Vorbereitung ihres Kriegszuges beschäftigt.“

„Was treibt den Kaiser nach Polen?“, möchte Cythava

wissen.

„Der Herzog von Polen, Boleslaw, hat seinen Vorgänger Wladyslaw II. vertrieben. Der Wechsel an der Spitze der Piasten erfolgte ohne die Zustimmung des Kaisers, der die Lehnshoheit über Polen hat. Der Staufer Barbarossa sieht dadurch das Ansehen des Reiches beschädigt und beabsichtigt, Boleslaw zu unterwerfen und zurechtzuweisen.“

„Wann wird der Kaiser seinen Feldzug gegen die Polen beginnen?“, fragt Cythava.

„Im August dieses Jahres.“

„Dann könnt Ihr die Brandenburg vorher erobern.“

„Das werde ich. Dafür muss ich wissen, wie stark die Burgmannschaft ist.“

„Es sind ein Dutzend Bewaffnete, sechs davon sind Askanier. Einen der einheimischen Wächter kenne ich gut. Er würde nur zu gerne für Euch das Burgtor öffnen. Ihr solltet den Sechsen ein Handgeld zahlen. Aber bitte nicht mit Euren eigenen Prägungen. Das könnte sie kompromittieren.“

„Einverstanden. Jeder bekommt fünfhundert Denare. Ich werde mit meinen Männern am Ostersonntag, das ist der letzte Sonntag im März, um Mitternacht vor dem Osttor der Festung stehen. Ich vertraue darauf, dass Ihr Eurem Kollaborateur diese Nachricht übermittelt“, antwortet Jacza.

„Ihr könnt Euch auf mich verlassen. Sollte es nicht klappen, informiere ich Euch.“

Jacza sendet einen Boten zum Burggrafen Lebus und bittet ihn, das zugesagte Dutzend Kämpfer nach Köpenick zu senden, sodass sie spätestens am Mittwoch vor dem letzten Sonntag des März dort eintreffen.

Zusammen mit Jaczas Bogenschützen und Schwertkämpfern ist es eine ansehnliche Streitmacht. Um keine Aufmerksamkeit zu erregen, machen sie sich in Zweiergruppen über Spandau und Potsdam auf den Weg nach Brandenburg. Am zweiten Tag ihrer Reise versammeln sie sich nach Sonnenuntergang im Wald vor der Brücke über die Havel.

Die Brücke führt auf die Burginsel und wird bewacht. Kurz vor Mitternacht überwältigen zwei Männer den Wachmann, fesseln und knebeln ihn und bringen ihn zu den Bewaffneten im Wald, die bei den Pferden zurückbleiben.

Die anderen marschieren zu Fuß zum Osttor der Festung. Kein Licht ist auf der Insel zu sehen. Nur die Silhouette der Burg zeichnet sich gegen den Nachthimmel ab. Gespannt beobachten Jacza und seine Leute das Burgtor.

Endlich! Gegen Mitternacht vernehmen sie ein leises Knarren. Das Tor wird ein Spalt weit geöffnet. Eine Laterne bewegt sich auf und ab. Jaczas Leute rennen los. Sie stoßen das Tor auf und stürmen auf den Burghof. Dort stehen sechs bewaffnete Männer. Es sind Jaczas Verbündete, die Heveller der Burgmannschaft. Ihr Anführer führt sie direkt zur Unterkunft der Burgmannschaft. Die sechs Askanier werden im Schlaf überrascht. Sie erkennen ihre aussichtslose Lage und leisten keinen Widerstand. Sie werden in das Gefängnis der Burg abgeführt.

Jacza schickt zwei seiner Leute zur Havelbrücke, um die Zurückgebliebenen mit den Pferden zur Burg zu leiten.

Mittlerweile flackern Lichter in den Unterkünften des Burgpersonals auf. Mägde und Knechte treten mit brennenden Kienspänen in den Händen ins Freie. In ihren hellen Nachgewändern sehen sie wie Geister aus. Jacza gibt eine kurze Erklärung ab. Er, Fürst von Köpenick, sei der rechtmäßige Herr von Brandenburg. Keinem wird etwas geschehen. Alle könnten getrost wieder schlafen gehen.

Am nächsten Tag zahlt Jacza den sechs getreuen Hevellern die versprochenen fünfhundert Denare aus. Vom Kämmerer lässt er sich den Burgschatz, die Münztruhe, zeigen. Sie ist gut gefüllt. Das Geld sichert den Unterhalt der Burg.

Jacza inspiziert die Festung im Hinblick auf ihre Wehrtüchtigkeit. Albrecht hat auf der Burg für ‚deutsche Ordnung‘ gesorgt und sie mit großem Aufwand ertüchtigt. Der Burgwall wurde erneuert und der Wehrgang hinter dem Brustwall ist wie mit der Wasserwaage gezogen. In gleichen Abständen führen Leitern auf den Wehrgang. Dort stehen, wie auf einer Perlschnur aufgereiht, Holzeimer mit Löschwasser und Stangen für die Abwehr von Sturmleitern und Belagerungstürmen.

Die Unterkünfte für das Burgpersonal sind neu und nach Ständen getrennt. Die Familie des Burggrafen und die Ritter wohnen auf der einen Seite, die Mägde und Knechte auf der gegenüberliegenden Seite. Im Haus des Burggrafen befindet sich ein Keller, in dem Weinfässer gelagert sind. Ihre Spundlöcher sind verkorkt und versiegelt. Alle tragen die Aufschrift „Rotwein". Jacza nennt den Raum ‚Albrechts Weinkeller'.

Jacza besucht die Burgkapelle. Hier war er zum ersten Mal mit dem Tod konfrontiert. Vor zwanzig Jahren lag in der Kapelle sein ermordeter Onkel Meinfried aufgebahrt. Er sieht noch sein bleiches Gesicht vor sich. Auch sein Nachfolger Fürst Pribislaw-Heinrich hat in der Kapelle seine letzte Ruhe gefunden. Im Boden der Kapelle eingelassen befinden sich die Grabplatten von Meinfried, ermordet 1127, und seinem Bruder Pribislaw-Heinrich, verstorben 1150.

Die Schwester der kinderlosen Hevellerfürsten ist Johanna, Jaczas Mutter. Er, Jacza, ist der einzige Nachkomme der Familie und damit der rechtmäßige Erbe mütterlicherseits von Brandenburg. Nun nimmt er mit der Besetzung der Burg seinen Erbanspruch wahr.

Jacza schickt die polnischen Kämpfer zurück nach Lebus. Die sächsischen Mitglieder der Burgmannschaft lässt er frei. Damit gibt er Albrecht dem Bären ein Zeichen seiner Ritterlichkeit.

Auf dem Heimweg nach Köpenick informiert Jacza den Burgherrn von Spandau über den Wechsel in der Führung des Fürstentums Brandenburg. Es ist noch immer derselbe Burgherr, den Jacza von seinen früheren Reisen her kennt.

In Köpenick empfangen Agatha und Johanna ihren Helden Jacza. Dem ist es gelungen, die Brandenburg ohne den Verlust eines einzigen Tropfens Blutes zu erobern. Jacza selbst sieht das anders. Sein Erfolg beruht auf Verrat und Bestechung und ist alles andere als glorreich. Er schickt seinen Freund, den Ritter Borislaw, nach Brandenburg. Dort übernimmt er die

Rolle des Kastellans. Er erhält den Auftrag, Kämpfer zu rekrutieren, sie auszubilden und alle Maßnahmen für die Abwehr eines Angriffs durch Albrecht den Bären zu treffen.

Ein Gerücht macht in Köpenick die Runde. Es hat im Reich ein gewaltiges Donnerwetter gegeben, als der Verlust Brandenburgs dem Kaiser zu Ohren gekommen ist. Kaiser Barbarossa hat Albrecht den Bären herbeizitiert und ihm vorgeworfen, leichtfertig mit Reichsgütern umzugehen. Seinen Titel ‚Markgraf der Nordmark' könne er nur weiterführen, wenn er Brandenburg zurückerobere.

Burgkaplan Jakob hat weitere Informationen, als er von einer seiner Reisen nach Magdeburg zurückkehrt. Albrecht und der Erzbischof Wichmann sind dabei, eine Streitmacht zusammenzustellen. Jacza weiß, dass es von Magdeburg nach Brandenburg über die Heerstraße nur eine Zweitagesreise ist. Er hat keine Zeit zu verlieren.

Jacza stellt seine Schar von Kämpfern zusammen. Sie bestehen aus zwölf Burgmännern von Freienwalde, Wriezen, Beeskow, Storkow, Teupitz und Zossen und drei seiner besten Armbrustschützen aus Köpenick. Es sind dieselben, die ihn schon auf seiner Pilgerreise nach Jerusalem begleitet haben. Darunter ist auch der Meisterschütze, der den Piratenkapitän mit dem Turban traf. Den Burgkaplan Jakob nimmt er als Berater mit. Die kleine Schar macht sich auf nach Brandenburg.

Diesmal ist er vor Albrecht dem Bären vor Ort. Sofort schickt er seinen Freund Borislaw nach Köpenick, damit er die Verantwortung für die Sicherheit der Burg und die seiner Familie übernimmt.

Jacza trifft Vorkehrungen, um eine längere Belagerung der Festung durch Albrecht den Bären und den Erzbischof von Magdeburg zu überstehen. Frauen und Kinder verlassen die Burg und ziehen in die Altstadt. Er lässt Vorräte anlegen und kauft auf dem Markt von Brandenburg alles auf, was zu haben ist. Dazu zählen Korn, Mehl, Schlachtvieh, Salzfisch in Fässern und Futter für das Vieh. Die Wasserversorgung der Burg ist durch Ziehbrunnen im Burghof gesichert.

Um Belagerungsmaschinen abzuwehren, lässt Jacza Vorräte von Brandmitteln wie Holzkohle, Pech, Schwefel, Salpeter und Strohballen sowie Taue und Wurfanker anlegen.

Wenige Tage später trifft das Heer von Albrecht dem Bären ein. Er schlägt sein Lager im westlichen Teil der Burginsel außerhalb der Reichweite von Jaczas Bogenschützen auf. Die prächtigen Zelte von Albrecht, dem Erzbischof, und die der Fürsten heben sich von den einfachen Zelten der Soldaten ab. Die Angreifer schneiden die Burg von der Außenwelt ab. Alle Zugänge zur Burginsel werden kontrolliert. Niemand kommt mehr aus der Burg heraus, noch hinein.

Jacza schätzt die Mannschaftsstärke der Sachsen auf das Dreifache der Verteidiger. Für einen Sturm auf die Burg ist das zu wenig. Schon im August will Albrecht mit Barbarossa gegen Polen ziehen. Er steht unter Zeitdruck. Das Aushungern der Burgbesatzung ist in dieser kurzen Zeit nicht möglich. Albrecht bleibt nur der Versuch, mit Belagerungsmaschinen die Brandenburg zu erobern.

Am nächsten Morgen richten die Sachsen neben ihrem Zeltlager Baustellen ein. Baumstämme werden über die Havel herbeigeschafft und an Land gezogen. Zimmerleute bearbeiten die Stämme und eine Schmiede sorgt für die Werkzeuge.

Jacza geht davon aus, dass Albrecht mit Belagerungstürmen angreift. Er erinnert sich daran, dass die Kreuzfahrer mit solchen Türmen Jerusalem eroberten. In der Regel werden bei dieser Vorgehensweise die Türme bis an die Festungsmauer herangeschoben und die Angreifer stürmen über Fallbrücken auf den gegnerischen Wehrgang.

Die Brandenburg ist von einem mit Wasser gefüllten Festungsgraben umgeben. Damit die Sachsen ihre Türme bis an die Festungsmauer schieben können, müssen sie den Festungsgraben trockenlegen. Das taten die Sachsen schon in der ersten Nacht. Sie verschlossen den Zufluss von der Havel zum Graben. Nun müssten sie den Graben nur noch zuschütten. Jaczas Verteidigungsmöglichkeiten beschränken sich darauf, Belagerungstürme in Brand zu setzen oder umzustürzen.

Schnell haben die Sachsen zwei Belagerungstürme und eine Katze fertiggestellt. Die Katze, ein Dach auf Rädern, rollen sie bis an den Festungsgraben und beginnen, unter dem Schutz des Daches den Graben zuzuschütten. Jaczas Leute werfen glühende Kohle und brennendes Pech über die Festungsmauer auf die Katze – mit Erfolg. Das Dach fängt Feuer und die Sachsen verlassen das lichterloh brennende Schutzschild und flüchten in Richtung ihres Feldlagers. Zwei Angreifer bleiben von Pfeilen getroffen, verletzt oder tot am Boden liegen.

Es dauert nicht lange, dann macht sich ein Pferdewagen mit einer weißen Fahne vom Zeltlager auf, um die verletzten und toten Krieger zu bergen. Jacza lässt eine weiße Fahne setzen, um seine Zustimmung zu signalisieren.

Nach einer weiteren Woche schieben Albrechts Leute zwei neue Katzen bis an den Burgwall und beginnen, den Festungsgraben zuzuschütten. Die Dächer der Katzen sind mit nassen Fellen gegen Feuer geschützt. Gegen Mittag rollen die Angreifer die Belagerungstürme bis an den Festungsgraben.

Jaczas Mitstreiter gelingt es, Wurfanker an einem der beiden Türme zu verankern. Mit der geballten Zugkraft von zwanzig Mann an den Tauen gelingt es ihnen, den Turm ins Wanken zu bringen. Schließlich bleibt der Turm stark geneigt und unbrauchbar auf dem lockeren Füllmaterial des Burggrabens stehen.

Die Burgmannschaft nutzt alle noch verfügbaren Brandmittel, um den zweiten Turm in Flammen aufgehen zu lassen. Immer wieder werfen sie glühende Holzkohle und brennendes Pech, vermischt mit Salpeter und Schwefel, gegen die Holzkonstruktion. Endlich fängt der Turm Feuer. Herabgeworfene Strohballen fachen das Feuer weiter an. Schnell breitet sich das Feuer durch den Kamineffekt im Turm aus. Nun besteht die Gefahr, dass das Feuer auf die Festung überspringt. Die Verteidiger halten den brennenden Turm mit Stangen auf Abstand und wässern die Außenpalisade. Dafür bilden sie eine Eimerkette vom Ziehbrunnen im Burghof bis hinauf auf den Wehrgang.

Die Mannschaften der beiden Türme werden von Jaczas

Leuten unter Beschuss genommen. Sie suchen Deckung unter den Katzen. Erst in der Dunkelheit werden sie sich zum Lager zurückziehen können. Der Anführer der Turmmannschaften hält sich für unsterblich. Er reitet auf seinem Ross von Turm zu Turm und wehrt alle Pfeile, geschickt mit seinem Schild, ab. Es trägt ein Wappen mit drei schwarzen Balken. Jacza befiehlt seinen Meisterschützen, die schon den Piratenkapitän auf seiner Orientreise töteten, den Mann ins Visier zu nehmen. In dem Moment, in dem der Reiter sein Pferd wendet, erteilt Jacza den Schießbefehl. Zunächst reitet der Mann weiter. Dann bleibt das Pferd stehen und der Mann rutscht aus dem Sattel und fällt leblos zu Boden. Auf Jaczas Meisterschützen ist Verlass. Jacza ahnt nicht, dass sie soeben einen Neffen Albrechts des Bären aus dem Adelsgeschlecht von Veltheim getötet haben. Mit dem Ausfall der beiden Belagerungstürme ist der Angriff von Albrecht dem Bären auf die Brandenburg vorerst gestoppt.

Es ist der letzte Sonntag im Mai. Jacza hat ein Fässchen Rotwein angestochen. Es stammt aus Albrechts Weinkeller. Er feiert zusammen mit seinen Männern die erfolgreiche Abwehr der Angriffe der Sachsen. Leicht benebelt geht Jacza zu Bett. Es ist nach Mitternacht.

Jacza vernimmt Gefechtslärm. Krachend treffen Schwerter auf Rüstungen. Ein Schlag auf seinen Helm macht ihm klar, dass es um sein Leben geht. Die Angreifer sind in Überzahl und schlagen wild entschlossen auf ihn und seine Begleiter ein. In wenigen Minuten liegen seine Kampfgefährten tot oder verwundet am Boden.

Dann steht er seinem Erzfeind Albrecht dem Bären Auge in Auge gegenüber. Zwei mit Lanzen bewaffnete Panzerreiter schützen den Herzog. Jacza bleibt nur die Flucht. Er steckt das bluttriefende Schwert zurück in die Scheide, wendet sein Pferd und gibt die Sporen. Er hört, wie Albrecht seinen Leuten zuruft: „Ergreift ihn! Es soll nicht euer Schaden sein!"

Jacza weiß, dass Albrecht mit diesem Satz den beiden Panzerreitern eine Kopfprämie in Aussicht stellt. Er ist nicht bereit, sein Leben für ein paar Denare herzugeben. Ein Plan muss her. Seine Flucht geht von Spandau rechts der Havel in Richtung Potsdam. Auf der gegenüberliegenden Seite des Flusses liegt sein Fürstentum. Dort wäre er in Sicherheit. Eine Brücke über den Fluss gibt es hier nicht. Es muss die Havel durchschwimmen. Möglich ist das. Im Sommer ist das Wasser warm genug.

Jacza folgt einem schmalen Pfad. Er hört, wie ihm Albrecht und seine Panzerreiter dicht auf den Fersen sind. Nach einer Weile geht die Verfolgungsjagd bergauf. Vor Jahren warf er von der anderen Seite des Flusses, vom Teltow, einen Blick über die Havel. Dort sah er auf dem gegenüberliegenden Ufer einen Höhenzug mit dem hellen Sand einer Düne. Nun ist er auf diesem Höhenzug. Er beschließt, die nächste Wegabbiegung Richtung Havel zu nehmen.

Jacza versucht, den Abstand zu seinen Verfolgern zu vergrößern. Er blickt zurück und sieht im Lichte des Vollmondes, wie die drei Verfolger ihre Schlachtrösser antreiben. Dann kommt eine Abzweigung in Richtung Havel. Jacza folgt ihr. Sie führt durch eine Schlucht. Es geht bergab. Die Hänge der Schlucht lassen das Donnern der Hufe widerhallen. Jacza kommt es vor, als spüre er schon Albrechts Atem im Nacken.

Die Schlucht endet in der Talaue der Havel. Jacza kann seinen Häschern nur über das Wasser entkommen. Er spornt sein Pferd an. Ohne zu zögern stürzt sich das Tier in den Fluss. Die beiden Panzerreiter werfen ihre Lanzen Jacza hinterher. Eine landet im Wasser, die andere Lanze kann Jacza mit seinem Schild abwehren. Als Jacza noch einmal zurückschaut, droht ihm Albrecht mit der Faust und ruft: „Ich brenne Euer Zuhause nieder!"

Jacza wickelt sich die Zügel um das Handgelenk, gleitet vom Sattel und schwimmt neben seinem Pferd. Er will das Tier entlasten. Jacza spürt, dass er ohne den Halt zu seinem Pferd wie ein Stein auf den Grund des Flusses sinken würde. Seine Rüstung ist zu schwer. Sein Schild aus Holz lässt er am Sattel hängen.

Er schätzt die Entfernung zum anderen Ufer auf unter

einen Kilometer. Im letzten Drittel der Strecke ist das Pferd am Ende seiner Kräfte. Es schnaubt und röchelt, hat Schaum am Maul und wirft den Kopf hoch und runter. Jacza redet besänftigend auf das Tier ein. Als das nicht hilft, wendet er sich in letzter Not an seinen Christengott: „Herr, erbarme Dich. Gib meinem Pferd neue Kraft."

Da nichts geschieht, fügt Jacza seinem Stoßgebet ein Gelübde hinzu: „Herr, erbarme Dich unser. Gib meinem Pferd neue Kraft, damit wir das rettende Ufer erreichen. Zum Dank errichte ich Euch ein Gotteshaus."

Ein Wunder geschieht. Das Pferd hebt den Kopf und schwimmt entschlossen weiter. Zwanzig Meter vor dem Ufer bleibt es abrupt stehen. Jacza ist verzweifelt und glaubt, der Schlag hat das Tier getroffen. Dann begreift er die Situation. Das Pferd hat festen Grund unter den Hufen und verschnauft. Sie sind im Flachwasserbereich des Ufers angekommen.

Nach einer Pause führt Jacza das Pferd auf einen Hügel hinter dem Strand. Er erkennt, dass er auf einer Halbinsel gelandet ist, die wie ein Horn in den Fluss ragt.

Jacza dankt Gott für die Rettung und opfert ihm seinen Schild, der ihm gerade das Leben gerettet hat. Neben einer Eiche richtet er sich im Sattel auf und hängt die Opfergabe in eine Astgabel des Baumes. Es ist sein Lieblingsschild, ein slawischer Rundschild. Seine Tochter Veronika befestigte von ihr selbst gesammelte und polierte Flussperlmuscheln in Form eines Kreuzes um den Schildbuckel. Die Muscheln schillern in Regenbogenfarben, sie irisieren.

Jacza wird von seinem Knappen geweckt. Leicht verwirrt richtet er sich im Bett auf. Er fragt sich, ob sein Zustand eine Nachwirkung des Rotweins vom Abend zuvor ist. Nicht umsonst bezeichnen seine Mitstreiter den Wein als ‚Albrechts Rache'.

Sein Knappe reicht ihm sein Rüstzeug. Sein Gambeson, eine Steppjacke und das Kettenhemd sind knochentrocken. Wie kann das sein? Eben ist er noch wassertriefend aus der Havel gestiegen. Jacza erkennt, dass er wieder einen seiner Albträume hatte.

Langsam kommen ihm die Einzelheiten seiner Flucht über die Havel in Erinnerung. Zum ersten Mal ist er in die Flucht geschlagen worden. Für Jacza ist der Albtraum eine Warnung dafür, dass er seine Fähigkeiten überschätzt und zu weit gegangen ist.

Seinen letzten Albtraum hatte er vor mehr als zehn Jahren. Damals ist er in Köpenick als Peter Wlast geblendet worden. In derselben Nacht ist dem wahren Peter Wlast im fernen Breslau das Augenlicht genommen worden. Sein Albtraum ist wahr geworden. Nun befürchtet er, dass das auch diesmal der Fall sein wird und dass er den Kampf um Brandenburg verliert und vor Albrecht flüchten muss. Aber nicht nur das. Er kann neben Brandenburg auch Köpenick mit Frau und Kindern verlieren. Hatte doch Albrecht der Bär ihm am Havelufer hinterhergerufen: „Ich brenne Euer Zuhause nieder."

Wenn Albrecht Brandenburg nicht erobert, wird es Kaiser Barbarossa tun. Als Augustus, Mehrer des Reiches, wird er das Staatsziel der Osterweiterung vorantreiben. Durch das Lehnswesen und den damit verbundenen Kriegsdienst können deutsche Könige und Kaiser große Heere ausheben. Einen Kampf zwischen Köpenick und dem übermächtigen Reich kann Jacza nicht gewinnen.

Jacza erkennt, dass er mit der Eroberung Brandenburgs leichtfertig seine Zukunft aufs Spiel gesetzt hat. Er beschließt, Albrecht dem Bären Verhandlungen anzubieten. Der Zeitpunkt ist günstig. Albrechts Angriffe wurden abgewehrt. Seine Zeit wird knapp, wenn er an Barbarossas Polenfeldzug teilnehmen will.

Jacza weiht seinen Kaplan Jakob in seine Pläne ein und erzählt ihm von seinem Albtraum.

„Gratuliere. Diesmal habt Ihr vernünftig geträumt. Wer die eigene Zukunft kennt, trifft die richtigen Entscheidungen. Ja, Verhandlungen sind gut. Schickt mich als Euren Emissär zu Albrecht."

„Einverstanden. Ich gebe dir zwei Bewaffnete. Stell dich in halber Entfernung zum Lager von Albrecht mit der weißen Fahne auf und warte auf die Reaktion des Gegners. Ich verhandle nur mit Albrecht. Es soll ein Vieraugengespräch sein. Als neutralen Ort für die Verhandlung schlage ich den Harlungerberg vor."

Jakob wartet auf halber Strecke. Dann nähern sich aus Albrechts Lager drei Reiter mit einer weißen Fahne. Die Emissäre unterhalten sich kurz und verschwinden dann in Albrechts Zelt.

Gut gelaunt kehrt Jakob aus dem Lager der Sachsen zurück. „Es hat geklappt. Albrecht der Bär will verhandeln. Er erwartet Euch zur Mittagszeit auf dem Harlungerberg. Seine Wächter an der Brücke über die Havel sind angewiesen, Euch passieren zu lassen."

In den letzten Tagen schien die Sonne und es war angenehm warm. Jacza ordnet an, für das Treffen einen Wagen mit einem Tisch, Stühlen und einem Sonnensegel zu beladen. Die Magd erhält den Auftrag, einen Korb mit einem Frühstück für zwei Personen vorzubereiten. Jacza selbst wird ein Fässchen Rotwein aus Albrechts Weinkeller mitbringen.

Als Albrecht der Bär auf dem Harlungerberg eintrifft, ist alles für die Verhandlung vorbereitet. Das Sonnensegel ist aufgespannt. Der Tisch und die Stühle stehen und das Weinfässchen ist angestochen.

Wenn sich Ritter begegnen, ist die Art der Begrüßung wichtig. Die Rechte ist die Waffenhand. Streckt ein Ritter dem anderen seine offene rechte Hand entgegen, zeigt er, dass er ihm friedlich gesonnen ist. Jacza ist erleichtert, als Albrecht ihm die Hand entgegenstreckt.

Albrecht und Jacza nehmen Platz und die Magd serviert Häppchen für zwischendurch. Die junge und rundliche Person mit ihrem weiten Ausschnitt bietet einen göttlichen Anblick und hebt die Stimmung an diesem sonnigen Tag.

„Hier in der Burgkapelle liegen meine Onkel Meinfried und Pribislaw-Heinrich begraben. Meine Mutter ist ihre Schwester. Ich bin der einzige männliche Nachfolger der Familie und Erbe. Das Grab eines Askaniers gibt es in der Kapelle nicht. Wie begründet Ihr Euren Anspruch auf Brandenburg?", fragt Jacza.

„Pribislaw-Heinrich und Petrissa haben mich als Ihren Nachfolger bestimmt", antwortet Albrecht.

„Diese Abmachung erfolgte hinter meinem Rücken. Mein Onkel hat mir darüber nichts gesagt, obwohl es eine Familienangelegenheit ist. Gibt es eine Urkunde oder Zeugen?", fragt Jacza.

„Nur Pribislaw-Heinrich und Petrissa."

„Pribislaw-Heinrich vermachte sein Fürstentum einem Herzog. Damit geht Brandenburg nicht an Euch persönlich, sondern an das Reich. Ein Hoftag hätte sich damit befassen müssen", erklärt Jacza.

„Der Hoftag war angesetzt, fiel aber aus, weil Pribislaw-Heinrich vorher verstarb. Eine Urkunde gibt es daher nicht", erläutert Albrecht.

„Auch zu diesem Hoftag war ich als Erbe nicht eingeladen. Der gesamte Vorgang wirft Fragen auf. Alle Gespräche hätten zwischen Pribislaw-Heinrich, Euch und mir stattfinden müssen. Ihr habt das Erbe erschlichen."

„Was für hässliche Worte. Euer Verhalten ist auch nicht vorbildlich. Durch Verrat und Bestechung habt Ihr Euren vermeintlichen Anspruch auf Brandenburg durchgesetzt. Das spricht nicht dafür, dass dieser legitim ist."

In diesem Augenblick entdeckt Albrecht das Weinfass. Er lacht herzhaft darüber, dass Jacza ihm seinen eigenen Wein anbietet. Er füllt zwei Trinkbecher und schiebt einen Jacza mit den Worten zu: „Lasst uns darauf anstoßen, dass wir eine Lösung für unser Problem finden."

Jacza hat sich seinen Erzfeind anders vorgestellt. Sein lockeres Auftreten macht ihn sympathisch. Bei seinem ersten Treffen trug er einen Schnauzbart. An diesem Tag ist er glatt rasiert. Der Mann im fortgeschrittenen Alter ist von kräftiger Statur. Er ist ein rüstiger Alter.

Die Götterfigur des Triglaw schaut vom Gipfel des Harlungerberges auf die beiden herab. Das aus einem Eichenstamm gehauene Idol hat drei Köpfe. Sie stand schon dort, als Jacza vor dreißig Jahren an der Johannisfeier teilnahm. Es war der Tag, an dem sein Onkel Meinfried ermordet worden war. Jacza wendet sich an Albrecht: „Seit sieben Jahren seid Ihr, ein Christ, Herr über Brandenburg. Warum habt Ihr das heidnische Idol noch nicht entfernt?"

„Pribislaw-Heinrich warnte mich. Die Heveller betrachten die Figur als Teil ihrer Identität. Wenn Ihr mir Brandenburg überlässt, werde ich die Figur noch in diesem Jahr entfernen."

„Warum sollte ich Euch Brandenburg überlassen?"

„Wenn ich Brandenburg nicht erobere, wird es Barbarossa tun. Kaiser des Heiligen Römischen Reiches haben die Mittel, das kleine Brandenburg niederzuringen. Er wird vor Köpenick nicht haltmachen", erwidert Albrecht.

Die Antwort macht Jacza klar: Albrecht hat keinen rechtlichen Anspruch auf Köpenick. Er argumentiert mit dem Recht des Stärkeren und droht.

„Ich erwarte Garantien für die Unabhängigkeit Köpenicks, wenn ich Euch Brandenburg überlasse."

„Die kann ich Euch nicht geben, aber als Markgraf der Nordmark und durch meine vom Kaiser geschätzte Reichstreue habe ich großen Einfluss auf alle Entwicklungen im Gebiet der Elbslawen. Zieht Ihr ab, werde ich tun, was in meiner Macht und meinen Möglichkeiten liegt, damit Köpenick unabhängig bleibt. Ich werde Euren Wunsch Kaiser Barbarossa vortragen."

Jacza hat sich aufgrund seines Albtraumes längst entschieden, Albrecht die Burg zu überlassen. Auch Albrechts Warnung, dass der deutsche Kaiser die Mittel hätte, Brandenburg zu erobern, ist Realität. Schon zweimal haben deutsche Könige und Kaiser in der Vergangenheit Brandenburg erobert. Albrechts Zusage, sich für die Unabhängigkeit Köpenicks einzusetzen, erleichtert seine Entscheidung.

„Einverstanden. Ich überlasse Euch Brandenburg. Ihr garantiert uns einen freien Abzug. Wir verlassen die Burg am zweiten Dienstag im Juni in Richtung Spandau."

Jacza steht auf und reicht seinen Kontrahenten die Hand. Auch Albrecht erhebt sich und die beiden Fürsten bekräftigen per Handschlag ihre Übereinkunft: die Übergabe Brandenburgs an Albrecht und einen informellen Burgfrieden zwischen dem Reich und Köpenick. Der einzige Zeuge ist der dreiköpfige Triglaw.

„Ich möchte Euch um einen Ratschlag bitten. Wie ich hörte, habt ihr eine Pilgerreise ins Heilige Land unternommen. Welche Route würdet ihr mir empfehlen?", fragt Albrecht.

„Ich hatte die Balkanroute gewählt. Von Konstantinopel bin ich mit einer Kriegsgaleere nach Akkon gesegelt. Das war bequem und schnell. Nicht immer steht ein solches Schiff zur Verfügung. Ihr solltet das mit Kaiser Manuel im Voraus abstimmen."

„Danke für den Hinweis. Ich schlage vor, dass wir unsere Bekanntschaft vertiefen. Brandenburg und Köpenick grenzen aneinander. Wir sind Nachbarn. Die Burg Salzwedel ist im askanischen Besitz. Der Sohn von Konrad von Salzwedel ist im Alter Eurer älteren Tochter. Dieser Sohn mit dem Namen Friedrich wird uns Askaniern einmal als Vogt dienen. Er ist ein Vasall von mir. Er und Eure Tochter könnten heiraten. Was haltet Ihr davon?", fragt Albrecht.

Jacza weiß von dem Brauch adliger Väter, die Ehen zwischen ihren Söhnen und Töchtern zu arrangieren. So wurde seine eigene Ehe von seinem Vater mit Peter Wlast abgesprochen. Das taten sie zu einer Zeit, als Agatha und er noch im Kindesalter waren. Seine Tochter Veronika ist im Kindesalter.

„Mir gefällt Euer Vorschlag. Ja, wir sollten eine solche Verbindung anstreben."

„Ich werde Konrad mitteilen, dass Ihr interessiert seid. Er wird mit Euch Kontakt aufnehmen."

Albrecht und Jacza verabschieden sich.

Jacza ist von Albrechts Vorschlag angenehm überrascht. Außerdem staunt er darüber, wie gut Albrecht über seine Familienverhältnisse Bescheid weiß. Die Ehe zwischen dem Sohn eines sächsischen Adligen und der Tochter eines Wendenfürsten, einer Slawin, wäre außergewöhnlich.

Albrecht hält sein Wort und Jacza und seine Männer können abziehen. Der Empfang in Köpenick ist alles andere als triumphal. Seine Familie und die Burgbesatzung sind enttäuscht, dass er Brandenburg erst erobert und dann Albrecht den Bären überlassen hat. In Windeseile verbreitet sich die Erzählung von Jaczas Albtraum. Jakob muss sie weitergegeben haben. Der eine oder andere hat nun Verständnis für seine Entscheidung.

Veronika löchert ihren Vater, seinen Albtraum wieder und wieder zu erzählen. Sie interessiert sich für jede Einzelheit. Sie ist stolz auf ihren Vater und darauf, dass der Schild mit ihren schillernden Muscheln eine so wichtige Rolle spielte. Deswegen nennt sie die Halbinsel, die die Form eines Horns hat, Schildhorn. Die neunjährige Veronika hat eine blühende Fantasie, und Jacza hat den Verdacht, dass sie seine Flucht über die Havel partout für wahrhaftig halten will.

Anfang August startet Kaiser Barbarossa seinen Kriegszug gegen Polen. In seinem Gefolge sind Albrecht der Bär und weitere sächsische Fürsten. Jacza ahnt nicht, welche katastrophalen Folgen der Feldzug für ihn haben wird.

Anlass für Barbarossas Feldzug war die Absetzung und Vertreibung des Seniorherzogs Wladislaw II. durch seinen Bruder Boleslaw IV., der auch die Zahlung des jährlichen Tributs an das Reich verweigert. Jacza war an der Vertreibung des Seniorherzogs in der Schlacht vor Posen beteiligt und hatte gegen die Interessen Barbarossas gehandelt. Der deutsche Kaiser hat die Oberlehnshoheit über das Piastenreich. Die Absetzung von Wladislaw hätte der Zustimmung des Reiches bedurft. Die ist nicht erfolgt. Der Feldzug dient der Wiederherstellung der kaiserlichen Autorität.

Das polnische Heer, verstärkt durch Russen und Pommern, zieht sich hinter die Oder zurück, im Glauben, dort geschützt zu sein. Es kommt anders. Die deutschen Ritter haben ein so großes Verlangen, das Piastenheer zu stellen, dass sie sich in die Fluten stürzen und den Fluss durchschwimmen. Oder kühlen sich die Ritter in der Oder nur ab? Im August ist es hochsommerlich warm.

Barbarossas Heer verwüstet die Bistümer Breslau und Polen

und schlägt sein Lager an der Warthe auf. Dort wirft sich der verzweifelte Polenherzog Boleslaw Barbarossa vor die Füße und bittet um die Gnade, wieder unter seinem Joch zurückkehren zu dürfen. Es wird ihm gewährt, nachdem er geschworen hatte, seinen Bruder nicht vertrieben zu haben, um das Reich verächtlich zu machen. Danach leistet er den Lehnseid und verpflichtet sich, am Italienfeldzug Barbarossas teilzunehmen.

Sein Widerstand gegen das Reich kommt Boleslaw teuer zu stehen. Er muss zweitausend Mark an das Reich, tausend Mark an Barbarossa und zwanzig Mark in Gold an dessen Gemahlin zahlen. Alles zusammen macht das eine Wagenladung voller Silber und Gold.

Die letzte Forderung des Kaisers ist die Stellung von Geiseln. Boleslaw muss seinen Bruder Kasimir und Jacza seinen Sohn Alexander als Geisel stellen. Warum Jacza? Barbarossa hat nicht vergessen, dass der Fürst von Köpenick ein Verbündeter der Polen ist und mit deren Hilfe Brandenburg erobert hat. Außerdem unterstützte Jacza die Juniorherzöge beim Sturz von Wladislaw in der Schlacht vor Posen. Durch die Forderung nach Geiseln will der Kaiser sicherstellen, dass sich Polen und Köpenick ruhig verhalten und sich nicht gegen das Reich stellen. Beide Geiseln sind potenzielle Thronfolger.

Als Boleslaws Bote mit Barbarossas Forderung in Köpenick eintrifft, ist die Bestürzung groß. Jacza gibt sich alle Mühe, Agatha zu trösten. Sofort erinnern sie sich an den Fall Mira. Im Zuge eines Kreuzzuges der Sachsen gegen die heidnischen Elbslawen wurde sie mit Gewalt als Geisel genommen, um Geld zu erpressen. Sie kam ins Gefängnis.

Diesmal geht es um etwas anderes: die Stellung einer Geisel zur Friedenssicherung. Adlige Geiseln genießen an den Höfen ein privilegiertes Leben. Sie sitzen nicht im Gefängnis. In ihrem späteren Leben machen sie oft Karriere. Die Forderung, Geiseln zu stellen, ist ein legitimes Instrument der Politik.

Der Historiker Jakob nennt ein Beispiel aus der Geschichte. Der griechische Tyrann Peisistratos verlangte vom Adel

Athens, Geiseln zu stellen. Sie taten es und hatten Frieden in der Stadt bis zum Ableben des Diktators.

Noch ahnt Jacza nicht, welche katastrophalen Folgen die Stellung seines einzigen Sohnes als Geisel haben wird.

Jacza fragt sich, ob Albrecht der Bär hinter der Forderung Barbarossas nach Geiseln steckt. Versprochen hatte er Jacza, alles dafür zu tun, dass Köpenick unabhängig bleibt. Damals wusste Albrecht noch nicht, dass der Polenfeldzug siegreich sein würde und der Kaiser Geiseln verlangen würde. Noch traut Jacza Albrecht.

Der Frieden, den Barbarossa mit Boleslaw Kraushaar in Krzyszkowo bei Posen schloss, sichert auch die Existenz seines Fürstentums Köpenick, wenn er der Forderung des Kaisers nachkommt, seinen Sohn als Geisel zu stellen.

Der elfjährige Alexander hat keine Einwände, als menschliches Pfand an den Hof des Deutschen Kaisers abgestellt zu werden. Veronika will ihren Bruder begleiten. Nur mit Mühe gelingt es Agatha, ihr das auszureden. Der Bote hat den Auftrag, Alexander auf seinem Rückweg mitzunehmen. Er kommt in Gewahrsam des Böhmenherzogs Vladislav nach Prag. Der Herzog ist ein Vertrauter von Barbarossa und hat am Polenfeldzug teilgenommen. Die Reise Alexanders von Prag zur kaiserlichen Pfalz in Würzburg ist für Ende September vorgesehen.

Anfang Oktober erhält das Köpenicker Fürstenpaar vom Böhmenherzog die Mitteilung, dass Alexander Ende September in Prag verstarb. Er wurde im Kloster Doxan beerdigt. Das Kloster liegt eine Tagesreise nördlich von Prag an dem Flüsschen Eger, einem Nebenfluss der Elbe. Für Jacza ist die Nachricht ein Desaster. Er hat keinen Thronfolger mehr. Trotz gemeinsamen Willens des Fürstenpaares ist Agatha nach der Geburt ihrer zweiten Tochter Anna nicht wieder schwanger geworden. Jacza wird gezwungen sein, das Fürstentum einem Dritten zu übergeben. Es wäre das Ende seiner Dynastie.

Agatha ist durch den Tod ihres einzigen Sohnes am Boden zerstört. Alexander hing an ihr. Die Vorstellung, dass ihr Kind fern der Heimat einsam starb, ist für sie schwer zu ertragen. Im

Schlaf hört sie ihren sterbenden Sohn rufen: „Mama, Mama!"
Jacza weiß, dass Agatha stark ist. Er hofft, dass die Zeit ihr
helfen wird, über diesen Schicksalsschlag hinwegzukommen.

Agatha und Jacza gehen davon aus, dass der Böhmenherzog
es nicht wagen würde, eine Geisel des Kaisers schlecht zu
behandeln, sodass sie stirbt. Sie glauben, dass Alexander einer
Krankheit erlag. Die Kindersterblichkeit durch Masern und
Scharlach, Pocken, Diphtherie und Tuberkulose ist hoch. Nur
die Hälfte der Kinder erreicht das Erwachsenenalter. Besonders
in größeren Städten wie Prag breiten sich Krankheiten schnell
aus. Bei seiner Abreise aus Köpenick war Alexander gesund.

Agatha bittet Jacza, nach Prag zu reisen, um von Vladislav,
Herzog von Böhmen, Genaueres über den Tod ihres Sohnes
zu erfahren und anschließend die Prämonstratenserinnen in
Doxan zu bitten, für Alexander Totenmessen zu halten.

12. 1158 n. Chr.: Stiftung eines Klosters bei Krakau

Jacza bereitet sich auf die Reise zum Kloster Doxan in Böhmen vor. Er sucht sein slawischen Rundschild mit Veronikas Flussperlmuscheln. Er weiß, dass er den Schild im Traum Gott geopfert und auf dem Schildhorn in einen Baum gehängt hat. Jetzt aber, im wirklichen Leben, ist es unauffindbar.

„Mein werter Gatte wird langsam vergesslich, er sollte besser auf seine Sachen aufpassen", wirft ihm Agatha vor.

„Ich habe nicht die geringste Ahnung, wo der Schild sein könnte", erklärt Veronika. Dabei zieht sie das Wort „geringste" in die Länge, um zu betonen, dass sie wirklich gar nichts weiß. Das macht Jacza stutzig. Trotz allem ist der Schild weg. Wahrscheinlich hat er es beim Abzug in Brandenburg zurückgelassen und hängt jetzt in Albrechts Sammlung slawischer Raritäten, wenn er eine solche hätte.

Ein neuer Schild muss her. Veronika hat eine Idee. „Lasst einen neuen Holzschild von dem Münzmeister mit dünnem Silberblech beziehen, das Euer Porträt zeigt. So ein Schild würde zu einem Münzherren passen." Jacza stimmt Veronikas Vorschlag zu. Nach wenigen Tagen ist der Schild fertig. Besonders die Umschrift „Knes de Copnic" gefällt Jacza. Sie macht dem Gegner klar, mit wem er es zu tun hat.

Mit zwei Kämpfern der Burgmannschaft bricht Jacza auf.

Auf dem Weg nach Prag durchquert er die Markgrafschaft Meißen. Dort erfährt er, dass der Markgraf Konrad im letzten Jahr verstorben ist. Der Markgraf stand wahrscheinlich hinter dem Versuch der Sachsen, Köpenicks Grenzburg Teupitz durch Bestechung zu gewinnen. Konrad war ein Mann mit einem ausgeprägten Machtbewusstsein und Befürworter der Ostkolonisation des Reiches und nahm am Wendenkreuzzug teil. Für Jacza ist der Tod von Konrad eine gute Nachricht.

Nach einer Woche überqueren sie die Moldau auf einer stark beschädigten Holzbrücke. Wenig später stehen sie vor der Burg auf dem Hradschin.

Die Herzogin Judith von Thüringen empfängt Jacza. „Ich begrüße Euch, Fürst von Köpenick. Der Herzog ist mit der Geisel Kasimir auf dem Weg zum Hoftag in Würzburg. Ich möchte Euch mein Bedauern über den Tod Eures Sohnes aussprechen. Alexander war ein wohlgeratenes Kind. Es erkrankte unmittelbar nach seiner Ankunft. Er bekam Halsschmerzen, hohes Fieber und die für Scharlach typischen roten Flecken. Unser Arzt kümmerte sich um den Kranken. Aber alle Bemühungen waren vergebens. Alexander erlag dieser schrecklichen Kinderkrankheit. Kasimir, der mit Alexander anreiste, blieb gesund. Er ist schon im Mannesalter und hatte möglicherweise bereits Scharlach in seiner Kindheit. Ich bedaure den Tod des Kindes auch deswegen, weil er Euer einziger Sohn war."

„Ich bedanke mich für den freundlichen Empfang und für Eure Beileidsbekundung", antwortet Jacza.

„Wir haben den Verstorbenen zum Kloster Doxan überführt. Seine Grablegung erfolgte auf dem dortigen Friedhof. Mein Mann hat das Kloster gegründet. Es ist sein ganzer Stolz. Die ersten Norbertiner kamen aus Köln am Rhein. Der Herzog möchte sich durch einen weiteren Bau ein Denkmal setzen. Die Holzbrücke, über die Ihr gekommen seid, ist durch das letzte Hochwasser beschädigt. Sein nächstes Projekt ist der Bau einer Steinbrücke über die Moldau. Er will sie nach mir benennen, Judithbrücke."

„Ich möchte die Prämonstratenserinnen in Doxan bitten,

Totenmessen für meinen Sohn zu halten. Dafür werde ich ihnen zwölf Mark in Silber schenken. Was kann ich ihnen noch anbieten?", fragt Jacza.

„Doxan ist ein von Frauen geführtes Kloster. Die Nonnen und Ordensschwestern wollen auch Freude am Leben haben. Da ist Wein ein willkommenes Geschenk. Es fördert die Stimmung und macht Wasser trinkbar. Schenkt ihnen einige Fässer Wein. Sie werden das Geschenk lieben und für Euren Sohn Totenmessen halten."

„Gibt es einen Weinhändler in Doxan?"

„Nein. Den Wein müsst Ihr hier in Prag kaufen, der beste Ort ist unser Hoflieferant. Er bringt den Wein mit einem Pferdewagen zum Kloster. Ich lasse Schlafstellen für Euch und die Begleiter herrichten. Ich wünsche Euch alles Gute für die Reise zum Kloster."

„Ich bedanke mich für Eure Hilfe!"

Damit verabschiedet sich Jacza von der Herzogin und kauft beim Hoflieferanten drei Fässer Wein für fünf Mark in Silber.

Beim Sonnenaufgang machen sich Jacza und seine drei Begleiter auf den Weg nach Doxan. Der Pferdewagen mit den Weinfässern folgt ihm. Neidisch ist Jacza auf das Vorhaben des Böhmenherzogs Vladislav II., eine Steinbrücke über die Moldau zu bauen. Brücken sind in Prag wie in Köpenick wichtige Elemente der Handelswege. Aus Erfahrung weiß Jacza, dass die Wirtschaft nur mit Brücken ins Laufen kommt. Allerdings kann Jacza keine Steinbrücke bauen. In Köpenick gibt es viel Sand und Holz, aber kein Felsgestein. Es bleibt ihm nichts weiter übrig, als seine Holzbrücken über die Spree und Dahme nach jedem Hochwasser oder Eisgang instand zu setzen oder neu zu errichten.

Spät am Abend treffen sie im Kloster ein. Groß ist die Freude der Prämonstratenserinnen. Wie aus dem Nichts rollen drei Fässer Wein vor ihre Haustür. Der Hoflieferant bietet jedem einen Becher zur Probe an. Der Wein wird für gut befunden und kommt in den Keller. Jacza, seine Männer und der Hoflieferant erhalten eine Unterkunft für die Nacht.

Am nächsten Morgen führt die Priorin, Ida heißt sie, Jacza

durch das Kloster. Der Böhmenherzog Vladislav ließ das Kloster im romanischen Stil erbauen. Jacza ist beeindruckt von den Rundbögen in der Krypta.

Zum Schluss zeigt die Priorin Jacza das Grab von Alexander. Drei Zeilen sind in den einfachen Grabstein geritzt: Hick jacet Alexander, filius principis Jacza de Copnic. Obiit 25 Sept 1157.

Die Schwestern des Klosters bedanken sich für die Schenkung und nehmen Jacza in die Bruderschaft des Klosters auf. Sie versprechen ihm, die jährliche Totenmesse für Alexander zu halten. Jacza könne beruhigt heimkehren und seiner Frau berichten.

Eine Bitte hat die Priorin Ida: „Der Böhmenherzog und seine Frau Gertrud haben die Schwester Hildegunda für die Gründung eines Klosters in Zwierzyniec nahe Krakau gesandt. Die Kosten für ihre Ansiedlung in der Kirche des Heiligen Salvatore trug auf Wunsch von Wladyslaw II. und seiner Frau Agnes, Euer Schwiegervater Peter Wlast. Dieser großartige Mann ist leider verstorben. Ihr besitzt jetzt Zwierzyniec. Ich wünsche mir, dass Ihr Peters Arbeit mit der Stiftung des Klosters vollendet."

Idas Bitte erinnert Jacza an sein Gelübde, ein Gotteshaus zu errichten. Er gab das Versprechen im Traum. Er fragt sich, ob es gilt. Der Kaplan Jakob hat dazu eine klare Meinung. Gelübde bleibt Gelübde. Er empfiehlt Jacza, das Gotteshaus vor seinem Ableben zu errichten. Andernfalls müsse er für seine Läuterung durchs Fegefeuer.

Stiftungen von Kirchen und Klöstern gehören zur christlichen Kultur des polnischen Adels. Die Piasten beziehen ihre Legitimation aus der Gnade Gottes. Im Gegenzug stiften sie Kirchen und Klöster. Für Jacza ist die Stiftung von Sakralbauten ein Mittel, seine Rolle als Magnat hervorzuheben und seine Frömmigkeit unter Beweis zu stellen. Vor diesem Hintergrund kommt ihm die Bitte der Priorin wie eine Fügung vor.

„Ich werde nach Krakau reisen, Hildegunda aufsuchen und mit dem Bischof die Stiftung vornehmen", antwortet Jacza der

Priorin.

Jacza macht sich auf den Weg. Nach zehn Tagen steht er kurz vor Krakau und schaut sich die Ländereien an, die er für ein Kloster stiften will. Es sind die Dörfer Zwierzyniec, Zabierzów und Bibice. Das Kloster soll auf einem Grundstück des Dorfes Zwierzyniec, zu Deutsch Tiergarten, direkt an der Weichsel errichtet werden. Dort steht die Pfarrkirche des Heiligen Salvatore. Jacza findet, dass dies ein herausragender Ort für ein Kloster ist, und glaubt, dass der Baumeister der Kirche bei der Standortwahl das Gleiche dachte. Hier trifft er die Prämonstratenserin Hildegunda aus Doxan, die zukünftige Priorin des Klosters Zwierzyniec.

Die Priorin weiß aus Erfahrung, wie ein Kloster zu planen ist. An erster Stelle steht die Stiftkirche oder die Klosterkirche. Daran schließt sich der Kreuzgang an, ein überdachter Wandelgang mit Bögen. Von dort geht es in das Refektorium, den Speisesaal, die Schlafräume, das Dormitorium, den Versammlungsraum, den Kapitelsaal und in den Schreibsaal, das Skriptorium. Zu einem Kloster gehören noch viele andere Gebäude wie das Hospital, die Küche, die Wäscherei und die Ställe.

Jacza sucht zusammen mit der Priorin den Bischof Matthäus in Krakau auf.

„Ich freue mich, Euch wiederzusehen, Jaksa von Miechów. Oder wollt Ihr lieber als Jacza von Köpenick angesprochen werden?"

„Beides ist mir recht. Ich will nicht über das Kloster der Wächter des Heiligen Grabes in Miechów sprechen. Die Gründung dieses Klosters will ich erst nach meiner zweiten Pilgerfahrt in die Heilige Stadt in Angriff nehmen. Diesmal geht es um ein Kloster direkt vor Eurer Haustür. Es handelt sich um das Kloster der Prämonstratenserinnen in Zwierzyniec. Meine Begleiterin ist die Priorin Hildegunda aus Doxan."

„Euer Schwiegervater Peter Wlast wollte das Kloster. Er besaß das Dorf Zwierzyniec. Seit seinem Ableben vor fünf Jahren ruht das Vorhaben. Ich befürworte es mit ganzem Herzen und würde mich freuen, wenn Ihr die Arbeit Eures

Schwiegervaters fortführt."

„Das möchte ich. Ich werde drei Dörfer stiften und die Gründung des Klosters vollenden. Dafür müsste eine Stiftungsurkunde aufgesetzt werden. Die Priorin aus Doxan weiß, wie man ein Kloster organisiert."

„Die Urkunde kann die bischöfliche Kanzlei erstellen. Allerdings dauert das. Ich werde sie der Priorin Hildegunda aushändigen. Durch die Stiftung von zwei Klöstern nehmt Ihr unter den polnischen Adeligen eine herausragende Stellung ein. Schon heute seid ihr berühmt und werdet wie ein König verehrt. Ihr geht in die Geschichte Polens ein."

„Danke für diese freundlichen Worte, aber noch ist es nicht so weit."

„Ich habe noch eine Frage an die Priorin. Meine Tochter Anna möchte eventuell Nonne in einem Kloster der Norbertinerinnen werden. In welchem Alter kann sie Novizin werden?"

„Nicht unter fünfzehn. Wenn Eure Tochter Anna sechzehn ist, werden wir sie gerne in Zwierzyniec als Novizin willkommen heißen", antwortet Hildegunda.

Jacza verabschiedet sich und reist weiter nach Miechów. Dort bezieht er das Herrenhaus und lässt sich am folgenden Tag vom Verwalter die Einnahmen und Ausgaben vorlegen. Der Verwalter teilt ihm mit, dass die neue Mühle ausgelastet sei. Jacza hörte ihr Klappern schon bei seiner Ankunft. Das Marktrecht für Miechów hat Wunder gewirkt. Händler und Handwerker haben sich hier niedergelassen. Darunter Schmieden, Korbflechter, Töpfer und Stellmachereien. Der Wochenmarkt erfreut sich großer Beliebtheit.

Der Verwalter erklärt, dass das Dorf Miechów eine Kirche haben sollte. Auch Jacza ist sich dessen bewusst. Bis zur Gründung des Klosters werden noch Jahre vergehen. Jacza beschließt, in der Zwischenzeit eine einfache Holzkirche mit Pfarrhaus in Miechów zu errichten. Er beauftragt seinen Verwalter, den Bau in Auftrag zu geben und das dafür erforderliche Geld bereitzustellen.

Jacza macht sich auf den Heimweg. Nach zwei Wochen betritt er die Furt über die Oder bei Lebus. Zwei Reiter kommen ihm entgegen. Der Erste ist bewaffnet. Der Zweite ist eine kleinwüchsige Person. Sie ist unbewaffnet. Als Jacza dem kleinen Mann auf der Furt gegenübersteht, traut er seinen Augen nicht. Er ist sein Münzmeister aus Köpenick.

„Was macht Ihr hier?", fragt Jacza.

Die plötzliche Konfrontation mit Jacza verschlägt dem Münzmeister die Sprache. Panik breitet sich in seinem Gesicht aus. Er will fliehen, aber wohin? Stromaufwärts geht nicht. Dafür ist die Strömung der Oder zu stark. Also flüchtet er stromabwärts. Nach wenigen Metern ist er außerhalb der Furt und im tiefen Wasser. Das Pferd hat keinen Grund unter den Hufen. Es versucht verzweifelt, den Kopf über Wasser zu halten.

In diesem Augenblick macht sich auch der andere Reiter aus dem Staub. Jacza befiehlt seinen Begleitern, den Mann nicht entkommen zu lassen.

Jacza kehrt zum Ufer zurück und folgt an Land dem flussabwärts treibenden Pferd mit dem Münzmeister. Auf einer Sandbank hat das Pferd wieder Grund unter den Hufen. Es wirft den Münzmeister ab, der nur mit Mühe seinen Kopf über Wasser halten kann.

Jacza reitet auf die Sandbank, packt den nach Luft japsenden Münzmeister am Kragen und zieht ihn an Land. Dort hebt er den kleinen Mann hoch, damit sein Kopf nach unten hängt und das Wasser aus der Lunge des Mannes läuft. Beim Anheben des kleinen Kerls fällt Jacza auf, dass er unerwartet schwer ist. Schnell stellt er fest, dass die Taschen des Münzmeisters mit Silberrohlingen vollgestopft sind. Kein Wunder, dass er nicht schwimmen kann. Auch die Satteltaschen seines Pferdes sind bis zum Bersten mit Silber vollgepackt. Der Münzmeister ist ein Silberdieb auf der Flucht.

Jaczas Begleiter kehren mit leeren Händen zurück. Der Bewaffnete ist ihnen im dichten Auwald auf der rechten Seite der Oder entkommen. Möglicherweise kennt er sich hier aus.

Der Münzmeister nahm wahrscheinlich an, dass Jacza wie

auf seiner Hinreise über Leipzig auch auf der Rückreise von dort, also von Süden, heimkommt. Folglich flüchtete er mit dem Silberschatz nach Osten. Die Änderung von Jaczas Reiseplan führte zu seiner Rückkehr aus dem Osten und zu dem überraschenden Zusammentreffen auf der Furt.

Die Begegnung ist für Jacza ein Glücksfall. Das Ausmaß des Diebstahls wird ihm erst klar, als er das Gewicht des gestohlenen Silbers abschätzt. Es sind etwa hundert Pfund. Daraus könnte man fünfzigtausend Pfennige schlagen, ein gewichtiger Teil des Etats von Köpenick. Der Dieb hat keine geprägten Münzen bei sich. Sie würden ihn verraten.

Jaczas und seine Männer fesseln den Dieb, passieren die Oder und melden sich auf der Burg Lebus an. Der Burggraf ist hocherfreut, seinen alten Bekannten von der Spree wiederzusehen.

„Was ist das für eine merkwürdige Gestalt, die Ihr mit Euch führt?", fragt der Burggraf neugierig.

„Das ist mein Münzmeister aus Köpenick. Ich habe ihn auf der Flucht mit meinen Silbervorräten erwischt. Er ist ein Dieb. Habt ihr ein Gefängnis?"

„Aber ja!" Er ruft einen der Wächter herbei und befiehlt, den Gefangenen in den Kerker zu werfen.

„Immer, wenn Ihr hier auftaucht, ist etwas los. Beim ersten Besuch warbt ihr noch um die Hand der Tochter des Grafen von Breslau. Dann hattet ihr ein Himmelbett im Gepäck, dessen Nachbau meine Tochter so animierte, dass ich jetzt mehrfacher Opa bin. Spannend war auch Eure Teilnahme am Machtkampf der polnischen Herzöge vor Posen. Jetzt ergreift Ihr einen Dieb direkt vor meiner Haustür. Langeweile habt Ihr wohl nie? "

Bevor Jacza antworten kann, wird das Abendessen aufgetragen und der Burggraf bittet Jacza und seine Begleiter zu Tisch. Diesmal gibt es keinen Fisch aus der Oder mit Wein, sondern Grillhähnchen mit Bier.

„Meinen Dank für die Kämpfer, die Ihr mir für die Eroberung der Brandenburg gesandt habt", bemerkt Jacza.

„Die berichteten mir, dass ihr erfolgreich wart. Jetzt aber

erreichen uns merkwürdige Nachrichten. Brandenburg befände sich wieder in den Händen Albrechts des Bären. Hinter vorgehaltener Hand erzählt man sich eine abenteuerliche Geschichte, die Schildhornsage. Die Kinder lieben sie. Die Rede ist von einem Slawenfürsten, der vor Albrecht durch die Havel flüchtete. Mit Gottes Hilfe erreichte er das rettende Ufer am Schildhorn. Seid Ihr durch die Havel geschwommen?", fragt der Burggraf scheinheilig.

„Nein, das bin ich nicht", antwortet Jacza wahrheitsgemäß. Um von dem unangenehmen Thema abzulenken, fährt er fort: „Ein anderer Schicksalsschlag hat mich getroffen. Kaiser Barbarossa verlangte, dass ich meinen einzigen Sohn als Geisel stelle. Das tat ich. Unglücklicherweise verstarb er in Prag. Ich habe keinen Erben. Mit allen Mitteln werde ich verhindern, dass Köpenick nach meinem Tod an das Reich fällt."

„Mein Beileid für den Tod Eures Sohnes, aber das Leben geht weiter. Was ist Euer nächstes Projekt?", fragt der Burggraf.

„Ich will in Miechów ein Kloster der Wächter vom Heiligen Grab zu Jerusalem stiften und auf eine zweite Pilgerreise ins Heilige Land Geistliche des Ordens nach Europa bringen. Auf meinem Rückweg nach Miechów werde ich sie Euch vorstellen."

„Ich freue mich darauf und wünsche Euch eine gute Heimreise."

In Köpenick übernimmt Borislaw den Gefangenen und sperrt ihn in die alte Münze ein. Borislaw informiert den Fürsten, dass die Münzgesellen das Verschwinden ihres Meisters frühzeitig meldeten. Reiter wurden zum Elbübergang bei Magdeburg gesandt, um den Silberdieb zu stellen. Die Fahndung blieb jedoch erfolglos.

Agatha ist glücklich, ihren Mann wieder in den Armen zu halten. Die Töchter Veronika und Anna sowie die Burgschönheit Danika mit Sohn sind bei ihr. Der Sohn ist im Alter von Alexander und sieht aus, als wäre er ihm aus dem Gesicht geschnitten. Das weckt erneut Jaczas Vermutung, dass er der Vater sei.

Die Wahrheit kennt nur die Burgschönheit. Die aber hüllt

sich in Schweigen. Sie war Alexanders Amme und ist jetzt Agathas Zofe. Im Alter von fast vierzig Jahren sind die beiden Frauen noch immer schön. Mit der Zeit ist aus ihrem Dienstverhältnis eine Freundschaft entstanden. Jacza findet es beruhigend, dass Agatha eine Vertrauensperson hat, wenn er für längere Zeit abwesend ist. Dabei denkt er an die noch ausstehende zweite Pilgerfahrt nach Jerusalem.

Das Fürstenpaar zieht sich in seine Kemenate zurück, und Jacza schildert Agatha die Einzelheiten seiner Reise nach Prag, des Gesprächs mit der Herzogin von Böhmen und des Todes Alexanders durch eine Kinderkrankheit. Er beschreibt das Grab Alexanders auf dem Friedhof des Klosters Doxan. Jacza erwähnt die Schenkung an das Kloster, den Wein für die Nonnen und deren Versprechen, Totenmessen für Alexander zu halten. Jacza weiß, dass die Messen nur ein schwacher Trost für Agatha sind.

Die Verhandlung über den Silberdiebstahl findet im Rittersaal statt. Anwesend sind Jacza, Borislaw, Jakob, der Kämmerer, der Altgeselle und der Angeklagte, dem man die Fesseln abgenommen hat.

Jacza ist vom Münzmeister enttäuscht. Er hat ihm vertraut und ihn für seine Dienste angemessen bezahlt. Er erhielt die Hälfte des Schlagschatzes. Jacza ist gespannt, welches Motiv der Münzmeister für seine Tat vorträgt.

„Ihr seid angeklagt, dem Fürstentum Köpenick Schrötlinge im Wert von fünfzigtausend Pfennig gestohlen zu haben. Bekennt Ihr Euch schuldig?“, fragt Jacza.

Der Münzmeister starrt auf den Boden und schweigt.

„Warum habt ihr den Diebstahl begangen?“

Der Münzmeister bleibt stumm.

Jacza gibt dem Kämmerer das Wort. „Die Abrechnungen des Münzmeisters waren korrekt. Unstimmigkeiten gab es keine.“

Dann ist der Altgeselle an der Reihe. „Er hat uns Gesellen gut behandelt. Wir haben viel von ihm gelernt.“

Welche mildernden Umstände der Angeklagte auch vortragen würde: Die Todesstrafe ist ihm wegen der Schwere der Tat sicher. Trotzdem hätte Jacza das Motiv für die Tat gerne erfahren. Da der Angeklagte die Aussage verweigert, entscheidet Jacza: „Ihr seid des Diebstahls von Silber überführt. Ich verurteile Euch zum Tode durch den Strang. Der Vollzug der Strafe findet in drei Tagen auf der Richtstätte von Köpenick statt."

Jacza lässt den Scharfrichter kommen. Als der Henker den kleinen Mann in der Zelle sieht, verlangt er einen Aufschlag auf seinen Lohn. Der Mann sei ein schwieriger Fall. Er sei zu leicht.

Am Tag der Hinrichtung erscheinen Bauern, Handwerker und Händler mit ihren Familienangehörigen auf der Richtstätte. Sie bilden einen Kreis um den Galgenbaum.

Die Vollstreckung von Todesurteilen ist eine Attraktion. Keiner will sie sich entgehen lassen. Kinder ziehen an imaginären Stricken ihren Kopf hoch, röcheln und verdrehen die Augen. Mütter schimpfen und Väter verteilen Maulschellen.

Erwünscht ist eine große Anzahl von Schaulustigen. Die Vollstreckung soll abschreckend wirken und potenzielle Nachahmer zum Umdenken veranlassen. Besonders Diebe sind verhasst. Nehmen sie doch rechtschaffenden Bürgern das, wofür sie hart gearbeitet haben. Die Meinung über den Verurteilten ist klar. Er hat für seinen Diebstahl einer so großen Menge an Silber den Tod verdient.

Der Henker bindet dem Verurteilten die Hände auf den Rücken und transportiert ihn auf einem Pferdekarren zur Richtstätte. Unter dem Galgenbaum legt er ihm die Schlinge um den Hals. Der Burgkaplan Jakob fragt den Münzmeister, ob er eine Beichte ablegen möchte und mit Gott ins Reine kommen will. Der schüttelt den Kopf und Jakob spricht das Vaterunser. Danach herrscht Totenstille.

Der Henker steht neben dem Pferd und hält es am Zaumzeug fest. Fragend schaut er zu Jacza auf, der hoch zu Ross sitzt. Jacza nickt mit dem Kopf und der Henker beginnt mit dem letzten Akt der Hinrichtung. Mit einem „Hü" treibt er das Pferd an. Das trabt los und zieht dem Delinquenten den Karren unter den Füßen weg. Der fällt in den Henkerstrick.

Der Gehenkte ist zu leicht und alles andere als tot. Er ist

sehr lebendig, würgt und zappelt mit den Beinen. Es ist ein schrecklicher Anblick. Ein Stöhnen geht durch die Reihen der Zuschauer. Die Kinder, die vorher das Strangulieren simulierten, wenden den Blick ab. Der Henker weiß, was in einem solchen Fall zu tun ist. Er umschlingt die Beine des Gehängten und zieht ihn mit einem Ruck nach unten. Mit einem Knacken bricht das Genick des Verurteilten, der nun bewegungslos am Galgen hängt. Das Urteil ist vollzogen.

Es ist die Eichelzeit. Der Ruck am Galgenbaum lässt Nüsse prasselnd zu Boden fallen. Schweigend treten die Zuschauer den Heimweg an.

Die Münzproduktion in Köpenick ist im vierten Jahr. Schon dreimal hat Jacza eine Münzerneuerung durchgeführt. Da der Münzmeister gehängt wurde, übernahm der Altgeselle, der älteste unter ihnen, seinen Arbeitsplatz. Jacza war mit dem Aussehen der ersten drei Ausgaben seiner Münze nicht zufrieden. Deshalb hat er den Stempelschneider gekündigt und die Leistung an einen Spezialisten in Magdeburg ausgelagert, der als einer der besten seiner Zunft gilt.

Nach dem Verlust von Brandenburg konzentriert sich Jacza auf Köpenick, sein väterliches Erbe. Die vierte Ausgabe seiner Münze nennt erstmals Köpenick als Münzstätte.

Fürsten prägen bevorzugt ihr eigenes Konterfei, so auch Jacza. Das Münzbild zeigt ein Porträt von ihm mit Helm, Rüstung und Schwert. Jacza trat auf seinen ersten Münzen mit einem Palmzweig auf. Damit zeigte er der Welt: „Seht her, ich war in Jerusalem.“

Auf der vierten Ausgabe fehlt der Palmzweig und neben dem Kuppelturm ist ein neues Symbol hinzugekommen: der Zinnenturm. Der neue Stempelschneider weiß, was gefragt ist, denn diese Symbole finden sich auch auf Münzen anderer Fürsten. Die Kuppel steht für den himmlischen Schutz von ganz oben. Die Zinnentürme symbolisieren den Schutz vor der kriegerischen Welt ganz unten. So sitzen Fürsten auf ihren Burgen hinter zinnenbewehrten Türmen und Mauern.

Mit der neuen Münze sendet Jacza die simple Botschaft:

„Ich, Fürst von Köpenick, schlage Dünnpfennige im Wendenland. Gott und Zinnen schützen mich." Die Betonung liegt auf Wendenland. Die Sachsen gelten als fortschrittlich, besonders was das Prägen von Hohlpfennigen betrifft. Jacza hält dem entgegen: „Ich, ein Wendenfürst, kann das auch."

Jacza setzt auf seinen Münzen eigene Akzente. Zuerst war es der Palmzweig, jetzt ist es die Nennung der Münzstätte Köpenick. Für Jacza ist der Pfennig nicht nur Zahlungsmittel, sondern auch Medium für Botschaften.

Jacza erhöht die Sicherungsvorkehrungen der Münzproduktion, damit der neue Münzmeister sich nicht auch mit dem Silber davonmacht.

In diesen Tagen muss sich Jacza um Wichtigeres kümmern. Konrad von Salzwedel hat seinen Besuch angekündigt. Anlass für den Besuch ist das Gespräch von Jacza mit Albrecht dem Bären auf dem Harlungerberg. Damals hatte der Askanier vorgeschlagen, dass sie ihre Bekanntschaft vertiefen sollten. So könnte Friedrich, Sohn von Konrad, eine Tochter von Jacza heiraten. Seit mehr als zwanzig Jahren befindet sich Salzwedel im Besitz von Albrecht dem Bären. Er versprach, dass Konrad mit Jacza Kontakt aufnehmen wird. Diese Zusage hat Albrecht nun eingelöst.

Auch Jaczas Ehe mit Agatha arrangierten die Väter. In diesem Fall war einer von ihnen unvorstellbar reich. Die Mitgift von Peter Wlast ist so profitabel, dass sie aus dem bescheidenen Fürstentum Köpenick ein wohlhabendes macht. Jacza kann sich teure Pilgerreisen ins Heilige Land und sakrale Stiftungen leisten.

Salzwedel liegt links der Elbe in Sachsen. Köpenick liegt rechts des Flusses im Land der Wenden. Es ist gerade einmal zehn Jahre her, als die Sachsen unter Leitung ihrer Fürsten, darunter Albrecht, einen Kreuzzug gegen die Wenden unternahmen. Jetzt will der Askanier ein Mitglied seiner Sippe mit einer Köpenickerin, einer Wendin, verheiraten. Für Jacza ist das sensationell.

Veronika ist elf Jahre alt. Jacza geht davon aus, dass Friedrich gleichaltrig oder geringfügig älter ist. Bis zur Hochzeit müssen die beiden noch ein paar Jahre warten. Der Besuch von Konrad von Salzwedel dient dem gegenseitigen Kennenlernen. Die Heiratskandidaten und die Eltern sehen sich zum ersten Mal. Sie möchten sich beschnuppern.

Agatha hat den Empfang der Besuchergruppe aus Salzwedel vorbereitet. Gekommen sind Konrad von Salzwedel, seine Frau und der Sohn und Heiratskandidat Friedrich sowie Bedienstete und Schutzleute. Nachdem die Ankömmlinge ihre Quartiere bezogen haben, findet im Rittersaal das Abendessen statt.

Verstohlen beäugen sich Veronika und Friedrich. Keines der beiden Kinder zieht ein Gesicht, als wollte es sagen: „Um Gottes willen, die Person soll ich heiraten!" Veronika gefällt Friedrich sogar: „Der sieht ja aus wie ein Siegfried." Erleichtert stellt Jacza fest, dass die erste Hürde genommen ist. Fürsten- und Adelskinder werden früh auf ihre zukünftigen Rollen vorbereitet. Der Sohn muss herrschen lernen und die Tochter muss alles über das Kinderkriegen wissen. Beide sind aufgeklärt und in der Pubertät. Friedrich hat einen Bartansatz und Veronika behauptet, dass sie schon weibliche Formen vorzuweisen hat.

Agatha putzt ihre Tochter für das Treffen heraus. Um ihre slawische Herkunft zu betonen, trägt Veronika einen Stirnreif mit Schläfenringen. Die kleine Prinzessin sieht mit dieser Ausstattung verwegen aus. Besonders Konrad, der Schwiegervater in spe, ist von Veronika begeistert und konstatiert: „Andere Länder, andere Sitten."

Nach dem Essen nimmt Veronika Friedrich an die Hand und führt ihn in den Stall. Nach einer Weile kommen sie auf Veronikas Pony wieder heraus und reiten einmal um den Burghof. Veronika sitzt vorn und Friedrich hinten. Alle fragen sich: „Wer heiratet hier wen?"

Am folgenden Tag wünscht Konrad, die Münze zu sehen. Jacza erklärt ihm im laufenden Betrieb die einzelnen Schritte der Produktion bis zum fertigen Pfennig. Albrecht der Bär verweigert Konrad das Münzrecht. Aber das kann sich ändern. Vielleicht werden eines Tages auch in Salzwedel Hohlpfennige geschlagen.

Am Nachmittag besichtigen die Gäste die Brücken über die Spree und Dahme. Salzwedel liegt an der alten Salzstraße und an der Jeetze, einem Nebenfluss der Elbe. Auch dort sind Brücken für den Landesausbau wichtig. Deswegen interessiert sich Konrad für die Brücken der Burginsel. Jacza betont, dass diese Bauwerke für die wirtschaftliche Entwicklung Köpenicks unerlässlich sind. Sie finanzieren sich über das Brückengeld selbst.

Das gegenseitige Beschnuppern hat dazu geführt, dass beide Elternpaare die Ehe zwischen ihren Kindern bejahen. Damit sind Veronika und Friedrich offiziell verlobt. Die Gäste verabschieden sich und man vereinbart, dass die Hochzeit von Veronika und Friedrich in fünf Jahren in Salzwedel stattfindet. Dann ist Veronika sechzehn.

13. 1162 n. Chr.: Zweite Pilgerreise nach Jerusalem

Jacza tritt seine zweite Pilgerreise nach Jerusalem an. Der Zeitpunkt ist günstig. Mit Albrecht dem Bären hat er einen Burgfrieden vereinbart. Überdies schützt sein Freund Borislaw während seiner Abwesenheit Köpenick. Er verabschiedet sich von Agatha und seinen Töchtern Anna und Veronika. Auch die Burgschönheit winkt ihm nach. Für viele Monate wird er fern der Heimat sein.

Vor seiner ersten Reise in den Orient verfügte er, dass im Falle seines Todes Alexander sein Nachfolger wird. Diese Option hat Jacza nach dessen Tod nicht mehr. Er will mit allen Mitteln verhindern, dass Köpenick nach seinem Tod an das Heilige Römische Reich fällt. Als potenzielle Erben hat er die pommerschen Herzöge von Stettin und Demmin ins Auge gefasst. Entschieden hat er sich noch nicht.

Jacza wählt diesmal für seine Pilgerfahrt die Mittelmeerroute. Auf der geht es von Venedig mit dem Schiff nach Palästina. Sie ist nicht so anstrengend. Man verbringt weniger Zeit im Sattel. Auch ist sie schneller als die Route über den Balkan, die er auf seiner ersten Orientreise vor acht Jahren nahm.

Allerdings muss er nach Venedig kommen, um an Bord eines Schiffes zu gehen. Die Straße dorthin hat er direkt vor der

Haustür, die Via Imperii. Sie kreuzt Jaczas Reich an der Spreepassage Berlin-Cölln. Mit einer Brücke über die Spree ertüchtigte Jacza die Fernhandelsstraße.

Die Via Imperii verläuft in Nord-Süd-Richtung von Stettin nach Rom. Ein Abzweig bei Verona führt zur Lagunenstadt. Über tausend Kilometer lang ist der Weg nach Venedig. Jacza schätzt, dass er für diese Strecke fünf Wochen im Sattel sitzen wird. Sein Knappe, ein Koch, ein Schwertkämpfer und ein Armbrustschütze begleiten ihn. Sie führen zwei Ersatzpferde mit, die das Reisegepäck tragen.

In Leipzig kreuzt die Via Imperii die westöstlich verlaufende Via Regia. Sie sind die wichtigsten Fernhandelsstraßen im Heiligen Römischen Reich. Beim Verlassen von Leipzig durch das südliche Stadttor passieren sie die Zollstelle und erfahren vom Zöllner, dass sie als Pilger vom Wegezoll befreit sind.

Zahlreiche Pilger sind auf dem Weg Richtung Süden. Ihr Ziel ist Rom, ein bedeutender Wallfahrtsort. Daneben sind Handwerksgesellen zu Fuß und Händler auf Ochsenkarren und Pferdewagen unterwegs.

Nach zwei Wochen erreicht Jacza mit seiner Truppe Augsburg, eine über tausend Jahre alte Römerstadt. Vor ihnen liegen die Alpen. Die gut ausgebaute Via Raetia führt über den Brennerpass. Die deutschen Könige und Kaiser nutzen bevorzugt diese Römerstraße für ihre Reisen nach Italien. Sie ist die Königsstraße.

Bergführer leiten die Reisenden über Passwege entlang schwindelerregender Steilhänge. Jaczas Zuhause liegt im Tiefland an der Spree. Hier im Hochgebirge schaut er in Abgründe ungeahnter Dimensionen und bekommt weiche Knie. Er ist heilfroh, als er beim Abstieg in der Ferne die Po-Ebene erblickt.

Eine Woche später steht Jacza mit seiner Truppe vor Venedig. Ihre Pferde müssen sie am Festland zurücklassen und nehmen eine Fähre in die Stadt. Nicht das Pferd, sondern die Gondel ist hier das Transportmittel der Wahl. Das Tragen von Waffen ist in der Stadt nicht erlaubt.

Venedig liegt auf einer Inselgruppe der Lagune. Sie ist zur

Seeseite durch schmale Inseln und Nehrungen mit engen Durchlässen abgeschirmt. Sie schützen die Stadt vor Angriffen aus der Adria. Aufgrund ihrer sicheren Lage im Haff hat Venedig keine Stadtmauer.

Am Zoll werden sie gefragt, wer sie sind, woher sie kommen und wohin ihre Reise geht. Einer der Beamten spricht Deutsch.

„Ich bin Jacza, Fürst von Köpenick. Ich reise mit meinen Knappen, meinem Koch und zwei Leibwächtern. Wir sind Pilger und suchen eine Passage auf einem Schiff nach Palästina.“

„Köpenick? Wo liegt das?“, fragt der Zöllner.

„Im Norden, östlich der Elbe an der Spree.“

„Gehört es zum Heiligen Römischen Reich oder zu Polen?“

„Zu keinem der beiden. Köpenick ist ein unabhängiges Fürstentum.“

„Tatsächlich? Wir werden das überprüfen. Von einem Fürsten eines unabhängigen Landes erwartet Seine Exzellenz Vitale Michiel II. ohnehin, dass Ihr ihm Eure Aufwartung macht.“

„Wann kann ich mich dem Dogen vorstellen?“

„Seine Exzellenz empfängt in diesen Stunden mehrere politische oder kirchliche Würdenträger. Er wird auch Euch, einem interessanten Exoten aus dem Norden, eine Audienz gewähren.“

Jacza tut so, als hätte er das Attribut „interessanter Exot aus dem Norden“ nicht gehört. Mit einer Gondel überqueren sie mitsamt dem Reisegepäck den Canal Grande und steigen an der Piazzetta San Marco aus.

Jacza ist überwältigt von den Prachtbauten Venedigs. Hier präsentiert sich die Republik, die sich auch ‚Durchlauchtigste Republik des Heiligen Markus‘ nennt, in ihrer besten Form. Wie schon in Konstantinopel vergleicht Jacza unwillkürlich die Bauten Venedigs mit denen seiner Heimat. Hier ist es der kunstvoll bearbeitete Marmor, dort das mit der Axt zugehauene Holz. Der Vergleich macht Jacza deutlich, wie rückständig seine Heimat ist. Damit will er Schluss machen. Das geplante Kloster in Miechów soll ein Steinbau werden.

Die Schutzheiligen Venedigs, der Heilige Markus und der Heilige Theodor, empfangen sie. Sie stehen auf Granitsäulen. Der Heilige. Markus wird durch einen geflügelten Löwen dargestellt, der in seiner Pranke ein aufgeschlagenes Buch hält. Auf den Seiten sind die Worte ins Deutsche übersetzt zu lesen: „Friede sei mit dir, Markus, mein Evangelist." Der Markuslöwe ist das Herrschaftszeichen der Seerepublik.

Der Zollbeamte erklärt Jacza die einzelnen Bauten. Hinten, auf dem Markusplatz, steht der im byzantinischen Stil errichtete Markusdom mit seinen fünf Kuppeln und den markanten Rundbögen. Er beherbergt die aus Alexandria gestohlenen Gebeine des Evangelisten Markus. Daneben steht der Campanile, der Glockenturm. Er ist das höchste Bauwerk der Stadt. Er dient der Schifffahrt als Landmarke und Leuchtturm.

„Hat Venedig eine Prägeanstalt für Münzen?", fragt Jacza den Zöllner.

„Ja. Sie befindet sich nahe der Rialtobrücke, die den Beinamen Münzbrücke hat. Dort lässt Vitale Michiel II. wieder Silberdenare schlagen."

Im Palast des Dogen werden sie aufgefordert, zu warten.

Endlich, nach Stunden, wird Jacza in das Audienzzimmer von Vitale Michiel II. geführt. Der trägt auf dem Haupt das Corno Ducale, eine Krone und das Würdezeichen der Dogen von Venedig. Er besteht aus einem Kronenreif und einer Kappe mit einem Horn.

„Ich grüße Euch, Fürst von Köpenick. Ihr seid herzlich willkommen. Ein unabhängiges Fürstentum Köpenick war mir nicht bekannt. Ein Vertreter des Klerus klärte mich auf. Die Kirche weiß mehr als mein Geheimdienst. Euer Fürstentum grenzt an das Heilige Römische Reich. Warum verschont Euch Kaiser Barbarossa?"

„Für mein Wohlverhalten verlangte Barbarossa, dass ich meinen einzigen Sohn und Erbfolger als Geisel stelle. Ich tat es. Er erlag einer Krankheit. Für mich ist der Tod meines Sohns ein herber Verlust, und die Zukunft meines Fürstentums ist ungewiss. Barbarossa ist mein Feind."

Bei dieser Aussage hellt sich das Gesicht des Dogen auf. In

Jacza findet er einen Gesinnungsgenossen und erklärt: „Im März dieses Jahres eroberte Barbarossa Mailand, plünderte die Stadt und raubte die Gebeine der Heiligen Drei Könige. Man sagt, die Reliquien sollen nach Köln gebracht werden. Die Mailänder mussten demütigende Unterwerfungsrituale ertragen. Außerdem unterstützt Barbarossa meine Konkurrentin, die Seerepublik Genua. Er ist auch mein Feind."

Der Doge macht eine Pause. Jacza nutzt sie, um sein Anliegen vorzutragen: „Ich bin auf einer Pilgerreise und suche eine Passage auf einer Eurer Pilgergaleeren nach Palästina."

„Das ist kein Problem." Der Doge ruft einen Bediensteten herein und spricht mit ihm.

„Wie viele Personen seid Ihr?"

„Wir sind zu fünft."

„Eine Passage für Euch ist reserviert. Das Schiff legt in der kommenden Woche ab."

Als Jacza sich verabschieden will, kommt der Doge seinerseits mit einem Anliegen: „Wir schlagen nach einer längeren Pause wieder Silberdenare in Venedig. Ich habe gehört, dass die Sachsen Pfennige nach einem neuen Verfahren herstellen. Was hat es damit auf sich?"

„Die Münzen heißen Hohlpfennige oder Dünnpfennige. Sie haben eine einseitige Prägung. Sie werden aus hauchdünnen Rohlingen mit nur einem Stempel hergestellt. Das Verfahren ist einfach und preiswert."

Jacza greift in die Tasche und holt ein Exemplar seiner neuesten Prägung hervor. „Das ist ein Beispiel eines Hohlpfennigs aus Köpenick. Ihr könnt ihn behalten."

Der Doge mustert die Münze. „Sie trägt Euren Namen und wird in Köpenick geschlagen. Sie hat ein schönes Münzbild, sieht aber fragil aus."

„Ja, das ist sie. Deswegen erneuere ich sie jährlich."

„Die Ausweitung der venezianischen Münzproduktion ist meine Antwort auf das feindliche Verhalten von Kaiser Manuel I. meinen Landsleuten in Konstantinopel gegenüber. Wir sind Konkurrenten."

Jacza wird hellhörig. Er muss aufpassen, dass der Doge

nicht dahinterkommt, dass er ein freundschaftliches Verhältnis mit Manuel I., Kaiser des Oströmischen Reiches, hat.

Der Doge ruft den Bediensteten herbei. „Er wird Euch zu den Unterkünften und zum Patron des Schiffes führen. Ihr seid meine Gäste. Ich wünsche Euch eine gute Überfahrt nach Palästina."

Jacza ist überrascht darüber, dass ihn der Doge plötzlich als Gast der Republik Venedig behandelt. Das Geschenk eines einzigen Silberpfennigs kann nicht der Grund sein, sondern eher die Erkenntnis, dass sie einen gemeinsamen Feind haben: Barbarossa.

Der Bedienstete führt Jacza zu den Unterkünften und anschließend zu der im Hafen liegenden Galeere. Sie sei gerade aus Palästina zurückgekehrt und die Mannschaft sei dabei, Proviant und Wasser für die nächste Reise zu bunkern, erklärt er.

Der Patron und Kapitän der Galeere mustert Jacza und seine vier Begleiter prüfend, als wolle er abschätzen, wie seetüchtig die Ankömmlinge sind. Er trägt eine Gugel, eine Kapuze mit Schulterkragen, die er in den Nacken geschoben hat. Sie schützt vor Regen, Gischt und Wind. Er ist der Einzige, der Stiefel trägt. Der Rest der Mannschaft ist barfuß unterwegs.

„Ich heiße Euch willkommen. In wenigen Tagen brechen wir nach Akkon auf. Es sind schon achtzig Pilger an Bord. Es wird eng."

Er führt Jaczas Gruppe auf das Schiff. Mittelschiffs befinden sich die Bänke für die Ruderer. Von dort geht es auf die erhöhte Plattform, das Heckkastell. Niedergänge führen in das Passagierdeck. Es hat keine Stehhöhe. Nur gebeugt kommt man vorwärts. Dutzende Augenpaare mustern Jaczas Truppe, als sich die Pilger aus ihren Lagern neugierig aufrichten. Mit jedem Neuankömmling wird es für die, die schon hier sind, enger. Die Pilger ruhen nebeneinander auf den Decksplanken oder auf mitgebrachten Matten. Es ist heiß und stickig. Für Jacza und seine Begleiter ist die Vorstellung, hier wochenlang ausharren zu müssen, ein Schock. Aber es gibt Trost. Je entbehrungsreicher das Pilgern ist, desto höher sollte der Erlass ihrer Sünden sein.

Der Patron erklärt, dass die Passagiere auf See verpflegt werden, nicht aber an den Hafentagen. Auf dem Weg nach Akkon werden wir Häfen auf Korfu, dem Peloponnes, Kreta und Zypern anlaufen. Jeder kann für die Eigenversorgung kleine Mengen an Lebensmitteln mitnehmen. Außerdem müsst ihr mit mir einen Vertrag über die Schiffsreise ins Heilige Land abschließen.

Jacza geht mit seinen Leuten auf den Markt. Er kauft jedem eine Jacke aus dickem Filztuch, ein paar Leinenhosen und eine mit Baumwolle gefüllte Matte für die Nacht.

Es ist die große Stunde des Kochs, den Jacza aus Köpenick mitnahm. Bisher hat er die fünfköpfige Truppe gut versorgt. Nun muss er haltbare Lebensmittel für eine Seereise einkaufen. Er erwirbt gesalzenen Schinken und Wurst, Käse, Eier, Gerste, Mehl, einen Käfig mit lebenden Hühnern und zwei Fässchen Wein. Dazu kauft er zweifach gebackenes Brot, das besonders haltbar ist. Es wird auch ‚das Brot der Kreuzfahrer‘ genannt.

Der Tag ist gekommen, an dem die Pilgergaleere in See sticht. Auf dem Schiff befinden sich über zweihundert Mann. Der Wind ist günstig. Ein Pfiff ertönt und das Schiff legt ab. Es verlässt die Lagune und steuert auf das offene Meer. Schnell ist die Galeere aus der Landabdeckung heraus und ein gleichmäßiger Westwind erfasst das Schiff. Erneut ertönt ein Pfiff. Die Mannschaft setzt das Großsegel am Hauptmast. Schnell kommt das Schiff auf eine Geschwindigkeit von sieben Knoten, was dreizehn Kilometern pro Stunde entspricht. Es würde in vierundzwanzig Stunden dreihundert Kilometer zurücklegen. Zum Vergleich: Ein Reiter schafft am Tag vierzig bis fünfzig Kilometer.

Die hohe Geschwindigkeit der Galeere hat ihren Grund in der schlanken Form des Rumpfes. Dieser ist nur fünf Meter breit, aber dreißig Meter lang. Schiffbauer wissen, dass „Länge läuft“. Nach einer quälenden Nacht unter Deck vertreten sich die Pilger die Füße auf der achterlichen Plattform und schnappen frische Luft. Der Kapitän bietet seinen Gästen einen besonderen Komfort. Er lässt einen schattenpendenden Baldachin aufspannen.

Lange können sich die Pilger nicht erholen. Auf der Adria baut sich eine Welle auf. Das Schiff beginnt zu rollen. Auf dem Achterdeck wird es still. Dann hängen die ersten Pilger über die Reling und übergeben sich. Der Kapitän empfiehlt seinen seekranken Passagieren, sich hinzulegen oder die Augen auf den Horizont zu konzentrieren.

Die Bauweise der Galeere lässt Komfort nicht zu. Sie ist spartanisch eingerichtet. Nur der Kapitän hat eine Koje im Heckkastell. Die Mannschaft und die Pilger schlafen auf den Decksplanken. Eine Kombüse gibt es nicht, nur eine Feuerstelle im Mittelschiff. Die Aborte sind im Vorschiff. Des Nachts erledigen die Pilger ihre Notdurft in Handkübeln, die sie über die Reling oder durch Klappen in der Bordwand entleeren.

Der Stauraum auf der Galeere ist beschränkt. Darum macht der Kapitän Halt in den Häfen Pola, Zara, Ragusa, Durazzo und Korfu, um Trinkwasser und Lebensmittel zu fassen.

Nach fünf Tagen tauchen am Horizont die Berge von Korfu auf. Die meisten Pilger haben die Seekrankheit überwunden und genießen den sonnigen Tag auf dem Achterdeck. Am Nachmittag schläft der Wind ein. Bald kommt das Schiff auf dem spiegelglatten Wasser zum Stehen.

Der Kapitän schätzt die Entfernung zum Hafen Korfu auf dreißig Kilometer. Ein Pfiff ertönt, die Segel werden eingeholt und die Ruderer nehmen auf den Bänken ihre Plätze ein. Nach einem weiteren Pfiff legen sie sich in die Riemen. Sie bieten den Pilgern ein imposantes Schauspiel. Hundertfünfzig trainierte Männer mit entblößten Oberkörpern bewegen sich synchron in gleichmäßigem Rhythmus vor und zurück. Nach wenigen Schlägen erreicht das Schiff seine Marschgeschwindigkeit von fünf Knoten.

„Das muss man gesehen haben. Dieser Anblick allein ist mir das Geld für die Überfahrt wert", konstatiert ein Rittersmann. Er ist Jaczas Nachbar im Schlafdeck. Ein schwerer Kerl, der immer schwitzt, im Vollbart Reste des letzten Essens hat, riecht und schweigsam ist. Umso mehr ist Jacza überrascht, dass er einen so emotionalen Kommentar abgibt.

Nach vier Stunden machen sie im Hafen von Korfu fest. Der Patron beschließt, drei Tage hierzubleiben. Die Pilger genießen das Angebot fremdartiger Speisen in den Tavernen, und die Seeleute verkaufen mitgebrachte Handelsgüter auf dem Marktplatz. Sie nutzen Hafentage, um einen Hinzuverdienst zu ihrer Heuer zu erwirtschaften.

Nach drei Tagen sticht die Galeere wieder in See. Ihr Ziel ist die griechische Hafenstadt Methoni am südwestlichen Ende des Peloponnes. Zwei Tage werden sie unterwegs sein. Am Nachmittag sehen sie in der Ferne die Berge der Insel Ithaka, die mythische Heimat des Odysseus. Jacza erinnert sich noch sehr genau, als er in der Schule den Erzählungen Homers lauschte, vorgetragen vom Kaplan Jakob. Damals war er sieben. Nicht im Traum hätte er sich vorgestellt, Ithaka mit eigenen Augen zu sehen. Jakob faszinierte die Schüler mit seinem Geschichtsunterricht. Der Kaplan zeigte den Kindern alte Zeichnungen auf Papyrus mit Odysseus' Schiffen. Sie wurden wie die venezianischen Galeeren gerudert und hatten am Mast ein rechteckiges Segel. In den vergangenen zweitausend Jahren hat sich der Schiffsbau in diesem Teil der Welt nicht grundsätzlich verändert.

Es herrscht noch immer Westwind und die Galeere erreicht auf dem Raumwindkurs entlang der Ionischen Inseln ihre maximale Geschwindigkeit. Sie pflügt regelrecht durch die Wogen. Die Pilger sind begeistert.

„Delfine", ruft ein Seemann. Die Meeressäuger schwimmen vor dem Bug des Schiffs. Die Pilger eilen zum Vorschiff und können sich nicht daran sattsehen, wie die Tiere mit der Bugwelle der Galeere spielen. Mühelos halten sie die Geschwindigkeit des Schiffs mit. Dann ein allgemeiner Aufschrei. Der massige Körper eines Wals taucht neben dem Schiff auf. Mit einem Fauchen bläst er eine Wasserfontäne in die Luft. Wenig später gesellen sich weitere Wale hinzu. Es sind Pottwale, erklärt der Steuermann den Pilgern. Die, allesamt Landratten, sind von dem Naturschauspiel überwältigt.

Es ist die erste Nacht der Pilger auf See. Dunst schwebt über dem noch warmen Wasser, der den Blick auf die Küste mal verschleiert, dann wieder freigibt. Schemenhaft tauchen Formen oder vermeintliche Gestalten auf und verschwinden wieder. Den Pilgern wird es unheimlich und einer nach dem anderen verschwindet unter Deck.

Ein Trompetensignal weckt die Pilger. Viermal ertönt es: bei Sonnenaufgang und Sonnenuntergang und bei den zwei Mahlzeiten. Pilger und Mannschaften beten morgens ein Ave Maria und abends eine Salve Regina. Diese Ereignisse strukturieren den Tag. Ansonsten herrscht Langeweile. Einige Pilger vertreiben sich die Zeit mit Glücksspielen. Sie würfeln oder spielen Karten. Jacza hat Glück, der Rittersmann, sein Nachbar, hat ein Schachspiel. Unter dem Baldachin grübeln die beiden stundenlang über den nächsten Zug und verlieren das Zeitgefühl.

Am Nachmittag läuft die Galeere in den Hafen von Methoni ein. Es ist ein Naturhafen. Auf der gegenüberliegenden Seite der Halbinsel liegt die ebenfalls von Venedig beherrschte Hafenstadt Koroni. Beide Häfen sind von strategischer Bedeutung. Sie kontrollieren den Schiffsverkehr zwischen der Ägäis und der Adria und gelten als ‚die Augen Venedigs‘.

Der Patron der Pilgergaleere gibt den venezianischen Beamten sein Reiseziel und die Anzahl der Passagiere zu Protokoll. Im Gegenzug erhält er Informationen über Piraten in der Region. In jüngster Zeit wurden Piratenschiffe im Seegebiet zwischen Rhodos und Zypern gesichtet.

Nach zwei Tagen macht sich die Galeere auf nach Kreta. Für die Strecke, die bei normalen Bedingungen in zwei Tagen zu schaffen ist, braucht sie nun fünf Tage. Die Gründe sind widrige Winde und längere Flauten. Jacza ist überrascht, dass der Kapitän bei Windstille nicht den Befehl zum Rudern gibt. Vielleicht ahnte der Kapitän, dass der Wind wieder einsetzt. Das tat er dann auch. Der Patron gönnt den Pilgern drei Hafentage. Die Mannschaft nutzt sie für den Verkauf ihrer Ware auf dem Markt, und die Pilger schauen sich antike Bauten an.

Weiter geht es nach Rhodos. Wie Kreta gehört auch diese Insel zum Byzantinischen Reich. Bei der Einfahrt in den Hafen passieren sie die Molenköpfe. Auf ihnen soll der Koloss von Rhodos, eines der sieben Weltwunder der Antike, gestanden haben. Ein Reiseführer aus vorchristlicher Zeit beschreibt ihn als eine dreißig Meter hohe Bronzefigur. Sie soll breitbeinig auf den Molenköpfen gestanden haben. So erzählte es Kaplan Jakob seinem Schüler Jacza vor fünfunddreißig Jahren in Köpenick. Ein Erdbeben brachte den Riesen zu Fall und die Bronzefigur zersprang in Stücke.

Die Entfernung nach Zypern beträgt fünfhundert Kilometer. Deswegen bunkert der Patron so viel Wasser und Lebensmittel wie möglich. Jeder Winkel auf dem Schiff wird zum Stauraum erklärt.

Es ist der dritte Tag nach dem Verlassen von Rhodos. Sie befinden sich jetzt in dem Seegebiet, in dem sie in Methoni vor Piraten gewarnt wurden. Konzentriert suchen der Kapitän und die Pilger den Horizont nach Segeln ab. Und tatsächlich, kurz vor Sonnenuntergang entdeckt Jaczas Bogenschütze backbord querab zwei größer werdende Punkte. Der Schütze ist der Mann mit den besten Augen an Bord. Nach einer Stunde sind zwei Schiffe mit Dreiecksegeln zu erkennen. Es sind Piraten. Der Kapitän schätzt die Entfernung zu ihnen auf acht Kilometer. Der Kurs der Piratenschiffe verrät ihre Absicht. Sie beabsichtigen, der Pilgergaleere den Weg nach Zypern abzuschneiden. Die Schiffe laufen in einem spitzen Winkel aufeinander zu.

Der Kapitän weiß, dass er gegen zwei Piratenschiffe keine Chance hat – oder doch? In einer halben Stunde geht die Sonne unter und nach einer weiteren Stunde ist es stockdunkel. Es ist Neumond. Ein astronomischer Glücksfall für die Pilger. Sobald sich die Schiffe in der mondlosen Nacht aus den Augen verlieren, wird er den Kurs auf Süd ändern. Wenn am nächsten Tag keine Piratenschiffe zu sehen sind, sind sie gerettet und könnten Akkon ansteuern.

Die Piratenkapitäne werden versuchen, sich in die

Gedanken des Patrons der Pilgergaleere hineinzudenken. Der wird bestrebt sein, in der Dunkelheit sein Schiff auf dem kürzesten Wege in Sicherheit zu bringen. Die hätte er im Hafen Limassol auf Zypern. Die Piraten könnten sich auch trennen: Eine Galeere schirmt Limassol, die andere Akkon ab. In dem Fall hätte die Pilgergaleere nur mit einem Gegner zu tun und die Chancen sähen besser aus.

Die venezianische Galeere hat im Gegensatz zur byzantinischen einen Überwasserrammsporn. Der Gegner soll nicht versenkt, sondern erobert werden. Dabei dient der Rammsporn als Enterbrücke. In einem Zweikampf gewinnt der bessere Taktiker. Die Pilger hoffen, dass ihr Kapitän der Bessere sein würde.

Der Patron erklärt den Pilgern seinen Plan. Er weist darauf hin, dass sie sich in den Verträgen zur Verteidigung des Schiffs verpflichteten. Die Mannschaft ist für den Kampf ausgebildet. Die Waffenkammer wird geöffnet. Auch die Pilger greifen zu ihren Waffen. Die meisten von ihnen sind Adelige, die von Kindheit an den Umgang mit dem Schwert gelernt haben. Auch Jaczas Begleiter, sein Knappe, der Schwertkämpfer und der Armbrustschütze holen ihre Waffen hervor. Jaczas Koch wetzt sein Schlachterbeil. Einige Pilger sind Geistliche. Sie würden den Piraten eher die Wangen hinhalten, als zurückzuschlagen. Der Kapitän mahnt, Geräusche zu vermeiden. Als Erstes sichert er die Tute des Trompeters, damit er nicht aus Gewohnheit den Sonnenaufgang verkündet.

In dieser Nacht wird es sieben Stunden dunkel sein. Bei dem achterlichen Wind läuft die Galeere sechs Knoten. Damit wären sie am Morgen achtzig Kilometer von der letzten Position der Piraten entfernt, weit außerhalb der Sichtweite. Aber was ist, wenn die Piraten den Plan des Patrons erahnen oder von ganz oben, von Allah, einen Fingerzeig erhielten? In diesem Fall wären sie den Pilgern dicht auf den Fersen. Der eine oder andere schaut deshalb ängstlich zurück, ob nicht die Silhouette eines Piratenschiffs aus dem Dunklen der Nacht auftaucht. Alle fiebern dem Tageslicht entgegen. Dann ist es so weit, es dämmert. Erst beträgt die Sichtweite hundert, dann tausend Meter. Schließlich sehen sie bis zum Horizont. Kein Pirat ist zu sehen. Die Pilger jubeln, fallen sich in die Arme und danken dem Kapitän für die Rettung.

Die Galeere bleibt auf Südkurs. Eine frische Brise treibt sie voran. Es ist ein sonniger Tag mit Quellwolken am Firmament. Land ist nicht zu sehen, dafür weiße Schaumkronen, so weit das Auge reicht, ein himmlischer Anblick. Ein Scherzbold bemerkt: „Wir können umkehren, wir sind schon im Paradies."

In der Nacht ändert der Kapitän den Kurs Richtung Akkon. Der Wind schläft ein und kommt in den folgenden Tagen aus unterschiedlichen Richtungen. Von Rhodos bis Akkon ist die Galeere neun Tage auf See. Die Vorräte sind aufgebraucht, als das Schiff in den Hafen von Akkon einläuft. Die Pilger sind froh, dass sie die fünfwöchige Seereise ins Heilige Land überstanden haben.

Im Hafen liegt eine Kriegsgaleere. Sie hat die venezianische Flagge mit dem Markuslöwen gehisst. Vom Kapitän erfahren sie, dass er auf Piratenjagd ist. Eine beruhigende Nachricht für die Ankömmlinge.

Die Verträge der Pilger mit dem Patron beinhalten auch die Reise über Land von Akkon nach Jerusalem. Der Patron organisiert Reittiere. Eine mehrere hundert Meter lange Karawane setzt sich in Bewegung. Viele Pilger sind bewaffnet. Der Patron muss Einheimische beruhigen: „Nein, wir sind keine Kreuzritter. Wir sind Wallfahrer." Jacza ist auf seiner ersten Reise nach Jerusalem diesen Weg schon einmal gegangen. Tempelritter schützen die Pilger auf den Wegen von den Häfen Palästinas zur Heiligen Stadt.

In Jerusalem angekommen, marschiert Jacza mit seinen Begleitern direkt zur Niederlassung der Chorherren vom Heiligen Grab. Der Leiter ist hocherfreut. Er hatte nicht mehr damit gerechnet, dass Jacza, ein Mann im fortgeschrittenen Alter, sein Versprechen einhält und nach acht Jahren wiederkommt. Er weiß, dass das Reisen nach Palästina für Europäer eine Herausforderung ist. Nicht alle überleben. Nur wenige machen es zum zweiten Mal. Jacza ist einer von ihnen.

Unternehmungslustig steht er vor ihm.

„Ihr seid herzlich willkommen und der richtige Mann für die Gründung eines Klosters unseres Ordens in Polen."

„Danke für Euer Vertrauen. Diesmal reise ich mit meinem Knappen, einem Koch und zwei Bewaffneten. Meine Begleiter wollen nichts sehnlicher, als die heiligen Stätten sehen."

„Ich stelle Euch einen arabischsprechenden Führer für die Besichtigungen zur Verfügung. Außerdem erhaltet Ihr freie Unterkunft und Verpflegung in meinem Haus. Über die Klostergründung können wir uns später unterhalten."

Jacza sucht den Komtur der Tempelritter in Jerusalem auf. Der freut sich über das Wiedersehen.

„Ich hörte, dass die Ansiedlung der Templer in Köpenick ein Erfolg ist. Jetzt meldeten sich zwei weitere Ritter, die sich im Tempelhof ansiedeln wollen. Gilt Eure Zusage noch immer, ihnen Land zu überschreiben?"

„Ja, die gilt. Ich brauche die Leute für den Landesausbau."

Der Komtur ruft die beiden herein. Sie sind im mittleren Alter und machen einen gesunden Eindruck.

„Wie wollt ihr nach Europa kommen?", will Jacza wissen.

„Wir sind auf Pilgerschiffen willkommen und reisen umsonst mit. Die Gefahr von Piratenangriffen ist allgegenwärtig. Sobald die Piraten unsere weißen Mäntel mit dem roten Kreuz sehen, drehen sie ab."

„Ausgezeichnet. Vielleicht hat unser Patron noch zwei Plätze frei. Fragt ihn, er ist in der Stadt!"

In den kommenden Tagen besucht Jacza mit seinen Leuten die Heiligen Stätten. Der Höhepunkt ist der Besuch der Grabeskirche. Während des Abendessens diskutiert Jacza mit dem Leiter der Chorherren die Gründung eines Klosters in Miechów. Jacza teilt ihm mit, dass der Bischof von Krakau dem Vorhaben zustimmt. Schließlich einigen sie sich. Zwei Geistliche, eine Kanonissin und ein Kanoniker des Ordens, werden Jacza nach Polen begleiten und ihm bei der Gründung des Klosters zur Seite stehen.

Nach einer Woche ertönt in den Morgenstunden ein Signal, das allen Passagieren der venezianischen Galeere wohlbekannt ist. Es ist der Klang der Trompete, den sie auf dem Schiff Tag für Tag vernommen haben. Der einfallsreiche Patron kann nicht nur Piraten überlisten, sondern auch seine Schäfchen ideenreich zusammenrufen. Jacza nimmt an, dass er dafür auf den Tempelberg stieg, um dort ins Horn zu stoßen. Die Passagiere treffen sich am vereinbarten Ort und treten die Rückreise nach Akkon an.

Neue Passagiere sind hinzugekommen. Einige von der Hinfahrt sind nicht mehr dabei. Jacza ist erleichtert, als er den bärtigen Ritter mit dem Schachspiel unter den Passagieren entdeckt. Jaczas Truppe ist durch die beiden Tempelritter und die zwei Geistlichen auf neun Personen angewachsen.

Es ist der vierte Tag auf See. Das Etappenziel ist Zypern. Alle hoffen auf eine ruhige und ‚piratenfreie‘ Rückfahrt. Es kommt anders. Am Horizont ziehen dunkle Wolken auf. Für die Pilger sehen sie harmlos aus, nicht für den Kapitän. Er lässt das Großsegel bergen und setzt ein kleineres.

Die Sonne verschwindet hinter den Wolken und der Himmel verdunkelt sich mehr und mehr. Der Wind wird stärker und beginnt, in der Takelage zu „singen“. Der Seegang nimmt zu und die ersten Wellen überspülen das Ruderdeck. Um nicht über Bord zu gehen, leinen sich die Ruderer und Seeleute an. Das Schiff bekommt eine beängstigende Schlagseite. Panik breitet sich unter den Passagieren aus. Instinktiv krabbeln oder laufen sie auf die jeweils höhere Luvseite des Decks, um ein Kentern des Schiffs zu verhindern. In Wellentälern krängt es zur entgegengesetzten Seite.

„Alle Mann an Steuerbord, alle Mann an Backbord!“, sind jetzt die Befehle, die der Kapitän abwechselnd gibt. Beim ersten Mal rennt die eine Hälfte der Passagiere zur richtigen Seite, die andere zur falschen. Der Kapitän rauft sich die Haare und flucht über die „Landratten“. Beim dritten Mal machen es die Pilger richtig. Wenn es um das eigene Leben geht, lernt man schnell. Sie erkennen, dass auf dem schmalen und ranken Boot die Verlagerung des Gewichts der Schiffsbesatzung ein wirksames Mittel gegen das Kentern ist. Die ganze Nacht kämpfen sie gegen den Sturm. Am Morgen lässt der Wind nach.

Die erschöpften Pilger sind froh, dass das Hin- und Herrennen ein Ende hat.

Als es hell wird, ertönt der Ruf: „Wo ist Filippo?" Das ist der Name des Schiffsjungen. Das Schiff wird durchsucht, aber Filippo ist unauffindbar. Er muss von einer Welle über Bord gespült worden sein, obwohl er angeleint war. Wahrscheinlich löste sich ein Knoten. Retten hätte man ihn ohnehin nicht. Bei diesem Sturm wäre ein Mann-über-Bord-Manöver nicht möglich gewesen.

Am Abend schläft der Wind ein und die See beruhigt sich. Der Kapitän erkundigt sich, ob einer der Pilger eine Messe für den ertrunkenen Filippo lesen könnte. Der Kanoniker der Chorherren vom Heiligen Grab aus Jaczas Gruppe erklärt sich bereit.

Die Mannschaft, die Pilger und der Kapitän nehmen auf den Ruderbänken Platz. Der Kanoniker nutzt das höher gelegene Heckkastell als Kanzel. In Jerusalem war er auch Prediger, hatte aber noch nie vor so einem vollen Haus gestanden. Weit über zweihundert Personen schauen erwartungsvoll zu ihm auf. Am Ende der halbstündigen Predigt haben viele Tränen in den Augen. Alle mochten den kleinen Filippo.

Auf ihrer Weiterfahrt nach Venedig suchten die Pilger den Horizont fortan nicht nur nach Piratenschiffen, sondern auch nach aufziehenden dunklen Wolken ab – Gott sei Dank vergebens.

Bei ihrem Halt im Hafen von Korfu entdeckt Jacza bei einem Schuhmacher die gleichen Stiefel, die der Patron trägt. Gugel mit Kapuze und ledernen Schulterkragen für Seeleute hat der Handwerker ebenfalls im Angebot. Die Pilger überlegen nicht lange, legen zusammen und erwerben für ihren Kapitän eine neue Ausstattung.

Nach neun Wochen läuft die Galeere in Venedig ein. Die Pilger verabschieden sich vom Patron und schenken ihm die Gugel und die Seemannsstiefel als Dank für die umsichtige Schiffsführung. Die Pilger sagen einander auf Wiedersehen, umarmen sich und versprechen ewige Freundschaft. Dann geht jeder seiner Wege.

Jacza erwirbt auf dem Markt Andenken aus venezianischem Glas. Für seine Töchter Anna und Veronika kauft er gläserne Handspiegel, deren Rahmen mit Mosaik verziert sind, und für Agatha Trinkgläser aus knallbuntem Glas.

Jacza sucht mit seinen Leuten den Hof auf, bei dem er seine Pferde zur Pflege zurückließ. Der Patron sorgte anständig für die Tiere. Sie stehen gut im Futter. Jacza benötigt zusätzliche Reittiere für die Tempelritter und Geistlichen.

„Ich möchte vier Pferde kaufen."

„Kein Problem, Pferde habe ich reichlich."

„Warum?", fragt Jacza.

„Es gibt weniger Rückkehrer als Abgereiste."

Jacza fällt der Sturm ein. Wären sie untergegangen und ertrunken wie der kleine Filippo, stünden im Stall des Patrons sieben verwaiste Rösser.

Jaczas Truppe, bestehend aus neun Personen mit elf Pferden, tritt die Rückreise nach Köpenick an.

Vor fünf Jahren war Jaczas Empfang in Köpenick bei seiner Rückkehr aus Brandenburg alles andere als triumphal. Die Leute waren enttäuscht, dass er das eroberte Brandenburg Albrecht dem Bären überließ. Außerdem ging eine merkwürdige Geschichte von Mund zu Mund: die Schildhornsage. Für Jacza war dieses Ereignis ein Beispiel für missglückte Öffentlichkeitsarbeit.

Diesmal will er es bei seiner Rückkehr aus Palästina besser machen. Er schickt einen Boten voraus, der seine baldige Ankunft in Köpenick verkündet. Die Tempelritter legen ihre weißen Mäntel mit dem Tatzenkreuz und ihre Schwerter an. Die Kanonissin und der Kanoniker vom Heiligen Grab zu Jerusalem werfen ihre knöchellangen, schwarzen Mäntel mit dem roten Doppelkreuz über.

Jacza reitet bei ihrer Ankunft in voller Rüstung vorneweg, gefolgt von den Tempelrittern und den Geistlichen. Die Bevölkerung bestaunt die seltsam gekleideten Fremden aus dem Orient und beklatscht die Prozession. Lärmend folgen ihr die Kinder. Auf dem Hof bilden die Mägde, Knechte und die

Burgmannschaft ein Spalier zum Fürstenhaus. Dort steht Agatha, an den Händen ihre Töchter Anna und Veronika. Auf dem Haupt trägt sie ihren Stirnreif mit dem Blütenmuster. Fürstlich sieht sie aus. Jacza steigt ab, nimmt seine Frau in die Arme und erntet begeisterten Beifall.

Tage nach seiner Rückkehr weist Jacza zusammen mit Borislaw den beiden Templern das versprochene Land auf dem Teltow zu. Die Tempelritter, die er vor acht Jahren von seiner ersten Pilgerreise mitbrachte, leisteten Großartiges. Sie rodeten, legten Felder an und setzten eine Schar von Kindern in die Welt. Ihr Hof, der Tempelhof, wuchs zu einer Siedlung heran.

Damals war Jaczas Motiv für die Ansiedlung der wehrhaften Tempelritter die Schaffung eines Bollwerks gegen die feindlich gesinnten Askanier in Brandenburg. Durch den Burgfrieden mit Albrecht dem Bären fiel diese Bedrohung weg. Ein neuer Brennpunkt ist die Spreepassage bei Berlin-Cölln. Jaczas Brückenwärter und die Wachleute berichten immer wieder von Streitigkeiten, in denen auch Waffen eingesetzt werden.

Der südlich der Spree gelegene Handelsplatz Cölln gehört zum Fürstentum Köpenick. Die Zugehörigkeit des Handelsplatzes Berlin auf der gegenüberliegenden Seite des Flusses ist ungewiss. Noch erheben die Askanier in Brandenburg keinen Anspruch auf dieses Gebiet und bauen stattdessen im nahegelegenen Spandau eine neue Festung. Diesen rechtsfreien Raum nutzen Gesetzlose und Straßenräuber für die Erpressung von Wegegeld von den Händlern.

Als Jacza mit Borislaw an der Spreepassage eintrifft, stellt er fest, dass die Brücke, die er vor mehr als zehn Jahren errichten ließ, die Entwicklung von Cölln-Berlin beflügelte. Allein das Wissen um diese Brücke zieht Händler an. Aus den Handelsplätzen wurden Kaufmannssiedlungen mit Handwerkern wie Stellmachern und Schmieden. Die Spreepassage wuchs zu einer ernstzunehmenden Konkurrenz zu Köpenick heran.

Der Brückenwärter, der Fährmann und die beiden Wachleute, alle in Jaczas Diensten, eilen ihm entgegen: „Herr, in Berlin werden gerade Händler von Straßenräubern bedrängt!"

„Folgt mir!", befiehlt Jacza den Wachleuten. Zu viert reiten sie über die Brücke. Dort stehen mit Waren beladene Ochsenkarren, deren Eigner mit Lanzen vier Reiter mit gezogenen Schwertern auf Abstand halten.

Die Angreifer, offensichtlich Straßenräuber, machen einen heruntergekommenen Eindruck. Außer den blanken Waffen in den Händen tragen sie keine Kettenhemden oder Schilde. Gegen Jacza, seine gut gerüsteten Leute und die bewaffneten Händler sind sie in der Unterzahl. Käme es zum Kampf, hätten sie keine Aussicht auf Erfolg.

Jacza hatte erwartet, dass die Räuber bei seiner Ankunft die Flucht ergreifen. Das taten sie nicht. Ganz im Gegenteil, der Anführer der Bande stellt Jacza zur Rede: „Wer seid Ihr? Das ist mein Revier."

„Ich bin Jacza, Fürst von Köpenick. Ich kontrolliere die Spreepassage und bin Herr der Brücke."

„Dann geht zurück auf die Seite, von der Ihr gekommen seid. Hier im Niemandsland habe ich das Sagen."

„Ich könnte euch entwaffnen, die Pferde beschlagnahmen und euch davonjagen."

„Das würde Euch nichts nützen. Andere würden meinen Platz einnehmen. Ich habe ihn teuer erkämpft. Mein Bruder ist dabei getötet worden. Wir brauchen das Wegegeld zum Leben."

Jacza nimmt einen Händler zur Seite. „Wir benötigen eine dauerhafte Lösung für das Wegegeld auf dieser Seite der Spree. Was schlagt ihr vor?"

„Wir Händler lösen Probleme mit Geld und nicht mit dem Schwert. Alles hat seinen Preis. Zahlt der Bande einen Teil des Brückengeldes. So wird die Last auf viele Schultern verteilt. Eine solche Lösung hat sich andernorts bewährt."

Jacza erklärt dem Brückenwärter seine Bereitschaft, Schutzgeld an die Straßenräuber zu zahlen. „Das funktioniert nur, wenn wir das Brückengeld erhöhen. Nur dann können wir weiterhin die Brücke instand setzen und erhalten", antwortet der Brückenwärter.

„Einverstanden“, erklärt Jacza und wendet sich an den Bandenführer. „Du erhältst den Zehnten des Brückengeldes. Dafür verlange ich von dir, dass du kein Wegegeld mehr erpresst und Händler auf dem Barnim bis Berlin schützt. Bist du damit einverstanden?“

Der Bandenführer fällt vor Jacza auf die Knie. „Danke, mein Herr. Ja, damit bin ich einverstanden. Ihr habt richtig entschieden. Berlin wird ein friedlicher Ort.“

14. 1163 n. Chr.: Stiftung eines Klosters in Miechów

Jacza ist in den vergangenen Tagen der Streit zwischen dem Kaplan und den Geistlichen aus Jerusalem nicht entgangen. In der Stille der Nacht ist die Burg hellhörig. Der Kaplan und die beiden Neuankömmlinge wohnen nahe dem Fürstenhaus. Bis tief in die Nacht hört Jacza ihre Wortgefechte.

„Warum könnt Ihr nicht wie andere Fürsten Reliquien aus der Heiligen Stadt mitbringen? Ein Sack alter Knochen oder Holzreste vom Heiligen Kreuz täten es auch. Nehmt Euch ein Beispiel an der Heiligen Helena, Kaiser Konstantins Mutter. Sie fand auf dem Golgatha-Felsen das Kreuz Christi und brachte Teile davon als Reliquie nach Rom. Ihr aber bringt Geistliche", wirft Jakob seinen Herren vor.

„Ich will etwas Besonderes, Spirituelles, mein lieber Jakob. Ich werde mit den Geistlichen in Miechów ein Kloster mit einer Nachbildung des Heiligen Grabes gründen. Es soll ein Wallfahrtsort für diejenigen werden, die den beschwerlichen Weg nach Jerusalem nicht antreten können, weil sie zu alt, krank oder arm sind", hält Jacza ihm entgegen.

„Ich wusste nicht, dass ihr eine soziale Seite habt."

„Die habe ich. Das Vorhaben ist mir wichtig. Zweimal pilgerte ich nach Jerusalem, riskierte mein Leben und investierte Unsummen. Außerdem versprach ich dem Allmächtigen den Bau eines Gotteshauses, als ich vor Albrecht dem Bären durch die Havel flüchtete. Ich glaube an meine Träume und dass ich Gottes Segen für dieses Projekt habe."

„Ihr habt Großes vor. Ich wünsche Euch Erfolg."

„Da ist noch etwas. Ich will, dass meine Grablegung in der Kirche des Klosters in Miechów stattfindet."

„Da müsst Ihr Euch mit dem Bau des Klosters beeilen. Ihr seid nicht mehr der Jüngste. Die Pharaonen Ägyptens fürchteten, dass sie vor der Fertigstellung ihrer Pyramide verstarben. Jetzt habt Ihr die gleiche Sorge."

Es ist der zweite Tag von Jaczas Reise nach Miechów. Er reitet hinter Agatha. Die dreifache Mutter ist über vierzig. Fest und kraftvoll sitzt sie im Sattel. Jacza bewundert seine Frau. Die Jahre scheinen spurlos an ihr vorüberzugehen. Die langen Reisen von Köpenick nach Miechów und zurück scheinen sie nicht sonderlich anzustrengen. Neben ihr reitet die Zofe Danika. Die beiden Frauen, eine Fürstin und eine Magd, sind über die Jahre unzertrennlich geworden.

An der Spitze des Trupps reiten drei Bewaffnete. Hinter Jacza folgen der Knappe und die beiden Geistlichen aus Jerusalem. Den Schluss bilden Knechte mit den Packtieren.

Die Nacht verbringt der Trupp auf der Burg Lebus. Wie immer ist der Burggraf über den Besuch aus dem ‚wilden Westen', wie er Köpenick nennt, hocherfreut. Er lädt die Besucher zum Abendessen ein, darunter auch die Zofe Danika, eine Geste, die Jacza zu schätzen weiß.

„Ich heiße Euch willkommen. Immer wenn ihr uns besucht, wird es spannend. Das letzte Mal nahmt Ihr Euren eigenen Münzmeister mit Taschen voller Silber fest, gleichsam vor meiner Haustür. Wie ist dieser Kriminalfall ausgegangen?", fragt der Burggraf.

„Ich verurteilte ihn zum Tode. Wir hängten ihn."

„Richtig so. Diebe sind eine Plage. Wie war Eure zweite Pilgerreise ins Heilige Land?"

„Ich nahm den Seeweg und segelte von Venedig mit einer Galeere nach Palästina. Auch diesmal lauerten uns Piraten auf.

Zum Glück konnten wir ihnen in der mondlosen Nacht entwischen. Die beiden Geistlichen hier am Tisch werden mit mir ein Kloster des Ordens der Chorherren des Heiligen Grabes zu Jerusalem in Miechów gründen."

„Von einem solchen Orden habe ich noch nicht gehört."

„Auch deswegen bringe ich ihn hierher. Er wird auch Orden der Wächter des Heiligen Grabes zu Jerusalem mit dem doppelten roten Kreuz genannt. Die Tätigkeit des Klosters wird die Verehrung des Grabes des Herren und die Krankenpflege sein."

Spät am Abend verabschiedet sich Jacza mit dem Hinweis, dass sie in aller Frühe die Weiterreise nach Miechów antreten werden. Nach einer weiteren Woche im Sattel erwartet sie in ihrem polnischen Zuhause eine Überraschung. Die Holzkirche, die Jacza in Auftrag gab, ist fertiggestellt. Ein vom Bischof bestellter Pfarrer leitet die neue Gemeinde Miechów. Die beiden Geistlichen aus Jerusalem sind hocherfreut, dass sie in ein fertiges Pfarrhaus einziehen können.

Agatha und Jacza betreten das Herrenhaus und atmen erleichtert auf: „Endlich zu Hause." Miechów ist Jaczas zweites Heim. Hier verbrachte er als frisch Vermählter glückliche Tage. Seine Kinder Alexander, Veronika und Anna wurden hier gezeugt.

Jacza ist über vierzig. Diese Zeit ist nicht spurlos an ihm vorübergegangen. Die Orientreisen nahmen ihn mit. Seit der Rückkehr aus Venedig leidet er unter Fieberanfällen, so auch bei seiner Ankunft in Miechów.

Nach einer Woche ist Jacza fieberfrei und bricht mit den Geistlichen nach Krakau auf. Dort angekommen, besucht er als Erstes das von ihm vor fünf Jahren gestiftete Kloster Zwierzyniec. Die Priorin Hildegunda führt ihn über die Baustelle. Die Gebäude für die Norbertinerinnen, die die Bürger „die Jungfrauen von Zwierzyniec" nennen, stehen bereits. An der Klosterkirche wird noch gearbeitet. Jacza ist stolz auf seine Stiftung, die sich in kurzer Zeit als ein Tempel der Christenheit präsentiert.

In Krakau stellt Jacza seine beiden Begleiter dem Bischof

Matthäus vor: „Ich habe sie aus dem Orient mitgebracht. Sie sind eine Kanonissin und ein Kanoniker des Ordens der Wächter des Heiligen Grabes zu Jerusalem. Mit ihnen möchte ich in Miechów ein Kloster des Ordens gründen. Für den Bau und den Unterhalt des Klosters stifte ich die Dörfer Miechów und Zagorzyn und Komorów."

„Ausgezeichnet. Was kann ich für Euch tun?", fragt der Bischof.

„Ich suche einen Baumeister."

„Baumeister sind rar. Ich war froh, als ich einen für Zwierzyniec gewinnen konnte. Es gibt keine Schule für Baumeister. Sie sind Autodidakten und haben ihr Wissen über viele Jahre in verschiedenen Bauhütten erworben."

„Der Baumeister sollte das gesamte Projekt leiten können."

„Baumeister können das. Sie sind Architekten und Bautechniker. Sie koordinieren alle Arbeiten, beschaffen Handwerker und die Baumaterialien und verwalten das Geld."

„Und wie bekomme ich so einen Alleskönner?"

„Miechów ist ein Dorf und für einen Baumeister nicht so anziehend wie Krakau oder Posen. Trotzdem ist der Auftrag interessant. Er beinhaltet den Bau einer Basilika, einer Kapelle, eines Kreuzganges und anderer Gebäude. Ich bin mir sicher, dass ich einen Baumeister für das Vorhaben gewinnen kann. Sobald einer an Eurem Projekt interessiert ist, schicke ich ihn nach Miechów."

Drei Monate sind Agatha und Jacza in Miechów. Dann klopft es an ihrer Tür. Es ist der vom Bischof versprochene Baumeister. Jacza weist ihn darauf hin, dass er das Kloster aus Stein gebaut haben will. Für den Baumeister ist das kein Problem. Wie die meisten seiner Zunft ist er gelernter Steinmetz. Im Umkreis von Miechów gibt es mehrere Stellen, an denen Kalkstein ansteht und abgebaut werden kann.

Die Chorherren des Ordens haben von dem Golgatha-Felsen in Jerusalem Erde mitgebracht. Die Erde ist heilig, denn auf dem Felsen wurde Jesus Christus gekreuzigt. Auf dieser Erde wird die Nachbildung des Heiligen Grabes in Miechów errichtet.

Die Baustelle ändert die Situation in Miechów grundlegend. Mit der bäuerlichen Idylle ist es vorbei. Dutzende Handwerker wie Steinbrecher, Steinmetze, Maurer, Mörtelrührer, Kalkbrenner, Brettschneider, Zimmerleute, Schmiede und Hilfsarbeiter werkeln an dem Großprojekt. Das ständige ‚Pick-Pick‘ der Steinmetze klingt den Einwohnern noch nachts in den Ohren.

Die Chorherren des Ordens ziehen den Zehnten von den Dörfern der Stiftung ein und finanzieren damit den Bau. Der Stift als Eigentümer von Miechów baut das Kloster auf eigenem Grund und Boden.

Agatha und Jacza fiel es schwer, ihr geliebtes Miechów fortzugeben. Gemeinsam hatten sie den Markt eröffnet und die Kornmühle am Bach Miechówka errichtet. Mit der Stiftung vergeben sie das Land unwiderruflich. Ihr Herrenhaus nutzen sie weiterhin, und Miechów bleibt ihr Zuhause in Polen.

Agatha und Jacza sind wieder zurück in Köpenick. Eine traurige Nachricht erwartet sie. Borislaw, Kastellan von Köpenick, liegt im Sterben.

„Seit einem halben Jahr hat er keinen Appetit. Sein Zustand verschlechtert sich. Seit drei Tagen isst und trinkt er nicht mehr und ist nicht ansprechbar“, erklärt Jakob.

Jacza ist vom Aussehen seines Freundes entsetzt. Er ist bis auf die Knochen abgemagert und die Augen liegen tief in Höhlen. Der Recke und Schwertkämpfer Borislaw ist nicht wiederzuerkennen. Auch für Laien ist sichtbar, dass dieser Mann dem Tod geweiht ist und nur noch wenige Tage zu leben hat. Mit der rechten Hand umklammert er seinen Taschen-Gott, eine Holzfigur von Riedegost. Der rettete einst sein Leben, als er beim Kampf um Rethra alle Pfeile von ihm ablenkte.

Jacza weiß, dass kein Gott Todkranke heilen kann. Als sein Vater Mirek im Sterben lag, erflehte seine Mutter Johanna vom Christengott seine Genesung. Die blieb aus, so wie sie jetzt auch für Borislaw ausbleiben wird. Mira leidet mit ihrem Mann. Die Liebe zwischen ihr und Borislaw ist so groß, dass sie über

Glaubensgrenzen hinweg Bestand hat. Jaczas Burg gibt der Ehe zwischen einer Christin und einem Heiden Schutz. Proteste gab es keine, nur Jakob murrte gelegentlich.

Jacza erinnert sich daran, was Borislaw gesagt hatte, als sie vor mehr als zwanzig Jahren die Ruine von Rethra schleiften. „Ich wünsche mir meine Grablegung hier in meiner Heimat, auf diesem Friedhof." Damit meinte er den Friedhof der Redarier am See Lieps. Es ist ein Friedhof für Edle und Helden des Stammes. Für Jacza ist es selbstverständlich, dass er seinem besten Freund diesen Wunsch erfüllt. Ein Pferdewagen wird für die Überführung des Toten zum See Lieps vorbereitet. Der Zimmermann stellt eine Bahre und ein zeltförmiges, leicht aufzustellendes Totenhaus her.

Wenige Tage später stirbt Borislaw. Am nächsten Morgen machen sich Mira und Jacza, zwei Burgwächter und ein Kutscher, auf den Weg zum Tollensesee. Es ist Winter und die Temperatur ist unter dem Gefrierpunkt. Das ist gut für den mehrtägigen Leichentransport.

Als sie nach drei Tagen auf dem Rethra-Hof am Tollensesee ankommen, ist die Freude groß über das Wiedersehen. Die Mägde, Knechte und Fischer begrüßen die Ankömmlinge. Nur Miras Onkel, der Fürst der Redarier, erscheint nicht. Dann kommt eine ältere Frau an einer Krücke aus dem Fürstenhaus. Es ist die Fürstin. Mira nimmt ihre Tante in die Arme und fragt: „Wo ist der Fürst?" Die Frage treibt der alten Frau Tränen in die Augen.

„Er starb vor wenigen Tagen. Der Schlag hat ihn getroffen. Er liegt auf dem Stammesfriedhof. Mir ist kalt. Lasst uns hineingehen."

Die Fürstin, Mira und Jacza nehmen am Herdfeuer in der Küche Platz. Die Fürstin bittet die Magd, den Gästen Essen anzubieten. Jeder erhält eine Schale Haferbrei mit einem Stück gebratenem Barsch und einem Becher Dünnbier.

„Wir haben auch einen Todesfall. Mein Mann Borislaw starb nach langer Krankheit."

„Mein herzliches Beileid."

„Es ist sein Wunsch, auf dem Stammesfriedhof begraben zu

werden.“

„Er ist kein Adliger“, wirft die Fürstin ein.

„Er war Ritter und sorgte für ein ordentliches Begräbnis der Toten von Rethra. Er ist ein Held unseres Stammes.“

„Ja, das stimmt.“

Mira fährt fort: „Ich hatte nach dem Tode meines Vaters eine gute Zeit bei Euch, denn der Fürst und ich huldigen demselben Gott“, erklärt Mira.

„Was?“. Wie von einer Tarantel gestochen, schnellt die Fürstin in die Höhe. „Sag bloß, mein Mann war Christ?“ Mira ist erschrocken. Eben lief ihre Tante noch am Stock, jetzt ist sie quicklebendig.

„Ja, das war er. Ich dachte, dass es zwischen Euch keine Geheimnisse gab“, beschwichtigt Mira.

„Nichts sagte er mir. Der kann etwas erleben, wenn wir uns wiedersehen!“

Jetzt muss Mira lächeln: „Noch christlicher geht’s nicht.“

Jacza macht sich auf zur Familie von Borislaw im Dorf der Tempelwächter. Borislaws Bruder empfängt ihn.

„Kannst du dich an mich erinnern?“, fragt Jacza.

„Ihr könntet Jacza sein. Vor mehr als dreißig Jahren wart ihr hier.“

„Das ist richtig. Ich bringe eine schlechte Nachricht. Dein Bruder ist gestorben. Morgen früh findet das Begräbnis auf dem Freihof der Redarier am See Lieps statt. Ich wollte dir die Gelegenheit geben, an der Beerdigung teilzunehmen.“

„Kommt bitte mit ins Haus.“

Fünf Personen sitzen in der Küche.

„Das ist meine Familie: meine Frau, meine beiden Töchter und meine Söhne. Meine Eltern verstarben leider. Unser Gast hier ist Jacza, Fürst von Köpenick. Er teilte mir gerade mit, dass mein Bruder Borislaw gestorben ist und morgen beerdigt wird.“

Die Kinder bestaunen Jacza in seiner fürstlichen Kleidung. Er trägt einen Lammfellmantel und Reitstiefel aus feinstem Leder, silberne Sporen und ein Schwert mit einem goldglänzenden Griff.

„Wie geht es euch?“, fragt Jacza.

„Gut. Wir sind gesund und der Hof läuft bestens. Drei Knechte habe ich. Aber wie geht es Euch?"

„Das Leben eines Fürsten ist anstrengend. Ich pilgerte zweimal nach Jerusalem, stiftete Klöster und gründete in Polen ein Dorf. Es ist meine zweite Heimat."

„Und wie sieht es mit Kindern aus?"

„Ich habe zwei Töchter. Mein Sohn Alexander erlag bedauerlicherweise einer Krankheit. Ich habe keinen Erben. Die Zukunft Köpenicks ist ungewiss."

„Mit Euren Fernreisen nach Jerusalem kann ich nicht mithalten. Weiter als bis zum Markt von Waren an der Müritz habe ich mich nicht von meinem Hof entfernt. Zurück zu Eurer Frage. Ja, ich werde an der Beerdigung meines Bruders teilnehmen und beim Morgengrauen am Rethra-Hof sein."

Am nächsten Tag ist alles für die Beerdigung von Borislaw vorbereitet. Eine Grube ist ausgehoben. Daneben steht die Bahre mit dem in ein Leichentuch gehüllten Borislaw. Seine Frau Mira, sein Bruder, die Fürstin der Redarier, Jacza, der Kutscher und die zwei Burgwächter bilden einen Kreis um den Verstorbenen.

Jacza schlägt das Leichentuch zur Seite, damit Borislaw einen letzten Blick auf seine Heimat werfen kann. Dann legt er ihm sein Schwert in den Arm und Mira drückt ihm den Taschen-Gott in die Hand. Die Peitsche, die er von dem Ritter mitnahm, den er mit einem Schlegel erschlug, legt Mira auf die Bahre. Borislaw hat sie über all die Jahre aufbewahrt.

Jacza nimmt Mira in den Arm und wendet sich an den Verstorbenen: „Borislaw, Du kamst als Bauernsohn und Schwertkämpfer nach Köpenick, als ich fünf war. Du befreitest Mira aus der Geiselhaft und wurdest unser Held. Gemeinsam drückten wir die Schulbank. Du lehrtest mich im Schwertkampf. Wir schleiften Rethra und hinterließen ein Mysterium. Du hast Mira, deine große Liebe, geheiratet und wurdest Kastellan von Köpenick. Du sorgtest für die Sicherheit in Köpenick, während ich in ferne Länder reiste. Wir werden Dich vermissen und wünschen Dir Zufriedenheit im Paradies."

Jacza gibt den Burgwächtern ein Zeichen. Sie lassen die

Bahre herab und füllen die Grube mit Erde. Zum Schluss stellen sie das Totenhaus auf.

Mira dankt Jacza für die Trauerrede. Jacza wundert sich, dass er es ist, der alles verschwommen sieht, obwohl Miras Augen voller Tränen sind. Dann vernimmt er wie aus der Ferne einen allgemeinen Aufschrei und es wird schwarz vor seinen Augen.

Jacza findet sich in einem Bett wieder. Neben ihm sitzt Mira und kühlt ihm mit einem feuchten Tuch die Stirn.

„Was ist passiert?"

„Ihr hattet einen Schwächeanfall."

„Wo bin ich?"

„Ihr seid auf dem Rethra-Hof im Haus meiner Tante. Ihr habt Fieber und fantasiert seit Tagen", antwortet Mira.

„Das ist das Wechselfieber. Ich habe es seit meiner Rückkehr aus Venedig."

„Wir müssen heim. Reiten könnt Ihr in Eurem Zustand nicht. Ich habe auf dem Pferdewagen ein Lager aus Strohsäcken herrichten lassen. Wir könnten morgen aufbrechen."

„Einverstanden."

Die Rückreise dauert drei Tage. Schnell erholt sich Jacza. Beim Einzug in Köpenick kann er schon auf dem Pferd sitzen. Das Bild eines Fürsten, der nicht mehr reiten kann, will er vermeiden.

15. 1164 n. Chr.: Jaczas Tochter heiratet einen Prinzen

Es ist Frühjahr. In Köpenick gibt es nur ein Thema: die Hochzeit von Agathas und Jaczas Tochter Veronika mit Friedrich II. von Salzwedel. Es ist die Hochzeit einer Wendin mit einem Sachsen. Seit fünf Jahren sind die beiden verlobt.

Agatha und Veronika haben die Zeit genutzt, um eine Aussteuertruhe mit der Grundausstattung für den Haushalt in Salzwedel zu füllen. Dabei handelt es sich um kostbare Textilien, exquisites Essgeschirr und andere Gegenstände des täglichen Gebrauchs. Für die Beförderung der Aussteuer nach Salzwedel steht ein nagelneuer Pferdewagen in bester Ausführung bereit. Der Wagen und das Pferd sind Teil der Aussteuer. Die Mitgift von Agatha und Jacza sind Silberbarren im Wert von zehn Mark.

Agatha besteht darauf, dass Jacza ihr Hochzeitsgeschenk, das Prunkschwert mit dem Knauf aus Silber und Gold, anlegt.

Die Anreise nach Salzwedel dauert fünf Tage. Konrad von Salzwedel und seine Frau halten eine großartige Feier für die Heirat ihres Sohnes ab. An die hundert Gäste sind geladen. Zu Jaczas Bedauern ist Albrecht der Bär nicht unter ihnen.

Die Väter leiten die Heiratszeremonie. „Legt Eure Hände zusammen", bittet Konrad die Kinder. Die Väter legen ihre

Hände darüber und die Mütter bezeugen: „Damit seid ihr verheiratet."

Nach der Vermählung erklärt Konrad das Büfett für eröffnet.

Für Jacza hat die Ehe eine besondere Note. Sollte aus ihr ein Sohn hervorgehen, ein Enkel, so würde der den Askaniern als Vogt vom Adel als Edelvogt dienen. Vor Jahren war das für Jacza unvorstellbar. Albrecht der Bär war sein Feind. Durch den Burgfrieden mit ihm ist das Vergangenheit. Nun ist das Haus Köpenick mit dem askanischen Haus Salzwedel verschwägert.

Am nächsten Morgen verabschieden sich Agatha und Jacza von Veronika. Die strahlt vor Glück. Die Frischvermählten haben offensichtlich ihre Hochzeit zur beiderseitigen Zufriedenheit gestaltet. Der Abschied von ihren Eltern und damit von ihrer Jugend scheint Veronika leichtzufallen. Sie ist in ihrem neuen Zuhause in Salzwedel angekommen. Sie war schon immer eine Draufgängerin und voller Ideen.

Eine von Veronikas Ideen spielte eine Rolle im Rätsel um Jaczas verloren gegangenen Schild mit den Flussperlenmuscheln. Es war ihr Einfall, den Schild durch einen neuen zu ersetzen, der sein Porträt auf einer seiner Münzen zeigt. Jacza rätselt noch immer, wo der Schild mit den Muscheln geblieben sein könnte. Er selbst hing ihm auf dem Schildhorn an einer Eiche. Dort kann er aber nicht sein, denn auf dem Schildhorn war er nur im Traum, glaubt er.

Auf der Rückreise nach Köpenick ist Jaczas größte Sorge, dass er einen Fieberanfall bekommt. Ein Gefährt für seinen Weitertransport steht nicht mehr zur Verfügung. Der Wagen mit Veronikas Aussteuertruhe blieb in Salzwedel. Jacza beschließt, einen Wagen anfertigen zu lassen, der ihn in Zukunft auf seinen Reisen begleitet.

Die Fieberanfälle hat Jacza seit seiner Reise nach Palästina, also seit zwei Jahren. Die Ärzte, unter ihnen auch Jakob, machen ihm wenig Hoffnung auf dauerhafte Genesung. Eine Medizin gegen Malaria gibt es nicht. Gekrönte Häupter starben am Wechselfieber, so Lothar III. auf seinem Italienfeldzug.

Auch Konrad III. hatte das Wechselfieber. So erzählte Kaiser Manuel I., dass er persönlich den erkrankten Konrad in Konstantinopel pflegte. Wahrscheinlich starb er an dieser Krankheit.

Jacza ist sich seiner ungesunden Lebensweise bewusst. Die beiden Reisen in den Orient haben an seinen Kräften gezehrt. Einen großen Teil seines Daseins verbringt er im Sattel. Seine Ernährung ist einseitig. Schon mit vierzig leidet er an Gicht, der Krankheit des Adels und der Reichen. Jacob rät ihm, weniger Fleisch zu essen, und verschreibt ihm ein Mittel, das aus der Blüte der Herbstzeitlosen gewonnen wird.

Jaczas größte Sorge ist die Zukunft seines geliebten Köpenicks. Seit dem Tod seines einzigen Sohnes Alexander hat er keinen Erben. Als mögliche Nachfolger hat er die Herzöge Bogislaw und Kasimir von Pommern ausgemacht und vorab informiert.

Jaczas Familie ist im Falle seines Todes versorgt. Seine ältere Tochter ist mit dem zukünftigen Vogt von Salzwedel verheiratet. Für die Jüngere hat er einen Platz als Novizin im Kloster der Norbertinerinnen in Zwierzyniec bei Krakau angemeldet. Seine Frau Agatha hat trotz seiner Stiftungen noch umfangreichen Grundbesitz in Polen, der ihr ein Leben im Wohlstand sichert.

Ein Jahr nach der Hochzeit in Salzwedel erreicht Köpenick eine gute Nachricht. Veronika hat einen Sohn geboren, der auf den Namen Jaczo getauft wurde. Agatha nennt ihren Gatten und Fürst von Köpenick scherzhaft „Opa".

16. 1167 n. Chr.: Jacza schlichtet einen Streit unter Piasten

Agatha und Jacza reisen nach der Heirat ihrer Tochter Veronika nach Miechów. Vorher hat Jacza einen neuen Kastellan für Köpenick bestellt, wohl wissend, dass Borislaw nicht zu ersetzen ist. Jacza entscheidet sich für den Armbrustschützen, der ihn auf seinen Pilgerreisen begleitete. Ihm gelang der goldene Schuss, mit dem er den Kapitän der arabischen Piraten außer Gefecht setzte. Jacza hat beobachtet, dass dieser Mann von der Burgmannschaft respektiert wird. Er wird Jacza den Rücken freihalten, wenn er verreist.

Miechów liegt an dem Handelsweg von Krakau nach Warschau im Einzugsbereich der Städte Breslau, Kattowitz, Krakau und Sandomir. Unter Herzögen und Bischöfen des Piastenreiches hat sich herumgesprochen, dass sie im Hause des Magnaten Jaksa von Miechów willkommen sind. Fast alle Großen aus Masowien, Großpolen, Schlesien, Kleinpolen und Sandomir waren hier schon Gast. Jacza sitzt in Miechów wie eine Spinne im Netz.

Die Herzöge und Bischöfe reisen mit Gefolge, das oft aus einem Dutzend und mehr Personen besteht. Jacza hat das Herrenhaus mit einem Flügel für Gäste erweitert und zusätzliche Ställe für Reittiere errichtet. Manche Reisende wollen in Miechów nicht nur übernachten, sondern auch den

Wallfahrtsort des Klosters mit einer Nachbildung des Heiligen Grabes von Jerusalem besichtigen. Mit der Nachbildung hat Jacza den Orient nach Miechów gebracht. Noch ist das Kloster eine Baustelle, aber die Krankenstation behandelt Reisende.

Durch die hochrangigen Besucher ist Jacza bestens über die politischen Entwicklungen im Piastenreich informiert. So erfuhr er, dass Boleslaw Kraushaar vor einem Jahr einen Heerzug gegen die Preußen führte, um sie zu unterwerfen und zu christianisieren. Der Seniorherzog geriet in den masurischen Sümpfen in einen Hinterhalt und erlitt eine bittere Niederlage. Er entkam knapp, aber einer seiner Kommandanten, Heinrich von Sandomir, wurde getötet. Unter den Herzögen wird gestritten, wer das Erbe Heinrichs antritt und neuer Fürst von Sandomir wird.

Jacza bedauert den Tod seines Freundes Heinrich zutiefst. Sie hatten auf ihrer Pilgerreise nach Palästina eine gute Zeit. Er erinnert sich an die Fahrt über die Donau und daran, wie sie die vorüberziehende Landschaft der ungarischen Tiefebene bei einer Flasche Rotwein bewunderten. Zuletzt traf Jacza seinen Freund auf dem Adelskongress in Lenczyca. Dort schenkte Heinrich der Stiftskirche die Staurothek mit Teilen des Heiligen Kreuzes, die er zusammen mit Jaczas in Jerusalem erwarb.

Es dauert nicht lange, dann klopft sein Schwager Swietoslaw bei Jacza an. Er ist Agathas Bruder. Auch er hatte an der Pilgerreise mit Heinrich und Jacza teilgenommen. Beide begrüßen sich herzlich. Sie erzählen sich die Höhepunkte ihrer Pilgerreise und geraten in Streit über Einzelheiten. Die Wahrnehmung vermeintlicher Tatsachen kann eben unterschiedlich sein.

Der Besucher ist empört, dass der Seniorherzog Boleslaw Kraushaar die Provinz Sandomir für sich beansprucht, obwohl Heinrich seinen jüngeren Bruder, Kasimir II. den Gerechten, als seinen Erben bestimmte. Jacza weiß, dass dieser Kasimir zusammen mit seinem einzigen Sohn Alexander dem Kaiser Barbarossa als Geisel gestellt wurde. Jacza empfindet es als ungerecht, dass sein Sohn in der Geiselhaft starb, während Kasimir nach wenigen Jahren heimkehrte.

Der Machtzuwachs des Seniors durch die Vereinnahmung von Sandomir wird von seinen Brüdern, den Junioren, abgelehnt. Sie wünschen, dass Jacza und Swietoslaw eine Rebellion gegen den Seniorherzog anführen.

Die Situation erinnert Jacza an das Schicksal des davon gejagten Seniorherzogs Wladislaw II. den Vertriebenen. An seinem Sturz vor über zwanzig Jahren war Jacza beteiligt und kämpfte in der Schlacht vor Posen an der Seite der Juniorherzöge. Jacza half Boleslaw Kraushaar auf den Thron. Jetzt soll er auf Wunsch des polnischen Adels ihn wieder vom Thron stoßen. Das ist nicht in Jaczas Sinne.

Jacza fragt sich, warum gerade er und Swietoslaw die Rebellion anführen sollen. Die Gründe dafür könnten sein, dass sie nicht zum Adelsgeschlecht der Piasten gehören, keine Ämter innehaben und nicht über eigene Heere verfügen. Sie sind neutral. Swietoslaw sieht Jaczas hohes Ansehen als Kreuzritter und Stifter von Klöstern als den wahren Grund. Jacza ist eine herausragende Persönlichkeit in Polen und gilt als tief religiös. Er ist eine Autorität, er steht über den Herzögen und nimmt in diesem Streitfall die Rolle eines Königs ein.

Jacza bewundert Boleslaw III. Schiefmund, den verstorbenen Vater der zerstrittenen Brüder. Er zeugte sechzehn Kinder. Bei seinem Tod vor knapp dreißig Jahren teilte er das Land unter seinen Söhnen auf und führte das Seniorenprinzip ein. Dabei hat er allerdings nicht mit der Eigenschaft der Menschen gerechnet, nach immer mehr Macht zu streben. Wladislaw II. der Vertriebene und Boleslaw Kraushaar sind Beispiele dafür.

Jacza will einen Bruderkrieg und Blutvergießen vermeiden und beruft im Herbst einen Kongress in Jedrzejow ein. Der Ort liegt auch an der Straße nach Warschau, eine Tagesreise nördlich von Miechów. Er ist erleichtert, dass es bei dem Treffen unter den Brüdern nicht zu einer Rauferei kommt oder Waffen gezogen werden. Boleslaw Kraushaar gibt Forderungen der Rebellen nach. Man einigt sich auf einen Kompromiss. Sie teilen das Erbe Heinrichs in drei Teile auf. Ein Teil erhält Kasimir der Gerechte. Der Teil mit der Stadt Sandomir geht an

Boleslaw Kraushaar und der dritte an Mieszko den Alten.

Jacza ist überzeugt, dass der Vater der Streithähne einer solchen kleinteiligen Zersplitterung des Reiches nicht zugestimmt hätte. Er wird sich im Grabe umdrehen.

Boleslaw Kraushaar hat großes Interesse an Jaczas Stiftkirche des Heiligen Grabes in Miechów und lässt sich von Jacza das Vorhaben vor Ort erläutern. Er unterstützt das Vorhaben durch Schenkungen und Erteilung von Rechten.

Seit Jahren fördert der Seniorherzog die Gründungen von Jaczas Schwiegervater Peter Wlast auf der Dominsel in Breslau, dem Elbing. Dazu gehört auch der Bau der Kapelle des Hl. Michael. Das tun auch Agatha und Jacza nach dem Tod von Peter Wlast. Diskutiert wurde die Ausgestaltung des Tympanons über dem Portal der Kapelle. Dabei handelt es sich um eine verzierte Fläche unterhalb des romanischen Rundbogens und oberhalb des Türsturzes. Nun wünscht sich der Seniorherzog, als Unterstützer des Kirchbaues auch abgebildet zu werden. Für den Magnaten Jacza ist das eine Aufwertung seiner gesellschaftlichen Stellung. Auf dem Stifter-Tympanon ist Jacza in Augenhöhe mit dem Seniorherzog abgebildet.

Im Zentrum des Tympanons thront Christus, umgeben von einem mandelförmigen Heiligenschein, der Mandorla. Links reicht ihm Boleslaw Kraushaar, gefolgt von seinem Sohn Leszek, das Modell einer Kirche. Rechts trägt Jacza mit der knienden Agatha hinter sich das Modell der Breslauer St.-Michael-Kirche.

Der Portaltympanon über dem Eingang der Kirche erinnert die Besucher an diejenigen, die am Bau des Gotteshauses mitwirkten. Baumeister bewundern die in Stein gemeißelte Skulptur als ein Meisterwerk der polnischen Sakralarchitektur.

17. 1168 n. Chr.: Die Pommern überehmen Köpenick

Jacza tritt die beschwerliche Reise zu den Herzögen Bogislaw I. und Kasimir I. in Pommern an. Zwei Wochen wird die Anreise dauern.

Er will das Brüderpaar aus der Dynastie der Greifen als seinen Nachfolger für das Fürstentum Köpenick gewinnen. Als Treffpunkt haben sie die Burg Rochow in Ueckermünde vereinbart.

Der Stammvater der Dynastie der Greifen ist Wratislaw I., Vater der Brüder Bogislaw und Kasimir. Missioniert wurden die Pommern mit Unterstützung durch König Lothar III. und Markgraf Albrecht den Bären durch den Bischof Otto von Bamberg. Im Wendenkreuzzug vor zehn Jahren wehrten sich die Greifen gegen Albrechts Kreuzritter und hielten die Burgtore geschlossen. Sie argumentierten, dass sie schon bekehrt seien. Die Glaubensfrage ist für Jacza wichtig. Er will sein Köpenick nur überzeugten Christen übergeben.

Das Wappen der Herzöge ist der Greif – ein gefiedertes Mischwesen aus Löwe und Adler. Die Dynastie der Greifen ist die bestimmende Macht in Pommern. Ihre Burgen sind die von Stettin und Demmin.

Für Jacza ist die Reise nach Pommern ein schwerer Gang. Sein Köpenick, seine geliebte Heimat, bietet er den

Pommernherzögen als Geschenk an. Er hat keinen Erben und braucht im Falle seines Todes einen Nachfolger. Da er verhindern will, dass Köpenick an das Reich fällt, bietet sich nur eine Orientierung nach Norden in Richtung Mecklenburg und Pommern an. Dort regieren Bogislaw I. und Kasimir I.

Jacza fühlt, dass er wegen seines schlechten Gesundheitszustands und seiner Fieberanfälle nicht mehr viel Zeit hat. Auch fragt er sich, ob die Stiftskirche des Klosters in Miechów vor seinem Tod fertiggestellt wird. Der Bau geht nur langsam voran.

Bogislaw und Kasimir empfangen Jacza auf der Burg Rochow. „Wir heißen Euch willkommen, Fürst Jacza, wir haben ein Abendessen vorbereitet. Es gibt Reh- und Wildschweinbraten. Das Wild haben wir selbst erlegt. Die Burg Rochow ist auch unser Jagdschloss."

„Danke für den freundlichen Empfang."

Die Brüder und Jacza nehmen am Tisch Platz und Kasimir beginnt das Gespräch: „Es ist das erste Mal, dass uns ein Fürstentum angeboten wird, umsonst! Das ist ein außergewöhnlicher Vorgang. Was sind Eure Gründe dafür?", fragt Kasimir.

„Ich habe keinen Erben. Mein einziger Sohn ist in der Geiselhaft von Barbarossa gestorben. Den Kaiser will ich nicht noch für seine Tat belohnen und ihm Köpenick überlassen. Die Einzigen, die im Falle meines Todes als Nachfolger in Betracht kommen, seid Ihr."

„Was macht Köpenick aus?", fragt Bogislaw.

„Köpenick hat eine Schlüsselposition zwischen dem Reich und Polen. Es liegt verkehrsgünstig an der Handelsstraße von Magdeburg nach Posen. Es kontrolliert die Spreepassage bei Berlin-Cölln und damit die einzige Nord-Süd-Verbindung von der Ostsee nach Italien. Köpenick verfügt über eine natürliche Ressource, den Fischreichtum im Oderbruch. Das Wertvollste aber ist das Land. Macht vergeht, Land besteht. Das Land mit seinen Bauern macht uns Adlige reich und ermöglicht Jagdschlösser."

„Was sind Eure Bedingungen?"

„Köpenick soll unter der Einhaltung christlicher Werte regiert werden und den Frieden nach dem Abkommen von Krzyszkowo mit Barbarossa einhalten. Der Frieden ist für Köpenick ein Stillhalteabkommen mit dem Reich. Führt ihr Krieg mit der Lausitz, wird es mit der Unabhängigkeit Köpenicks bald vorbei sein und der Tod meines Sohnes Alexander wäre umsonst. Außerdem verlange ich lebenslanges Wohnrecht für meine Mutter Johanna und für Mira, Witwe des verstorbenen Kastellans Borislaw."

„Wir stimmen den Bedingungen zu und sind mit der Übernahme Köpenicks einverstanden." Die beiden Herzöge und Jacza stehen auf und besiegeln die Übereinkunft per Handschlag.

Am nächsten Tag findet in Ueckermünde eine von den Herzögen einberufene Volksversammlung statt. Das Wetter ist gut, und die überwiegend mit Booten über die Uecker angereisten Bauern und Fischer versammeln sich auf freiem Feld. Bogislaw und Kasimir stellen Jacza, ihren neuen Verbündeten, vor. Sie geben die in Aussicht gestellte Vergrößerung des Herzogtums Pommern durch das Fürstentum Köpenick bekannt.

Jacza beginnt die Rückreise nach Köpenick. Wie alle Fürsten reist er mit Gefolge. Dabei ist auch der Einspänner für den Fall, dass er einen Fieberanfall bekommt. Er macht Halt auf dem Rethra-Hof im Haus der ehemaligen Fürstin und Tante von Mira. Sie erzählt, dass der Stamm der Redarier einen neuen Fürsten erkoren hat, der die verwaiste Burg Hanfwerder bezogen hat.

Bevor Jacza weiterreist, wirft er einen Blick auf die Fischerinsel. Der Wald hat den Bereich des Tempels zurückerobert. Irgendwann werden sich nur die Götter daran erinnern, dass hier einmal das Zentralheiligtum Rethra der Liutizen stand, oder? Der einzige Hinweis auf Rethra ist das hölzerne Idol mit den zwei Köpfen, das er zusammen mit Borislaw im geweihten Boden des Tempels vergraben hat.

Eine halbe Stunde später passiert Jacza den See Lieps und sieht zur Linken den Friedhof der Redarier. Borislaws

Totenhaus ist an dem noch hellen Holz zu erkennen. Der Wunsch seines Freundes, auf dem Friedhof seines Stammes begraben zu sein, ging in Erfüllung. „Aber was ist mit mir?", fragt sich Jacza. Er ahnt, dass seine Tage wegen seiner schlechten Gesundheit gezählt sind. Jeder neue Fieberanfall kann den Tod bedeuten. Als Ort seiner Grablegung wünscht er sich die Grabeskirche in Miechów. Das setzt aber voraus, dass die Kirche vor seinem Tod fertiggestellt wird.

Zwei Tage später erreicht Jacza Freienwalde und Wriezen. Er informiert die Burgherren, dass er die Herzöge Bogislaw und Kasimir zu seinen Erben bestimmt hat. Zu seiner Überraschung nehmen die Burgherren diese Nachricht gelassen hin. Beunruhigt wären sie nur, so erklären sie, wenn Köpenick an die Sachsen der Ostmark-Lausitz, den Wettinern, geht. Dann wäre es mit ihrer Freiheit bald vorbei. Wahrscheinlich würden die Sachsen Flamen und Holländer anwerben, wie es der Askanier Albrecht der Bär in der Mark Brandenburg tut. Die Holländer haben den Ruf, alles trockenzulegen, womöglich auch den Oderbruch. Damit würde man ihnen die Basis für ihren Wohlstand nehmen, den Fischfang.

Tage später reitet Jacza durch das Tor seines geliebten Köpenicks. Seine Tochter Anna, seine Mutter Johanna, Mira, der Kaplan Jakob, die Burgmannschaft und die Mägde und Knechte empfangen ihn. Sie alle wissen von der Erkrankung ihres Fürsten und dass ihre Zukunft eng mit seiner Gesundheit verbunden ist. Seit Jaczas Erkrankung beendet Jakob seine Predigten in der Burgkapelle mit dem Gebet: „Herr, du hast dich der Kranken erbarmt und ihnen deine Liebe und Sorge geschenkt. Erbarme dich auch des schwer erkrankten Jacza." Mit einem „Amen" beendet die Gemeinde das Gebet.

Jacza beruft die Burgherren von Zossen, Teupitz, Beeskow und Storkow ein und teilt ihnen seine Entscheidung mit, dass nach seinem Tod die Greifenherzöge Bogislaw und Kasimir von Pommern sein Erbe antreten werden.

Ein erneuter Fieberanfall fesselt Jacza ans Bett. Abwechselnd wachen seine Mutter Johanna und seine Tochter Anna an seinem Lager. Jacza hat jetzt Zeit, mit Anna über ihre

Zukunft zu sprechen. Ihr Wunsch, Nonne zu werden, überrascht Jacza. Er nimmt an, dass Jakob dahintersteckt, der seine Laufbahn im Kloster Magdeburg begann. Nun erfährt er von Anna, dass es ihre eigene Entscheidung ist, Gott zu dienen und in der Seelsorge, Pflege und Bildung tätig zu sein.

„Ich habe das Kloster in Zwierzyniec bei Krakau gestiftet. Die Priorin versprach mir, dass du jederzeit willkommen wärst. Wenn dich ein Kloster der Prämonstratenserinnen interessiert, könntest du dort als Novizin anfangen."

„Ja, das möchte ich. Das wäre wunderbar."

„Bereite alles vor. Wir reisen zusammen nach Miechów, sobald ich mich erholt habe." Wahrscheinlich kommst du nach Köpenick nicht wieder zurück.

Jacza beschließt, die Münzprägung in Köpenick einzustellen, und lässt den Kämmerer und den Münzmeister kommen. Er teilt ihnen mit, dass mit dem heutigen Tag die Prägung eingestellt wird. Der Kämmerer erhält den Auftrag, den Bestand an Silberbarren, Rohlingen und Münzen zu erfassen und dem Münzmeister die vereinbarte Vergütung aus dem Schlagschatz auszuzahlen. Der aktuelle Hohlpfennig mit der Umschrift IACZA DE C-OPNIC zeigt einen bärtigen Jacza mit langem Haar und einem Patriarchenkreuz.

„Was geschieht mit diesen Münzen?", fragt der Kämmerer.

„Einen Münzverruf werde ich nicht vornehmen. Die letzte Ausgabe des Köpenicker Pfennigs bleibt so lange Zahlungsmittel, wie sie der Handel akzeptiert. Den Besitzern dieser Münzen bleibt der Wert des Silbers. Sie können sie bei Geldwechslern umtauschen."

Jacza verabschiedet sich von dem Münzmeister und wünscht ihm Erfolg bei der Suche nach einem neuen Auftraggeber.

Es ist der Tag der Abreise. Jacza fühlt sich gesund genug, die zweiwöchige Reise nach Miechów durchzustehen. Er verabschiedet sich von seiner Mutter Johanna. Sie ist über siebzig und scheut die lange Reise nach Polen. Sie will in Köpenick bleiben. Auch der Versuch von Veronika, die Großmutter als Erzieherin und Märchenerzählerin für ihre

Kinder, besonders für den kleinen Jaczo, nach Salzwedel zu locken, ist erfolglos.

Zu Jaczas Erstaunen besteht Jakob darauf, ihn zu begleiten. Der Kaplan ist im fortgeschrittenen Alter und bei bester Gesundheit. „Offensichtlich hält Glaube gesund, aber warum gilt das nicht für mich als Klosterstifter?", fragt sich Jacza. Jakob kann einfache Gründe für seine Entscheidung haben. Vielleicht betrachtet er Köpenick als sinkendes Schiff und Miechów mit dem neuen Kloster als spannender.

Jacza ist die Begleitung von Jakob recht. Er ist ein guter Medicus und der richtige Berater für einen leidenden Fürsten. Vor einem halben Jahrhundert traf Mirek, Fürst von Köpenick, den Missionar Jakob auf der Spreebrücke und bat ihn, sein Kind zu taufen. Er tat es und ist all die Jahre Köpenick treu geblieben. Jacza hält es für großartig, wenn ihm Jakob, der ihn taufte, auch das Sterbesakrament spenden würde.

Jacza verlässt die Burg mit Anna, Jakob und zwei Bewaffneten in Begleitung des Einspänners und passiert wenig später die Spreebrücke. Jacza wirft einen Blick zurück und nimmt Abschied von Köpenick. Er weiß, dass er nicht mehr zurückkehren wird.

18. 1170 n. Chr.: Jaczas jüngere Tochter wird Novizin

Seitdem Anna in Miechów ist, bittet sie ihren Vater, sie zum Kloster der Prämonstratenserinnen bei Krakau zu bringen. Schließlich gibt Jacza ihrem Drängen nach und lässt die Pferde satteln. Mit Agatha machen sie sich auf den Weg.

Jacza hatte in der Vergangenheit selten Gelegenheit, sich um seine Töchter zu kümmern. Die meiste Zeit sitzt er im Sattel und reist. Das gilt für seine Expeditionen ins Heilige Land wie für die vielen Reisen von Köpenick zu seiner zweiten Heimat Miechów. Einmal hin und zurück pendeln bedeutet einen Monat im Sattel.

Jungfräuliche Mädchen wie Anna sind als Novizen in einem Kloster gern gesehen. Sie seien Bräute Christi und hätten mit ihren Gebeten direkten Zugang zu Gott. Die Krakauer Norbertinerinnen werden von der Bevölkerung die Jungfrauen von Zwierzyniec genannt. Bald wird Anna eine von ihnen sein.

Adlige Frauen entscheiden sich öfter für ein Leben im Kloster, besonders wenn sie Wert auf Bildung legen. Die gibt es nur dort. Der Kaplan Jakob nennt in diesem Zusammenhang die Benediktinerin Hildegard von Bingen, die derzeit eine bedeutende Gelehrte für Natur- und Heilkunde ist. Manche dieser Frauen gründeten selbst Klöster. Das Leben, das sie dort erwartet, besteht aus Beten, Beten und Beten bis siebenmal am

Tag. Dazwischen wird gearbeitet. Das Ganze geschieht nach der Regel „Ora et Labora" – bete und arbeite. Manche Edelfrauen suchen Schutz in einem Kloster, wenn sie einen Mann heiraten sollen, den sie nicht wollen.

Die Priorin des Klosters, Hildegunda, empfängt Agatha und Jacza zuvorkommend. Sie weiß, dass Jacza als Stifter der wichtigste Gast des Hauses ist. Vor zehn Jahren hatten sie beim Bischof von Krakau, Matthäus, die Gründung des Klosters beschlossen. Jacza erinnert sich an ihr Versprechen: „Wenn Eure Tochter Anna sechzehn ist, werden wir sie gern in Zwierzyniec als Novizin willkommen heißen."

Die Priorin erklärt Anna ausführlich die geltende Augustinusregel, die unter anderem persönlichen Besitz untersagt. Anna stimmt allen zu. Sie will nur eins – so schnell wie möglich Nonne werden.

Am folgenden Tag verabschieden sich Agatha und Jacza von ihrer Tochter. Sie ist kaum wiederzuerkennen. Sie trägt die Tracht der Ordensgemeinschaft und strahlt vor Glück.

Auf dem Heimweg macht sich Jacza Gedanken über Annas Zukunft. Ihr uneingeschränkter Wille, Nonne zu werden, ist überzeugend. Er ist sich sicher, dass sie eines Tages bis zur Äbtissin von Zwierzyniec aufsteigen wird.

Agatha macht sich Gedanken über ihre eigene Zukunft in Miechów. Dort sind weder ihre Kinder noch ihre Enkel. Es ist ein stilles Haus. Alexander ist tot. Der Weg zur Nonne Anna ist eine Tagesreise lang. Tochter Veronika mit Enkel Jaczo lebt im siebenhundert Kilometer entfernten Salzwedel. Agatha hat mit ihr vereinbart, dass sie sich alle drei Jahre in Köpenick treffen. Zu Pferde ist das nur zu bewältigen, solange beide bei guter Gesundheit sind. Ein Lichtblick in Agathas Tagesablauf ist ihre Zofe Danika. Die beiden Frauen sind Freundinnen. Mit ihr kann sie über alle Themen reden. Gemeinsam kümmern sie sich um den gesundheitlich angeschlagenen Jacza.

Zwei Wochen nach seiner Rückkehr aus Zwierzyniec hat Jacza erneut Fieber, begleitet von einem Gichtanfall mit Schmerzen in den Gelenken. Abwechselnd kühlen Agatha und Danika den schweißgebadeten Fürsten mit Wadenwickeln.

Mehrmals täglich schaut Jakob nach seinem Patienten. Gegen Gicht verabreicht er ihm ein neues Mittel. Er stellt das Elixier aus Schlehenasche nach der Anleitung der hl. Hildegard von Bingen selbst her.

Jaczas Haus in Miechów steht neben dem im Bau befindlichen Kloster der Wächter vom Heiligen Grab zu Jerusalem. Er kann im Krankenbett das Gehämmer der Steinmetze hören. Jacza hat Agatha und Jakob mitgeteilt, dass er seine Grablegung in der Stiftskirche des Klosters wünscht und Kaplan Jakob ihm die Sterbesakramente spendet.

Jakob bereitet seinen Schützling auf den Tod vor und beschreibt ihm seine Zukunft in einem strahlenden Paradies. Um Jacza abzulenken, versorgt ihn Jakob mit den neuesten Nachrichten aus der Politik. Dabei interessiert sich Jacza besonders für Todesnachrichten ihm bekannter Größen.

Ende des Jahres 1170 verstarb Albrecht der Bär, Gründer der Mark Brandenburg. Jacza denkt an ihren Kampf um die Brandenburg und den Burgfrieden, den sie bei einem Frühstück auf dem Harlungerberg schlossen.

Zwei Jahre später meldet Jakob den Tod von Vitale II. Michiel, Doge von Venedig. Von ihm erhielt Jaczas auf seiner zweiten Pilgerfahrt ins Heilige Land eine Passage auf einer Pilgergaleere nach Akkon.

Ein Jahr später berichtet Jakob vom Tod von Boleslaw IV. Kraushaar, Seniorherzog von Polen. Jacza half dem Herzog in der Schlacht vor Posen auf den Thron. Sein Bruder Mieszko der Alte ist Nachfolger und regiert nun Polen.

Zum Schluss hat Jakob eine gute Nachricht für Jacza: „Der Bischof hat die Stiftskirche in Miechów geweiht. Ihr könnt Euch entspannt in Eurem eigenen Gotteshaus zur Ruhe legen."

19. 1176 n. Chr.: Jaczas Tod

Jacza hat in den letzten Jahren Miechów nicht verlassen. Die Krankheit fesselt ihn ans Bett. Abgemagert und mit Augen, die tief in den Höhlen liegen, atmet er schwer. Agatha und Jakob rechnen jeden Tag mit seinem Ableben.

Eines Morgens fühlt sich Jacza dem Tod nah. In einem Gespräch mit Agatha nimmt er Abschied von ihr. Es ist nicht nur sein bevorstehender Tod, der Agatha die Tränen in die Augen treibt, sondern auch der bemitleidenswerte Anblick des einst stolzen Kriegers.

Jacza bittet Jakob um die Abnahme der Beichte.

„Ihr seid zum Heiligen Grab gepilgert und habt Klöster gestiftet. Eure Sünden sind vergeben", antwortet Jakob.

„Trotzdem. Ich habe die Todesstrafe verhängt. Du sollst nicht töten, heißt es in der Bibel. Ich bereue."

Jakob legt Jacza die Hand auf und erteilt die Absolution: „So spreche ich dich los von deinen Sünden, im Namen des Vaters und des Sohnes und des Heiligen Geistes." Dabei bekreuzigt er sich. Dann vollzieht Jakob das Sakrament der letzten Ölung. Er streicht dem Todgeweihten mit dem Öl Kreuze auf Stirn, Hände, Ohren, Nase und Mund und spricht dazu ein Gebet.

Erst verschwommen, dann immer klarer sieht Jaczas seine Mutter, seinen Vater, seinen Freund Borislaw und das kindliche

Antlitz seiner ersten Liebe, der Burgschönheit. Mit vorwurfsvoller Miene hält sie ihm ihren Sohn entgegen. Auch Agatha mit Alexander an der Hand kommt auf ihn zu und ruft etwas, aber er kann sie nicht verstehen. Schließlich sieht Jacza das von Jakob versprochene strahlende Paradies, ein himmelblaues Meer mit weißen Schaumkronen.

Agatha sitzt neben ihrem sterbenden Mann. Als Jacza zum letzten Mal Luft holt, beugt sie sich über ihn und schließt mit sanfter Hand seine Augen.

EPILOG

Drei Jahre nach Jaczas Tod treffen sich Agatha und ihre Tochter Veronika in Köpenick. Veronika verehrt ihren Vater. Sie möchte nicht, dass Jacza als Sagengestalt in die Geschichte eingeht. Sie glaubt, dass er tatsächlich auf Schildhorn war und dort seinen Schild mit den Flussperlmuscheln in eine Eiche hängte.

Schließlich gibt Agatha dem Drängen ihrer Tochter nach und die beiden Fürstinnen brechen mit zwei Bewaffneten auf. Es ist ein sonniger Tag. Am Nachmittag erreichen sie Schildhorn, einen Berg aus Sand, der als Halbinsel in die Havel ragt. Die Abendsonne glitzert durch das Laub der Bäume. Nach der Erzählung richtete sich Jacza im Sattel auf und hing den Schild in eine Eiche. Das wäre, meint Agatha, in einer Höhe von drei Metern.

Veronika wendet ein, dass Jaczas Flucht über die Havel vor zwanzig Jahren stattfand. In dieser Zeit wuchsen die Eichen um mehrere Meter. Der Schild müsste deutlich höher hängen. Veronika peilt entlang der Stämme großer Eichen nach oben. Dann ertönt ihr Ruf: „Ich sehe den Schild." Agatha eilt zu ihr und auch sie erkennt das bunte Irisieren der Muscheln des Schildes in der Krone einer Eiche.

Agatha schaut fragend auf ihre Tochter. Sie weiß, dass Veronika eine sprühende Fantasie hat und an die Märchen glaubte, die ihr die Großmutter Johanna erzählte. Tatsache ist, gesteht sich Agatha, dass Jaczas Schild in einer Eiche auf Schildhorn hängt. Die Frage ist nur: Wie kam der Schild dorthin?

ÜBER DEN AUTOR

Dr. Wolfram Vogel, geboren 1940, ist Berliner. Sein Elternhaus steht auf der Weinmeisterhöhe in Berlin-Spandau. Dort erinnern die Jaczostraße, der Jaczoturm und die Jaczo-Schlucht an Jaczo, den Slawenfürsten von Köpenick. Wolfram Vogel studierte Geologie und bereiste für die Lagerstättensuche die Welt. Jetzt ist er Ruheständler und Segler. Auf seinen Schiffstouren entlang der Havel nach Spandau kreuzt er die Route auf der Jacza (Deutsch Jaczo), auf der Flucht vor Albrecht dem Bären, die Havel durchschwamm. Wolfram Vogel beschließt, das erstaunliche Leben von Jacza, dem ersten Berliner, in einem Roman zu würdigen.

www.ingramcontent.com/pod-product-compliance
Lightning Source LLC
La Vergne TN
LVHW051255200726
843510LV00010B/1128